U0456593

赋予科研人员职务科技成果所有权的经验与进路

Experience and Access of Empowering Scientific Research Personnel with Ownership of Scientific and Technological Achievements

刘鑫 著

四川大学出版社
SICHUAN UNIVERSITY PRESS

图书在版编目（CIP）数据

赋予科研人员职务科技成果所有权的经验与进路 /
刘鑫著 . — 成都：四川大学出版社，2024.2
　ISBN 978-7-5690-6724-8

　Ⅰ . ①赋… Ⅱ . ①刘… Ⅲ . ①科技成果－所有权－研
究－中国 Ⅳ . ① D923.404

　中国国家版本馆 CIP 数据核字（2024）第 056796 号

书　　名：赋予科研人员职务科技成果所有权的经验与进路
　　　　　Fuyu Keyan Renyuan Zhiwu Keji Chengguo Suoyouquan de Jingyan yu Jinlu
著　　者：刘　鑫

出 版 人：侯宏虹
总 策 划：张宏辉
选题策划：蒋姗姗
责任编辑：蒋姗姗　李金兰
责任校对：谢　鋆
装帧设计：墨创文化
责任印制：王　炜

出版发行：四川大学出版社有限责任公司
　　　　　地址：成都市一环路南一段 24 号（610065）
　　　　　电话：（028）85408311（发行部）、85400276（总编室）
　　　　　电子邮箱：scupress@vip.163.com
　　　　　网址：https://press.scu.edu.cn
印前制作：四川胜翔数码印务设计有限公司
印刷装订：成都市火炬印务有限公司

成品尺寸：165 mm×238 mm
印　　张：22.25
字　　数：395 千字

版　　次：2024 年 5 月　第 1 版
印　　次：2024 年 5 月　第 1 次印刷
定　　价：98.00 元

扫码获取数字资源

四川大学出版社
微信公众号

国家社科基金后期资助项目
出版说明

后期资助项目是国家社科基金设立的一类重要项目，旨在鼓励广大社科研究者潜心治学，支持基础研究多出优秀成果。它是经过严格评审，从接近完成的科研成果中遴选立项的。为扩大后期资助项目的影响，更好地推动学术发展，促进成果转化，全国哲学社会科学工作办公室按照"统一设计、统一标识、统一版式、形成系列"的总体要求，组织出版国家社科基金后期资助项目成果。

全国哲学社会科学工作办公室

专家序（一）

随着中国经济转向高质量发展，科技与专利发展也从高总量转为高质量。对于如何实现既有存量科技成果转化以服务于经济大局，知识产权权属制度与政策经历了所有权和收益权从国家所有到单位所有，近期逐渐出现了职务科技成果权属赋予成果完成人的实践趋势。2020 年 2月，中央全面深化改革委员会第 12 次会议通过《赋予科研人员职务科技成果所有权或长期使用权试点实施方案》。应当说，职务科技成果所有权改革从现实层面正在全面铺开，而其中蕴含的一系列制度问题及改革效果还有待深入研究，以更好优化改革方向，完善相关制度创新。

刘鑫长期深入职务科技成果所有权改革一线，关注、跟踪、研究与这一改革有关的问题，形成了有价值的研究基础和成果。作者拟出版的《赋予科研人员职务科技成果所有权的经验与进路》一书紧紧围绕国家对科技创新体制机制的重大需求和战略目标，立足于这项改革的第一线开展针对性、系统性研究，积累了一些重要研究成果。作者主持与本书同名的国家社科基金项目和国家知识产权局软科学项目"高校职务科技成果所有制改革的动力机制及其政策选择研究"，作为主要执笔人之一的研究报告《四川省全面创新改革试验区建设和职务科技成果权属混合所有制改革研究》荣获四川省哲学社会科学优秀成果奖三等奖，参与执笔研究报告《全面创新改革试验区建设与高校赋予科研人员职务科技成果所有权改革实践研究》荣获教育部第八届高等学校科学研究优秀成果奖（人文社科）二等奖，以第一作者在知识产权国际期刊 *Queen Mary Journal of Intellectual Property* 发表题为"Mixed ownership of employee inventions in China's universities：progress，issues and suggestions"的研究论文等，这些研究成果无一不体现了作者在这一问题上长期的关注、扎实的功底与体系化的思考。

《赋予科研人员职务科技成果所有权的经验与进路》一书立足于解决困扰科技成果转化体制机制改革走向深入以及中国科技创新治理领域的问题：一是梳理改革的基本过程和动力机制，二是进行基于数据和案例的科技成果权属改革试点效果评价与经验总结，三是谨慎审视公共政策与法律制度之间的冲突协调及其中的治理结构与对策，凝练出其中的管理学问题和政策决策议题，呈现出科技政策学术界和实务界希望看到的内容。

穆荣平

中国科学学与科技政策研究会

中国科学院创新发展研究中心

2023 年 8 月

专家序（二）

在科技创新强国征程上，需要形成以创新驱动并引领经济社会全方位发展的要素供给，在呼吁更多高质量创新成果产生与转化的同时，迫切需要强有力的制度创新与制度供给体系。在技术创新与制度创新"双轮驱动"的当下，2016 年始于四川省的职务科技成果产权制度改革创新具有典型性、代表性，引起了学界、政府部门以及各大主流媒体的广泛关注，蕴含于这一改革中的诸如国家利益与科研人员利益平衡、知识产权权属制度、政策试点与政策创新机理、科研人员激励与成果转化模式等许多制度性、政策性问题都值得深入剖析研究。

刘鑫博士及其团队利用所在单位最早进行职务科技成果所有权改革实践的优势，对此进行长期关注、跟踪，做了大量的人物访谈、数据案例搜集和调查研究，形成了一系列有价值的一手资料和前期成果，并将相关重要研究成果整理成《赋予科研人员职务科技成果所有权的经验与进路》一书。该书主要从职务科技成果所有权改革的发生背景、国际相关制度实践及其比较、基于事实数据的改革试点政策效果评估、科技成果权属与成果转化之间的关系、科技体制机制改革试点中的治理结构等方面展开论述与分析，资料生动翔实、数据全面客观、立场价值中立，为我国在下一阶段深化科技成果权属改革、完善职务发明权属制度及其他相关制度提供了有价值的建议与决策参考，也为我国科技创新治理体系与治理能力现代化提供了生动翔实的案例支撑。

该书基本覆盖高校职务科技成果转化、运用、权属及相关制度的前沿研究内容以及当前我国全面创新改革发展急需解决的重要疑难问题，选题紧扣时代主题，以问题为导向，并以地方实践为抓手"解剖麻雀"，将法律问题融入管理实践，力求破解公共政策与法律制度的协调困境。该书能为从事科技政策与知识产权的有关人员以及从事公共管理、知识产权管理、高校科技成果转化的高校师生和政府机构人员提供有价值的参考。

马一德

中国科学院大学知识产权学院

2023 年 10 月

专家序（三）

高校院所是我国知识生产与应用的重要主体，在科技创新体系中扮演着中流砥柱的角色，但高校院所知识生产却没有在经济社会发展中广泛变现，充分实现其应有的价值。这一方面与我国高校院所科技成果管理体制有关，另一方面与科技成果转化和国有知识产权制度有关。着眼于这一现实困境，四川作为我国八大全面创新改革试验区于2015年发布《关于全面创新改革驱动转型发展的决定》，在国内首次提出开展职务发明权属混合所有制试点，明确科技人员与所属单位是科技成果权属的共同所有人，西南交通大学因最早试点而被誉为"科技小岗村"。2018年12月，国务院常务会议通过《中华人民共和国专利法》第四次修正案草案，并决定再推广一批促进创新的改革举措，就包含"赋予科研人员一定比例职务科技成果所有权"。这一改革引发了学术界与实务部门的高度关注与讨论，相关问题兼具理论价值与实践价值。

本书作者是一位优秀的青年学者，也是我的同事，我见证了刘鑫老师在学术领域的成长进步。他在知识产权、科技政策领域取得了较丰富的积累，加之长期在改革第一线关注高校职务科技成果所有权改革，我们也一道开展了一些调查研究，在这一问题上完成了较为深入系统的跨学科观察。该书正是作者置身事内，针对改革现实场景所做的深入理论拓展与学术梳理的集中体现。本书囊括了职务科技成果所有权改革的事件史梳理、国内外制度比较、改革的数据与案例分析等内容，综合运用了多学科研究方法，结构逻辑严密、层层深入、文笔流畅，为中国特色的政策试点理论与知识产权权属理论找到了"最佳案例"。其研究贡献对于相关制度完善尤其是专利法第六条、促进科技成果转化法第十九条、事业单位国有资产管理暂行办法等具有启示意义；立足地方省情，也有利于助推科技创新与科技成果转化"两个同时发力"的实现。

窃以为，本书将成为记叙和研究我国在职务科技成果权属领域改革的又一部重要著作，促进我国知识产权制度优势与科技创新体制机制改革的融合，最终助力全面创新。本书所涉及的核心制度条款与政策措施也有必要继续加以深入研究并在更大范围内科学合理地推广，这也是当前一段时间我国科学技术向现实生产力转化的迫切要求。

陈　光

西南交通大学公共管理学院

2023 年 11 月

前　言

党的十九届五中全会通过的"十四五"规划建议明确提出，"加强知识产权保护，大幅提高科技成果转移转化成效"。习近平总书记指出，保护知识产权就是保护创新，既严格保护知识产权，又确保公共利益和激励创新兼得。在知识经济与全球化大背景下，知识产权已成为全球各国保护和激励创新、营造良好营商环境、加速知识要素流动和市场化配置的重要制度工具，在科技创新体系和国际竞争格局中发挥着磐石性的作用。在当前及未来一段时期内，中国所倡导并秉持的创新驱动发展理念和知识产权强国建设目标方略，代表了国家科技治理的战略指针，体现了对科研主体主动适应、积极营造并大力推动健全的现代市场环境的时代要求，同时也是全社会促进知识要素和产权价值向现实生产力转化的行动指南。对知识产权的充分保护和利用，以产权配置带动并深化供给侧结构性改革，调动科研人员从事创新创造的积极性，是解决中国科技经济运行体系中的实际问题及实现全面创新发展的一条捷径。对知识产权问题的研究、探索与归纳，若能建立在特定的中国全面深化改革的治理实践语境下，综合运用多学科研究理论与方法工具，则会产生以"中国问题"为导向的"牵引感"和研究价值拓展上的"纵深感"，这也是本成果努力追求的。

知识产权激励不同于传统"产权激励"的内涵，是新形势下以知识产权权属再配置为核心的创新激励模式，是党的十八大以来党中央、国务院对知识产权治理体系与治理能力强化顶层设计的重要产物。《中华人民共和国国民经济和社会发展第十四个五年规划与 2035 年远景目标纲要》提出要"改革国有知识产权归属和权益分配机制，扩大科研机构和高等院校知识产权处置自主权"，知识产权既是衡量科技创新产出的指标，又体现着权利和义务的对等平衡，"放权"与"赋能"是中国科技创新领域改革突破的一个方向。结合中国国情与发展实际，我们不但呼吁更多的高质量创新成果的知识产权得到有效保护，也迫切需要更多科研成果能够从实验室向市场转移，而成果所有权是其中的核心议题。国家、单位、个人之间的权利利益平衡，既是一个技术管理与资源配置的问题，更是一个制度创新与要素驱动的问题。始于西南交通大学的四川省职务科技成果知识产权权属"混合所有制"改革首次将职务科技成果知识产权由单位下放至个人，这是继 2015 年新修订的《中华人民共和国促进科技成果转化法》（以下简称《促进科技成果转化法》）中将权利由国家下放至单位的又一次重大"突破"，而这次"突破"与前一次"自上而下"不同，是典型的"自下而上"的改革推动过程，在中国各类改革中都具有典型性、代表性，也引起了全社会的广泛关注。

人类经济增长的源泉均来自知识的重大突破，包括技术革命和制度创新。我国对于技术创新的关注由来已久，而对制度创新可能起到的"牵一发而动全身"的作用，我们迫切需要更多有价值的案例实践予以深刻剖析。《人民日报》指出，"这项改革，堪比科技领域的'小岗村试验'"；《光明日报》指出，"混合所有制改革'唤醒'职务科技成果"；新华网认为，"科技界的'小岗村'改革是一次大胆探路"。自四川改革以来，中央和各省区关于支持科研人员享有职务科技成果知识产权权属的政策文件多达近 30 份，其中具有代表性的是：2018 年 12 月国务院常务会议通过《中华人民共和国专利法》（以下简称《专利法》）第四次修正案草案，并决定再推广一批促进创新的改革举措，其中就包含"赋予科研人员一定比例职务科技成果所有权"；2020 年 2 月 14 日，中央深改委第十二次会议审议通过《赋予科研人员职务科技成果所有权或长期使用权试点实施方案》，提出要加强知识产权保护和产权激励，赋予科研人员职务科技成果所有权或长期使用权；2020 年 5 月，科技部等 9 部委联合印发《赋予科研人员职务科技成果所有权或长期使用权试点实施方案》，开启全国范围内赋予科研人员职务科技成果所有权或长期使用权试点工作（为期三年）；新《专利法》第六条、第十五条出现了一些新表述，可见，所有权改革已经进入"下半场"。学术界对于改革的理论价值、现实作用以及改革的制度争议的讨论一直在持续。

　　高校在中国知识生产与应用中扮演着独特角色，科研人员在科技创新和成果研发中发挥着中流砥柱的作用，但高校知识生产没有在经济社会发展中广泛变现，充分发挥其应有的价值，科研人员的创新活力与动力也并未被充分激发，职务科技成果所有权改革正是以此为着眼点。四川作为中国八大全面创新改革试验区在国内首次提出开展职务发明权属混合所有制试点，明确科技人员与所属单位是科技成果权属的共同所有人。截至2019年底，四川省内的试点单位有45家，其中，高校院所20多家。试点破解职务科技成果知识产权权属的突出问题是解决科技成果转化"最后一公里"问题的突破口之一。蕴含于这一改革中的诸如国家利益与科研人员利益平衡、高校院所知识产权权属制度、改革效果评估、政策试点与政策创新机理、高校院所科研人员激励与成果转化模式等许多制度性、政策性问题都值得深入剖析研究，西南交通大学因最早试点而被誉为"科技小岗村"。本书将相关理论与改革实践紧密结合，力求做到以小见大、有所创新，主要表现在以下三个方面。

　　坚定立足中国国情。由于高校院所职务知识产权配置的国别制度差异，国际相关经验不能照搬照抄，本书立足于中国知识产权制度国情和推动科技成果转化的现实需求，提炼四川改革实践中具有普遍意义和可推广的做法和理论，推动改革试点机制创新和科技成果知识产权归属制度创新，构建中国特色的职务科技成果产权配置理论体系与话语体系。

　　立意体现时代特征。本书立足于中国职务科技成果所有权改革的现实背景，采取全景式记录、事件史梳理、追踪式调查、案例与数据综合分析、政策汇编及分析等途径，较之于国内外同类书籍，具有突出的问题意识、现实需求指征和理论前沿性，伴随职务科技成果权属"混合所有制"改革于2016年在四川省开启并经过三年实践检验，在中央深改委推动下于2020年开始向国内其他地区全面推广实施，本书对指引改革走向深入具有理论和现实双重意义。

　　学术思想综合交叉。本书综合了管理学、法学、情报学等多维研究视角，丰富了知识产权权属配置对促进职务科技成果转化的作用机理，围绕公共政策试点过程、知识产权权属、利益平衡与治理工具等多学科视角"解剖麻雀"，是对新时代中国全面创新改革实践与科技创新治理体系现代化进程的生动诠释，为破解中国职务科技成果转化难题提供全新思路与实践参考。

本书受到国家社会科学基金后期资助项目"赋予科研人员职务科技成果所有权的经验与进路"（项目批准号：21FGLB064）的资助，全书按照"理论与概念—宏观情境分析—改革案例与实证—理论升华与总结"的研究逻辑逐层深入递进，共包含九个篇章，各章节从整体上遵循由问题到对策、由现象到本质、由事件史梳理到深层次机理与原因的实证分析，力争实现对可读性与理论性的双重观照，探索纵深研究的魅力。较之于已有同类研究型书籍，力求兼顾工具属性、理论属性和现实属性，从具备典型性的改革案例出发，以小见大，将理论分析与拓展、制度比较、案例分析、实证研究、经验凝练等有机结合起来，成为中国制度情境下"赋权"改革试点的重要展现窗口和政策试验的"鲜活样本"。

应当说，正在进行的"赋权"改革，是中国深化推进各领域改革的一个生动缩影，值得记录。作为一名高校哲学社会科学学者，既要力争做好中国全方位改革的记录者、见证者、参与者，也要为中国国家治理实践贡献来自学者的真知灼见与锦囊良方。收笔之余，深感中国全面改革发展和科技创新治理现代化之迫切，也深感科技与知识产权制度领域还有不少问题有待解决。本书得以完成要特别感谢康凯宁总经理、陈光教授、赖彦钊老师等的大力支持，张栋、李婷婷、姚阳、陈程等也参与了本书个别章节的资料搜集和文字整理。书中难免一些纰漏和不足，还望学界前辈、实务界朋友和广大读者海涵。

刘　鑫

于西南交通大学九里校区

2023 年 9 月 1 日

目　录

绪论：

"赋权" 改革从何处出发？

背景一:全球高校"第三使命"与学术创业崛起

以科技创新为动力的发展战略已成为促进全球经济发展的重要举措之一,知识迁移与转化已成为共识。为支持知识转化,与之有关的政策已在不同程度上在全球各区域、国家和地区层面推行实施。自 20 世纪 80 年代美国实施《拜杜法案》后,欧洲各国政府广泛借鉴推行以"机构所有权"为主的创新成果归属政策,然而此类政策的具体操作在共性中蕴含着丰富的个性,因此区域和国家间的权属政策各异。与此同时,以技术专利化、专利许可化和学术创业活动为代表的"学术创业"运动席卷全世界的大学,大学和发明人在知识和发明创造的商业化过程中发挥了举足轻重的作用。大学作为知识经济的源头和引擎,受到越来越多关注。

"第三使命"即大学除了教学和研究之外还参与到社会、企业和创新活动中。与日俱增的现实挑战呼吁大学运用研究与教学中的知识去实现社会和经济的"第三使命"。"第三使命"意味着大学承担起更多的社会发展责任,这必然要求大学与社会及市场的需求相联系。技术成果专利化和学术成果商业化即"第三使命"的重要实现路径。由此,"第三使命"有两个关键任务:有目的地使用和转化学术知识以帮助解决纷繁的社会问题;通过与公私企业合作转化技术去实现可持续创新。在"企业型"大学模式中,越来越多的科研人员和教师参与到专利的商业化之中。欧美国家职务发明权属改革政策的推行加上科学和技术政策的广泛融合,使高校以许可证和衍生公司的技术转移形式实践完成"第三使命"。当下,在中国高校中,"第三使命"业已成为一种发展共识和相对固化的社会功能,高校所发挥的社会功能早已超出教学和基础研究的范围。

背景二:中国高校科技成果存在"反公地"效应

自 20 世纪 90 年代中国大力发展创新体系以来,高校院所作为中国知识生产与应用的重要主体，在科技创新和成果研发中发挥着中流砥柱的作用，但知识的生产没有在经济社会发展中广泛变现。在原有产权管理体制下，以高校院所为典型代表的公立非营利机构的职务科技成果因国有资产化管理而无人能动，中国职务科技成果转化沉疴难起，且职务科技成果的转化缺少发明人的参与，科技成果呈现出资源排他性强而使用率低的"反公地悲剧"形态。

以中国高校专利为例，自 1978 年至 2018 年，中国高校申请专利数量高达 286.2 万件，而转让与许可专利共 11.4 万件，专利转化率为 3.98%，其中授权发明专利转让率为 8.21%，高校院所专利转化实现产业化的科技成果小于 5%，职务科技成果产出量高，但转化率相对成果总量偏低。基于公立性质与国有化管理的路径依赖，高校科技成果转化过程在十余年的时间里存在主体缺位和动力缺失，实现成果转化动力不足，在体制上不鼓励自主转化，在管理机制上缺少科技成果转化的配套政策，高校院所职务科技成果转化进程缓慢的问题。

背景三：政策发力推进高校科技成果转化

中国自 2014 年推进实施"大众创业、万众创新"以来，社会对科技成果产生巨大需求，继欧洲借鉴美国经验广泛推行改革后，中国国家和区域层面也开始出台相关政策，对促进高校院所科技成果转化进行大力探索。由于中国长期以来的科研人才选拔机制，高校吸收了较多科学研究的智力资源。因此，高校作为未充分开发的应用型科技成果重大资源库备受关注，中国从国家到区域层面开始出现一系列政策规定指导高校科技成果向现实生产力转化的操作实践。

为推进高校院所的科技成果转化，2015 年《中华人民共和国促进科技成果转化法》修订后，科技成果的使用权、处置权、收益权被下放到国家设立的科学技术研究开发机构和高等学校，这些主体有权处置所持有的科技成果。在中国高校，通过校企合作等形式，实现技术转让、技术服务等广泛意义上的科技成果转化动能和需求开始暴涨，科技成果知识产权的使用权、处置权、收益权等多方面的改革举措开始在中央和地方铺开。

背景四：赋予科研人员职务科技成果所有权改革的开启

2015 年以后，四川省率先在国内探索赋予科研人员职务科技成果所有权改革试点，并且试点高校在专利数量上呈现出一定的激励增长，这一改革试点为中国科技创新提供了重要样本并在国内多数地区实现了成果扩散。"所有权"这一核心权利对象，是中国在以往的科技成果使用权、处置权和收益权方面的"三权改革"所没有也无法触及的，本次改革的深度和力度可以想见。然而高校职务科技成果知识产权归属从高校所有转向个人所有的试点过程中，产权归属的合理性和效率问题一直是理论和实践关注的焦点。中国高校院所作为非营利性科研机构，在职务科技成果转化过程中面临着所有权归属、转化可行性、转化收益分配等实际问题，特别是产权问题的不明晰、不统一、不稳定，增加了科研人员和市场主体对成果转化的不确定性。当前中国在科技成果转化的道路上仍然有产权实施上的阻碍，2016 年以后，学界针对科技成果产权问题改革可行性及其价值已开始了一些有益讨论。然而，要确定职务科技成果权属"混合所有制"进行系列改革探索的政策是否较好支持了所有权改革的进行，则需要对系列改革政策实施的效果持续跟踪和检验。

为持续推进创新改革，激发创新创造活力，一系列中央、地方和高校"先行先试"政策颁布实施：中共四川省委于 2015 年 11 月发布《关于全面创新改革驱动转型发展的决定》，在国内首次提出开展职务发明权属混合所有制试点，明确科技人员与所属单位是科技成果权属的共同所有人；2016 年 1 月，西南交通大学在全国高校率先出台《西南交通大学专利管理规定》，规定了学校和发明人共享职务科技成果所有权的知识产权激励模式；5 个月后，成都市政府出台《促进国内外高校院所科技成果在蓉转移转化若干政策措施》，将职务发明混合所有制列为第一条[①]；

[①] "成都新十条"规定：鼓励高校院所与发明人或由发明人团队组成的公司之间，通过约定以股份或出资比例方式进行知识产权奖励，对既有职务发明知识产权进行分割确权；以共同申请知识产权的方式分割新的职务发明权属。这也是可查国内最早的关于知识产权确权分割方式的政策规定，相关表述后被许多省市直接沿用。

2016 年 11 月，中共中央办公厅、国务院办公厅联合印发《关于实行以增加知识价值为导向分配政策的若干意见》，指出"探索赋予科研人员科技成果所有权或长期使用权"；同年 12 月，四川省政府发布《四川省职务科技成果权属混合所有制改革试点实施方案》，选择 20 余所国家设立的高校和科研院所开展职务发明权属混合所有制改革试点，并于 2018 年 11 月起进一步扩大试点及对象范围至 45 家单位；2018 年 12 月，国务院常务会议通过《中华人民共和国专利法》第四次修正案草案，并决定再推广一批促进创新的改革举措，其中就包含"赋予科研人员一定比例职务科技成果所有权"；2020 年以后，改革随着相关法律的修订和中央试点的推行正式进入"下半场"。这一改革引发了学术界的高度关注与讨论，也显现出一系列理论与实践问题有待进一步深入探究。理清赋予科研人员职务科技成果所有权改革的基础性问题，还需要开展一系列成体系的深入研究：一是如何有效评价改革试点的成果与不足，开展系统性跟踪评价研究，优化制度实践；二是如何构建合理的高校院所职务科技成果知识产权归属和利益分配机制，建立中国知识产权激励的政策框架，提炼知识产权治理内涵，进一步推动制度创新。

第一章

核心概念的梳理与辨析

引言

本源之问才是时代之问。理解赋予科研人员职务科技成果所有权改革，首先需要在现有制度框架下对相关概念的本源进行辨析，这也是回答把这项改革试点放在何种理论视角下去审视的关键。新时代、新命题，新时代的"产权激励"的核心特征，就是激励内容从传统有形的生产资料的"产权"，如物的激励，转变为无形的生产资料，以知识产权权属配置为核心的产权激励就是一种值得探讨的新模式。基于这种模式，我们的改革走出了一条不同于国外既有的、具有中国特色的、以职务发明创造知识产权归属驱动科技与经济紧密结合的新路。而本书的改革情境恰恰为研究这种模式提供了最佳样板。

根据现行《中华人民共和国促进科技成果转化法》（后文简称《促进科技成果转化法》），职务科技成果是指"执行研究开发机构、高等院校和企业等单位的工作任务；或者主要是利用上述单位的物质技术条件所完成的科技成果"。研究开发机构、高等院校和企业组织属性不同，其职务科技成果在成果来源、成果形成和成果转化方面存在差异。为了深入研究，本书只讨论高校院所职务科技成果的知识产权归属和激励问题，这也是本书的一个基本研究范围。本章的主要任务就是对相关的概念进行辨析并做制度层面的阐释，当然，这项改革涉及的一系列概念延伸也将在后续章节中逐步展开。

一、科技成果

科技成果是对创新主体研究开发活动所取得的智力成果的总称，这一智力成果经知识产权行政管理部门确权后才能形成法定意义上的知识产权。一项科技成果首先是一项或多项发明创造的组合，发明创造是形成科技成果的前提和早期阶段，科技成果是发明创造的有形化、集成化与体系化。现行《中华人民共和国专利法》（后文简称《专利法》）第二条规定了"发明创造"的基本概念，即"本法所称的发明创造是指发明、实用新型和外观设计。发明，是指对产品、方法或者其改进所提出的新的技术方案。实用新型，是指对产品的形状、构造或者其结合所提出的适于实用的新的技术方案。外观设计，是指对产品的形状、图案或者其结合以及色彩与形状、图案的结合所作出的富有美感并适于工业应用的新设计"，发明创造主要是特指《专利法》语境下的技术方案与设计。

进一步地，《中华人民共和国合同法》（后文简称《合同法》）第十八章"技术合同"章节中，涉及关于"技术成果"的概念，但未明确规定技术成果的具体定义。2004年底，最高人民法院发布的《最高人民法院关于审理技术合同纠纷案件适用法律若干问题的解释》，其中正式出现了"技术成果"这一表述的司法解释，即"技术成果，是指利用科学技术知识、信息和经验作出的涉及产品、工艺、材料及其改进等的技术方案，包括专利、专利申请、技术秘密、计算机软件、集成电路布图设计、植物新品种等"，因此可知，技术成果与发明创造相类似，都是指技术方案或新设计，但其范畴更广，不限定于《专利法》语境之下。而"科技成果"和"技术成果"又略有不同，前者当属一个相对上位的概念，关于科技成果的概念界定，2016年颁布实施的《促进科技成果转化法》，其中第二条规定了"科技成果"的概念，即"通过科学研究与技术开发所产生的具有实用价值的成果"，可见，科技成果更加强调发明创造的"实用价值"，但又不局限于"技术方案"，与市场的关联性更为密切。因此，可以简单这样理解，在中国的法律体系中，科技成果的外延要大于技术成果和发明创造，技术成果的外延则大于发明创造。

应当说，科技成果是包含实物、知识产权客体和知识数据信息的复合性概念，在中国法律体系中主要对知识产权、物权实施保护（如表1-1所示）。科技成果使用权是使用科技成果知识产权和物权的权利。

表 1-1 可具有法律权利的科技成果范畴

科研范畴	科技成果	成果属性	可获得的法律权利	法域
偏基础研究	知识发现	含科技信息的作品载体	著作权 数据知识产权（立法中）	知识产权
	数据			
	论文，报告			
偏应用研究	计算机软件			
	发明、实用新型、外观设计	技术方案	专利权 专利申请权	
	植物新品种、集成电路布图设计	技术方案	民法典和单行法保护的其他知识产权	
	技术秘密	技术诀窍		
偏实施转化	产品，样机，材料	技术实物	所有权	物权

　　科技成果可以涵盖科学基础研究、应用基础研究、应用开发研究、应用转化研究不同阶段的过程成果和终端成果。其中有实用性的技术方案、技术诀窍、技术实物可获得专利权、商业秘密、所有权等的规则保护；含科技信息的作品载体和计算机软件可受著作权法保护；数据信息方面，国家知识产权局依国务院授权正在探索符合条件的数据集合登记确权及保护规则立法；知识发现方面，有实用性的成果可以探索在专利法条件下受到保护。尚无直接实用性的科学发现，如果是经过智力劳动探索所得，本书认为也宜纳入在科学技术成果范围内探讨保护。人类科研历史说明，一些起于自由探索的看似"无用"的知识，也有可能在后来发挥重大的作用。在中国科研逐渐进入前沿无人区、形势上也需要"自立自强"的当代，符合科研规律的探索发现值得作为科技成果支持，不宜局限以目前的条件判断其实用与否。

　　从法律权能上看，中国科技成果的法律权能以全国人大制定的《民法典》为法律基础，结合人大常委制订的《专利法》《中华人民共和国著作权法》（后文简称《著作权法》）《中华人民共和国反不正当竞争法》（后文简称《反不正当竞争法》）和国务院颁布的《集成电路布图设计保护条例》《植物新品种保护条例》构建起与技术科技成果有关的知识产权法律法规。国有资产管理方面，以人大常委《中华人民共和国企业国有资产法》（后文简称《企业国有资产法》）、国务院《行政事业性国有资产管理条例》和财政部《事业单位国有资产管理暂行办法》《中央行政事业单位国有资产处置管理办法》构建规制，形成职务科技成果相关的国家立法体系（如表1-2所示）。

表1-2 科技成果权属的主要现行国家法律法规

属性	颁布机构	法律名	现行文生效时	权属法域	法部门
基本法律	全国人大	民法典	2021年1月1日起施行	科技成果民事权利	民法
普通法律	人大常委	专利法	2020年10月17日第四次修正	专利	民法
普通法律	人大常委	著作权法	2020年11月11日第三次修正	作品及软件著作权	民法
普通法律	人大常委	反不正当竞争法	2019年4月23日第二次修正	商业秘密	经济法
普通法律	人大常委	中华人民共和国科技进步法（简称科技进步法）	2022年1月1日修订后施行	科技管理	行政法
普通法律	人大常委	促进科技成果转化法	2015年8月29日修正	科技管理	行政法
普通法律	人大常委	中华人民共和国高等教育法（简称高等教育法）	2018年12月29日修正	高校科研与资产管理	行政法
普通法律	人大常委	企业国有资产法	2009年5月1日起施行	企业国有资产管理	商法
行政法规	国务院	集成电路布图设计保护条例	2001年10月1日起施行	集成电路布图设计	行政法
行政法规	国务院	植物新品种保护条例	2014年7月29日第二次修订	植物新品种	行政法
行政法规	国务院	行政事业性国有资产管理条例	2021年4月1日起施行	行政事业性国有资产管理	行政法
部门规章	财政部	事业单位国有资产管理暂行办法	2019年3月29日修订	事业单位国有资产管理	行政法
部门规章	财政部	中央行政事业单位国有资产处置管理办法	2021年9月28日印发	中央行政事业单位国有资产处置	行政法
拟制中的立法					
行政法规	国家知识产权局研究	数据知识产权保护条例	工作组在研	数据知识产权保护规则	行政法

续表1-2

属性	颁布机构	法律名	现行文生效时	权属法域	法部门
行政法规	国务院	职务发明条例（草案）	2015 年公布后搁置	职务发明权属管理规则	行政法

《民法典》（2021年）作为基本法律规范了科技成果权属及行使权利束，涵盖知识产权客体、技术成果归属和收益分配、职务技术成果和非职务技术成果的使用权、转让权等内容。《专利法》（2020年）规范了专利权及行使权利束，涵盖专利权客体，职务发明和非职务发明权属，可约定的条件，合作发明权属，专利权能和转让、许可、共有等内容，鼓励产权激励。

新修正的《科技进步法》（2022年）将科技治理新政策法制化，规范了财政资助科技成果授权承担者取得知识产权及权能，国家介入实施转化权，实行知识价值导向分配，推进知识产权归属和权益分配机制改革，探索赋予科技人员职务科技成果所有权或者长期使用权；完善体现知识、技术等创新要素价值的收益分配机制，科技人员可兼职获酬，鼓励股权、期权、分红等方式激励；科技人员和科技活动实行分类评价，突出创新价值、能力、贡献导向；科技活动与管理负责人尽职免责等。新《科技进步法》体现了新理念与新进步，为多个改革方向提供了立法依据。

《促进科技成果转化法》（2015年）规制了科技成果转化的政策，涵盖科技成果持有者转化方式，国家设立科研机构转化成果的定价方式与收入自留，职工禁止擅自转让职务科技成果和科技人员奖励等，其19条明确限定对国家设立机构取得的科技成果，需在职务科技成果权属不变更前提下才可依据协议转化。该规定相对于人大常委制定的一般法律构成特别法，在现实情景中常优先适用，普遍被认为构成了国资机构科技成果"不敢转"的直接法律桎梏。

二、职务科技成果的知识产权归属

中国法律体系中《合同法》《专利法》《促进科技成果转化法》等均有涉及关于职务科技成果的界定，这也是本书的核心概念之一。《合同法》作为中国民法体系中的重要法律，在处理民事纠纷中享有"合同优先"原则，《合同法》第三百二十六条指出，"职务技术成果是执行法人或者其他组织的工作任务，或者主要是利用法人或者其他组织的物质技术条件所完成的技术成果"，同时，该条的第一款也指出，"职务技术成果的使用权、转让权属于法人或者其他组织的，法人或者其他组织可以就该项职务技术成果订立技术合同。法人或者其他组织应当从使用和转让该项职务技术成果所取得的收益中提取一定比例，对完成该项职务技术成果的个人给予奖励或者报酬"，也就是说，职务技术成果的所有权原则上属于单位，完成人具有获得奖励报酬和优先受让的权利。现行《专利法》对"职务发明创造"这一较之于"职务科技成果"的下位概念界定指出，"执行本单位的任务或者主要是利用本单位的物质技术条件所完成的发明创造为职务发明创造。职务发明创造申请专利的权利属于该单位；申请被批准后，该单位为专利权人"，《专利法》同时还规定，"利用本单位的物质技术条件所完成的发明创造，单位与发明人或者设计人订有合同，对申请专利的权利和专利权的归属作出约定的，从其约定"。《专利法》中明确了职务发明创造的知识产权权属应归于单位，但对于利用本单位的物质技术条件所完成的职务发明创造的情形，可由单位和职务发明人约定知识产权的归属。

现行的《促进科技成果转化法》第十九条指出，"国家设立的研究开发机构、高等院校所取得的职务科技成果，完成人和参加人在不变更职务科技成果权属的前提下，可以根据与本单位的协议进行该项科技成果的转化，并享有协议规定的权益"。按《促进科技成果转化法》规定，职务科技成果的所有权的归属仍为单位，尤其是对国有科研机构、院校，职务科技成果知识产权权属属于单位且不能变更。这一规定与《专利法》中部分职务发明创造（或概称为职务科技成果）可由单位和发明人约定权属的条款相冲突。归结而言，中国现行法律对职务科技成果概念的界定基本一致，但对职务科技成果知识产权归属仍有不一致、不明确的情况，也因此可能还会发生诸多由职务科技成果所有权而引发的单位与个人之间的纠纷。

知识产权是关于人类在社会实践中创造的智力劳动成果的专有权利，也称其为"知识所属权"，指权利人对其智力劳动所创作的成果和经营活动中的标记、商誉等所依法享有的专有权利，一般情况下，这种专有权利在有限时间内有效。智力劳动创造，比如发明、外观设计、文学和艺术作品，以及在商业中使用的标志、名称、图形，都可以被认为是个人或相关组织所享有的知识产权及其一系列附加权利。从知识产权制度的历史看，17 世纪上半叶在英国产生了近代专利制度，100 年后产生了"专利说明书"制度，又过了 100 多年，由于法院在处理侵权纠纷时的需要，进一步产生了"权利要求"制度。根据斯坦福大学法学院 Mark Lemley 教授指出的，广泛使用"知识产权"这一确定术语是在 1967 年世界知识产权组织成立后出现的。21 世纪，知识产权与人类的经济和社会生活愈加相关，知识产权遍布商业经济各领域，从诸多商业竞争的知名案例中，我们就可以看出它的重要作用。

职务科技成果的知识产权归属，归根结底，就是职务科技成果从产权意义上归谁所有，及由此带来的所有权收益如何合理分配的问题。职务科技成果知识产权归谁所有，主要看在获得职务科技成果的过程中，都有谁参与并对这一活动进行了实质性投入。职务科技成果的获得，是由科研人员创造性劳动、资本、知识、信息、单位物质技术条件等多方面要素共同作用的结果。在上述的各要素投入主体中，谁的投入和贡献更为重要，更具有"不可替代性"，则职务科技成果应主要归属于谁。职务科技成果是由科研人员运用自身已有的知识，并在一定程度上利用单位所给予的工作机会以及物质技术条件进行创造性劳动所取得的，各类资本与物质技术条件的前期投入为科研人员的智力劳动提供了基本保障与方向性引导，科研人员的智力活动与智慧劳动在其中起了关键性作用。总之，职务科技成果是两种力量共同作用的结果：一是科研人员（发明人）的智力劳动投入，二是国家或单位的物质技术条件投入。

职务科技成果的知识产权归属（或产权）状态从法律制度视角来看，不同国家出于各自的公共利益、发展阶段与现实需求做出了相应的规定。以"单位"或"国家"优先作为职务科技成果产权归属的国家，其立法意图侧重于公共利益优先，认为国家对创新成果的物质资源投入起决定作用，即公共利益优先论，创新成果的资源效用最大化取决于单位的主导，个人是社会创新资源要素配置中的组成部分，同时保障国家和公共安全利益不受损害；以"个人"优先作为职务科技成果产权归属立法原则的国家，其立法意图是体现并肯定个人智力劳动在成果创造中的不可替代的核心价值，即知识价值优先论，立法上的"个人优先"原则从理论和现实上激发创新者的积极性，进而充分激发市场活力。"个人"与"单位"对职务科技成果产权的混合所有虽未有在各个国家形成立法上的成文规定，但其从原则释义上应属于"个人优先"与"单位（国家）优先"之间的折中选择，中国《专利法》第六条第三款规定了单位与个人之间的"约定归属"原则本质上就是这种"折中选择"的法律体现形式，但还有待进一步明确，即从法律上肯定个人对职务科技成果创造及其转化的至关重要的作用。这也从制度本源上基本解释了"混合所有制"的法理依据与合理性。

职务科技成果知识产权全部或部分归属于个人是从法律上肯定个人在创新过程中的主体性，劳动创造价值的理论是界定科技成果归属的最核心思想之一。产权是效率与激励的压舱石，约翰·洛克在其于1689年出版的《政府论》一书中讨论了财产所有权的问题。洛克观点的核心是劳动是获得私人财产的重要途径，劳动给人获得私人财产所有权提供具有说服力的合理性，同时，每人对他自己的人身享有一种绝对的所有权，除此人以外的任何人都没有这种相近权利，他的物理身体所从事的劳动和他的双手所进行显性工作，我们可以确定地说是无疑正当的属于他自己的。由此引申出一个各国立法的通行原则立场，即如果职务科技成果在生成以后，赋予科研人员这一成果的产权更有利于该成果的应用推广与价值实现，则可将其所有权赋予科研人员（发明人），否则应当由单位拥有这一权利。中国《最高人民法院关于审理技术合同纠纷案件适用法律若干问题的解释》（法释〔2004〕20号），对适用《合同法》做出了较为全面的司法解释，规定在以下情形下，科研人员可以享有科技成果的所有权即知识产权：一是单位与科研人员事先约定在履行本职工作中完成的科技成果，归科研人员；二是科研人员利用单位或其他组织提供的物质技术条件，同时约定了返还一定比例的资金或者交纳许可使用费的；三是科研人员个人完成的技术成果归属于完成该成果的当事人所有。但值得注意的是，在公立研究机构（如高校、科研院所）与企业之间，由于单位性质、创新方式、资金来源、劳动关系等原因，职务科技成果的知识产权归属应区别对待，有些成果更倾向于完成本单位的任务，有些则倾向于基于课题申报的自由研究，个人对成果的智力劳动投入方式存在差异。因此，高校教师、科研院所研究人员、企业雇员对于职务科技成果产权的归属态度就会有较大区别，这也是未来立法将着重考虑的内容。

"职务科技成果所有权"与"职务科技成果的知识产权"两个概念之间并不能等同。职务科技成果所有权的法律权利包括了无形知识产权和有形科技成果的实物，职务科技成果的知识产权主要是从无形的知识产权归属层面进行了概念设置。本书所涉及的"赋予科研人员职务科技成果所有权"问题，主要是从职务科技成果的无形的知识产权权利归属出发进行的探讨，对于有形的职务科技成果的实物所有权，由于其具有物权所有权的一般性，不在本书的讨论范围内。一般而言，职务科技成果所有权的权利取得方式有原始取得和继受取得，原始取得指自然取得或直接依据法律规定、非依他人既存权利而取得。实物物权方面，劳动生产、孳息和先占、发现等是典型的原始取得方式。无形知识产权方面，对主要由智力劳动生产的成果，根据创造自然取得成果理论，非职务著作权适用作者原始取得，非职务发明的创造性技术特征适由发明人原始取得专利权。但还存在职务劳动和非主要由智力劳动生产的成果两种情况。对职务劳动情景，单位雇佣职工劳动，支付给职工劳动报酬，应取得对价的职工劳动成果。职工执行本单位任务创造的科技成果，单位支付工资可以取得。如果科技成果价值很高，单位所支付工资已不能对价，应当遵循民法原则和具体规定处置。根据平等自愿诚信原则和工作合同，职工在与单位建立劳动报酬关系时，如无另外约定，应视为已同意职务劳务创造的价值归支付工资的单位，这与委托生产的劳动成果归委托人同理。根据公平原则，职工可要求单位结合制度另付奖金或重置工资水平；《民法典》也规定了显示公平属于合同可变更、解除的法定事由，但新法限制为"基础条件发生了无法预见的、不属于商业风险的重大变化"；不符合此情况的，如果职务科研创造成果价值显著大于工资报酬，制度应当予以衡平。新《科技进步法》对职工科技成果奖酬标准提升到50%以上，许多地方办法规定了更高的标准，制度也可考虑更多补充方式，保护职务创造公平有偿与劳资积极性。一方面工资和科研奖励常不足以与职工智力劳动创造对价，也是地方上开始探索职务科技成果产权"混合所有制"的因由之一。另一方面，现代科技成果的生产要素中，物质技术条件发挥越来越大的贡献作用，个体智力劳动的贡献作用可能并不占主要。对主要利用单位的物质技术条件所完成的创造，如果成果不宜分割，应优先由贡献主要生产要素的单位原始取得创造成果；如果成果或产权可以分割，法律可规制依据生产要素的贡献分配创造成果的原始取得，即要考虑经济效率、现实可行原则。

中国《专利法》对职务发明的定义为执行本单位的任务或者主要是利用本单位的物质技术条件所完成的发明创造，第六条1款规定职务发明的专利申请权、专利权归单位；即对职务发明总体上适用单位原始取得。作为补足，第六条3款规定利用本单位的物质技术条件所完成的发明创造，单位与发明人可约定申请专利的权利和专利权的归属，从其约定；意味着对该种情况以意思自治优先于法定取得，尊重当事人对成果生产要素贡献的判断，维护处置效率。需要明确的是，第 3 款在"利用本单位的物质技术条件（未区分主要利用或次要利用，第 3 款独立、未引用第 1 款，第 3 款在后属新）"的情况法制为"从其约定"，意味着该情况的约定适用优先，这与前述"法律可规制依据生产要素的贡献分配创造成果的原始取得"之法理恰符。

近年来，国内学者对职务科技成果知识产权归属制度的背景、实施与改革进行了探索，包含职务发明范围的认定与权利分配、对《专利法》和《职务发明条例（送审稿）》中相关概念的界定与原则适用，以及职务发明的收益分配机制等。随着中国科技创新体制机制改革的深入，针对高校职务科技成果知识产权归属的"混合所有制"改革也存在不同视角的认知和解读。

北京大学法学院原院长张守文教授指出，制度应服务于现实经济社会发展需要，有效激发科技创新甚至是颠覆性的科技创新，加强单位和个人之间的合同约定、明晰权利归属确实非常必要，立法上的配套、系统的考虑则更加重要。他认为《促进科技成果转化法》如果能和《专利法》的修订整合在一起，就是一个系统的战略的法律制度构建，更能统筹考虑。中国社会科学院知识产权中心李明德研究员指出，知识产权制度是在市场经济下运行的一种重要制度，让单位与雇员自行约定权属可能比法律规定权属要好，如果涉及国有企事业单位的职务发明权属，并不需要对《专利法》做出修改，而需要对《促进科技成果转化法》《事业单位国有资产管理办法》进行修改。北京大学科技开发部常务副部长姚卫浩认为，《促进科技成果转化法》已经从立法层面针对单位和个人做了较大让利，已实现了使用权、处置权、收益权三权下放，修订的《专利法》第六条并不是制约科技成果转化的核心问题。北京理工大学法学院曲三强教授认为，讨论"赋予科研人员职务科技成果所有权"与修订《专利法》第六条，不仅仅是讨论职务成果形成以后应该怎么分配利益，更多的要讨论怎样通过修法激励产出更多的可转化成果。法定配置产权是成本最小的方式，通过合同来约定产权，需要较高的交易成本，由于智力劳动本身是有溢出效应的，智力劳动创造的价值是无法用工资对价的，是否能够在职务发明制度之外，再创造一个共有发明的制度，并重新赋予它法律定义，关于第六条修订，最好能够确认约定优先，剩下的可能就不再是《专利法》的问题，而要通过修订其他的法律来解决。中国人民大学知识产权学院郭禾教授指出，WTO 规则认为职务发明属于私权，即民事权。既然是民事权力，约定优先应该是一个普遍适用的原则，从《专利法》来讲，权属问题原本是一个确认民事权利归属的问题，关于第六条的修订，最好能够确认约定优先，剩下的可能就不再是《专利法》的问题，而要通过修订其他的法律来解决；学界应该呼吁改变现行的激励政策，形成激励单位和个人共同创新和转化的法条。中国政法大学教授、中国知识产权法学研究会副会长冯晓青认为，"赋予科研人员职务科技成果所有权"在法律上实际上是一个共有产权的概念，学界应该呼吁改变现行的激励政策，形成激励单位和个人共同创新和转化的法条。[①]

三、知识产权共有

各国知识产权制度的基本共识是，知识产权是一种私权。中国《民法典》将知识产权与物权、债权并列为民事财产权，换句话说，知识产权本质上是财产权，知识产权的相关法律也就属于财产法。在这个前提下讨论知识产权符合发展中国特色社会主义市场经济的现实需要。知识产权法的基本遵循与物权法类似，都是基于对"物"的占有、使用、收益、处分，只不过在知识产权法律体系中，"物"是知识类的"物"，由此形成的利益关系的规则体系就是知识产权相关制度。知识产权作为私权，客观上必然受到民法的基本规制，符合民法的主体、客体、法律行为、权力内容、时效、代理、侵权、诉讼程序、法律责任等一系列制度。但是，由于知识产权涉及复杂的知识性特征，其发展变化是动态的，其衍生价值是不确定的，其呈现形式是无形的，作为一种特殊的财产权，也要区别于一般财产权对待。

知识产权共有是知识产权权属由多个权利人（法人和自然人）所有的一种现实权利样态。形成知识产权共有的原因有多种，如多方共同参与研究开发过程，或是以不同形式为研究开发提供必要支持，抑或是出于合作考量，以合同形式划分产权权属等。从一定程度上说，知识产权

---

① 参见西南交通大学新闻网，"西南交大科技园与北大法学院联合举办'职务科技成果混合所有制'修法研讨会"，https://news.swjtu.edu.cn/shownews-16426-1.shtml，2019年12月访问。

共有是凝聚各方优势资源，提升合作创新质量的重要途径。有学者指出，共有人数量与知识产权质量有正相关关系，且权利跨国共有的知识产权质量一般而言会更高，同时，知识产权共有这种权利结构，对激励发明商业化具有正向作用。但是，知识产权共有也会带来一些较为复杂的情形。例如，复杂的权利关系对知识产权权益分配和知识产权权利实施会带来的一些消极影响，与其他财产权利相比而言，知识产权共有的法律风险大且更为复杂。知识产权共有的法律风险主要在共有知识产权的实施、许可、转让、收益等方面，通过合同事前约定是预防风险的重要策略。合同约定的主要内容应围绕知识产权权利行使的方式与条件、共有人内部之间相关权益的转让方式、对第三人侵权提起诉讼的条件等。除此之外，知识产权法律制度本身的不完善也会增加合作共有的法律风险。现行中国《专利法》在共有专利申请、权利实施、收益分配以及处分、共有权利人诉讼地位等方面的规定还比较笼统，且在一定程度上存在与现行《合同法》冲突的地方。

知识产权相对于一般物权的特殊性决定了知识产权共有的复杂性。以专利这种重要知识产权客体为例，专利共有权约定范围的限制主要来自专利的共有权利人不能约定共有的份额，即专利权无法按份分拆，并不得按份自由转让。考察《专利法》中的相关规定，一方面，专利权共有人行使权利时是按照约定优先原则，在没有约定时，可以适用法律补充的规定，即专利申请权或者专利权的共有人对权利的行使有约定的，从其约定，没有约定的，共有人可以单独实施或者以普通许可方式许可他人实施该专利；另一方面，许可他人实施该专利的，收取的使用费应当在共有人之间合理分配；除前款规定的情形外，行使共有的专利申请权或者专利权应获得全体共有人同意。但是需要说明的是，上述规定仍然存两方面的"灰色地带"：一方面，在共有形式方面，上述表述其并未明确规定专利权共有是属于共同共有还是按份共有，实务界较多主张共同共有的模式，而学术界则较多倾向于主张按份共有的模式；另一方面，在权利共有的约束力方面，在国家专利行政管理部门实际工作中，专利著录项作为一个重要公布信息，并不能体现某一项专利权的各个共有人分别享有多少份额的权利，各个权利共有人在法律地位和利益分配地位上，处于一种"虚拟"的平等地位。那么，在实际执行中，弱势一方的权益事实上是无法得到有效保障的。

本章小结

将目前国内理论与实务界对高校职务科技成果知识产权归属存在的观点分歧归类整理，大致有以下两个方面的内容：一方面，支持"高校优先"的研究多从立法与制度性层面出发，认为高校职务发明是国家财政性投入所产生的创新成果，在职务发明"雇主优先"的制度安排下，应优先确保高校优先享有职务发明的知识产权，才能实现资源效率最大化，同时避免国有资产流失、知识产权权利的边界模糊以及国家权利的个人化等带来的法律风险与制度成本，物质奖励可以实现对科研人员的有效激励；另一方面，支持"发明人优先"以及"混合所有制"的观点则多从管理学与经济学视角出发，认为从数据和效果上看，目前中国职务发明权属制度使得知识产权交易成本过大，效率过低，激励不充分，不利于高校创新成果产出与转化。

在未来的制度实践中，应逐步探索知识产权权利共有人单方面实施共有专利并共同享有收益的制度机制，创新共有人单方面发放普通许可并要求许可收益由全体共有人共享的措施，当共有人单方面转让其全部共有份额时，除非全体共有人同意，应禁止转让其部分的权利共有份额。职务科技成果的"混合所有制"正是开展探索实验、评估优化立法方向，以制定"良法"的最佳土壤。

第二章

从多元理论视角看"赋权"改革

引言

知识产权权属问题的跨学科交叉融合特征决定了必须从多元理论视角出发，才可能全面审视知识产权权属改革对科技与经济的综合影响，否则就有可能产生对职务知识产权归属的片面性认识。这也是本书浅薄地试图为知识产权学科发展从改革实践的现实场景提供一些综合多元的理论视角、理论观点和理论探讨的目的所在。赋予科研人员职务科技成果所有权改革是一个高度集成、复杂的理论与实践议题，其集成复杂性主要体现在我们可以从不同的理论视角对这一过程开展研究综述与分析论证，每个理论视角在改革的不同环节、不同板块都能够发挥各自的解释作用，这一点在本书各个章节均有所体现。为了呈现"赋权"改革的理论丰富性与集成性，本章从法律、经济学、公共政策、创新管理以及制度实践五个方面分别进行了理论要义的阐释。由于学科分野，这五方面具有相对独立的话语体系，但又共同构成了解构分析这一改革议题的总体性逻辑框架，为后续研究者提供了不同的参考视角。本书将上述五方面理论视角潜移默化地融入了各章节的分析思路，其中，法律与经济学共同构成支撑"赋权"改革的基础理论视域（如第 2、4、9 章），公共政策与创新管理是研究和诠释"赋权"改革的重要中观理论（如第 3、5、7、8 章），制度实践的理论视角则是从总结改革经验的实用主义理论出发（如第 4、6 章）。多元的理论视角也是"赋权"改革及其研究的复杂性与生动性的综合体现，从不同理论侧面回答本书开篇所提出的四个重要研究问题，即围绕职务科技成果权属相关理论与政策实践，力求从理论上回答好：第一，改革改什么。系统梳理了世界主要国家高校职务科技成果权属的法律制度与政策实践，开展法律制度的国际比较。第二，为何要改革。从公共政策视角看，围绕职务科技成果"混合所有制"的内涵、成因与制度政策兼容性，对改革的动力机制从知识产权"反公地悲剧"、政策试点与政策扩散、多元主体利益平衡、科技成果转化激励等维度进行理论诠释。第三，改革怎么样。从计量经济学和创新管理视角能够回答这一问题，即对四川区域改革历程进行全景式呈现、事件史分析与动态化追踪，运用经济学与管理学研究方法，评估和呈现改革政策的阶段性效果。第四，改革如何改。这需要从制度实践角度审视，深入挖掘中国赋予科研人员职务科技成果所有权改革中的治理内涵并通过对改革的经验总结，提出完善相关制度的建议。总而言之，要回答好上述问题，还是要从"赋权"改革所涉及的理论本源出发（如图2-1所示）。

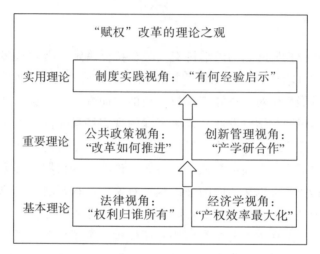

图2-1 研究"赋权"改革的总体理论框架及相关理论视域之间的关系

一、法学视角下的知识产权权利理论

法律视角下的知识产权权利理论主要剖析"权利归谁所有"的问题。从知识的产生和应用，到知识产权存在的正当性讨论，再到知识产权制度的设计，知识产权理论不断发展。知识包括显性知识与隐性知识，而智力劳动至少包含以下四个要素：时间和努力、他人不愿从事的活动、对社会有益的活动、创造性活动。在知识的管理即产权上，理论研究者们已然注意到作为无形资产的知识产权和有形的物权之间的区别（Kyläheiko，2005）。物权则可能因过度耗损而产生"反公地悲剧"（Heller，1998），而知识和智力劳动产品却因其外溢效应而使科学长足发展、社会获得福利。换言之，对于知识产品而言，真正的反公地悲剧在于其不能为大众所用。在知识产权的反公地情形上，国外的研究情境主要是过度私人化导致的"科学公地"无法持续输出社会福利；中国的情境则主要是公立机构的知识成果国有化管理体制造成了"反公地悲剧"。

知识产权理论的研究存在四大流派:功利主义(Utilitarianism)、劳动理论(Labor Theory)、自我实现论(Personality Theory)、社会规划论(Social Planning Theory),其中功利主义作为主流(William Fisher,2001)。首先,技术发明的功利主义倾向认为,知识产权促进了创新发展,但应当在社会福利和控制权垄断之间寻求平衡(P. Menell,1999),亦即实现"最大多数人的福利"(边沁,2000),而关于实现途径的理论又包括激励理论、生产力最优模型、竞争性发明,进而引发了基于知识公有性和知识产品私有化之间的诸多讨论(冯晓青和周贺微,2019)。其次,洛克(2009)的财产权劳动理论对劳动者对于体力与智力劳动成果的归属问题予以了论证。劳动理论认为,发明人基于"无主"或公共资源产生的成果产权"天然"地归属于他(她)本人,政府应当遵从这个天然性。然而,对于天然资源的分配以及由此而来的产权问题又有着进一步的争论,这种争论源于资本主义和社会主义的意识形态争论(G. A. Cohen,1995)。在知识产权视域内,个人产权和公共产权及其中的利益分配仍然争论不休,自我实现理论认为私人财产权利是人类自我实现的内在需求,高度的知识产出活动应当得到法律的保护。社会规划论则认为,产权尤其是知识产权应当用于促进公正而具有吸引力的文化,不同于功利主义的"社会福利"导向,其主要方式在于理想社会(William Fisher,2001)。功利主义范式下广为人知的激励理论也仍然存在争议。激励理论认为,在知识产权领域内通过赋予发明人所创造的知识产品相关的所有权、使用权、收益权等能推动更多创新创造,但也有观点认为该理论所预设的稀缺性对于当代知识产权并不适用(谢晓尧和吴楚敏,2016)。

此外,又有结合各国实际进行发展完善的知识产权理论,如中国特色社会主义的知识产权理论,其基本情境别于西方重商主义传统的知识保护意识和所有权制度体系。国家制度和基本国情是中国的知识产权理论与实践生根发展的土壤。中国特色知识产权理论体系的基本内容由知识产权本体论、价值论、制度论、政策论、运行论、文化论等构成(吴汉东,2014),而在这些理论类型下又细分了各类日趋成熟的知识产权权利理论成果。知识产权权利理论视角给我们带来的启示是,要突破职务科技成果知识产权权属改革面临的合法性困境,关键是要首先明晰职务科技成果处置权的内涵,即处置权本身与知识产权权利是一种什么关系,进而才能为高校院所职务科技成果的"权属自治"提供上位法依据参考。

单纯从科技法法理层面看，职务科技成果的处置权是指对职务科技成果是否需要获得知识产权、申请何种类型的知识产权，以及对已经取得的知识产权如何实施、转化或放弃的权利总称。换言之，职务科技成果的处置权除了包括对已经取得知识产权权利的合法处置之外，还包括对还没有完全获取知识产权权利的职务科技成果的处置。我们称之为标准知识产权权利形态与非标准知识产权权利形态的"权利束"问题。现行知识产权、科技成果转化等法律制度界定的职务科技成果处置权，主要是指对标准知识产权权利形态的科技成果的处置权，主要涉及专利法相关条款，而对非知识产权权利形态的职务科技成果的处置权则缺乏深入详细的法理化规定，这部分则主要涉及《合同法》《科技进步法》《促进科技成果转化法》。这是职务科技成果权属"混合所有制"真正落地见效面临的主要合法性困境之一。

二、经济学视角下的"混合所有制"理论

经济学视角下的"混合所有制"理论主要讨论"产权效率最大化"的问题。Hans K. Hvide 和 Benjamin F. Jones（2018）在其发表在 *American Economic Review* 杂志上专门研究挪威"教授特权"制度影响的文章中提出了一个大学和教授之间如何进行技术商业化博弈的经典优化模型。这篇重要文献的研究结果是，无论是"教授特权"还是"大学所有权"，两种所有权模式都不是驱动大学技术商业化的最优分配模式，而是需要寻找一个合适的权益"平衡点"。这成为指导国内职务科技成果"混合所有制"改革的主要理论依据之一。两位学者就大学和科研人员之间创新成果商业转化的权益分配问题如何影响大学科技成果转化，给出了一个简易化的模型以助理解。该模型如下：

（1）$\hat{x} = \arg \max_x \left[(1-\alpha)v(s,x) - rx \right]$

（2）$\hat{s} = \arg \max_s \left[\alpha v(s,x) + G - \theta x \right]$

注：

s：指教授投入科技成果商业转化的时间；

$1-s$：指教授除了科技成果转化外，用于其他活动的时间，如基础科研、教学授课和休闲等；

x：指学校对于科技成果转化的投资量；

$v(s,x)$：指科技成果的预计商业价值（受到教授对科技成果转化的时间投入和学校对科技成果转化的资源投入的影响）；

α：指教授从科技成果商业价值中获益的部分；

$1-\alpha$：指学校从科技成果商业价值中获益的部分，即学校预期收入份额；

rx：指学校每单位投资量所需耗费的投资成本；

G：指教授基本学术工资及其他非商业性收入；

θx：指教授投入科技成果转化时间的机会成本，如损失基础科研，休闲等其他活动可能带来的收入等。

因此，$\hat{x}$ 描述的是学校能够获得的最高预期收益，而 $\hat{s}$ 描述的是教授能够获得的最高预期收益。二者的预期收入都将受到另一方的影响，在权利独有模式中间，一定存在一个最佳分配方案，使得二者预期收益最大。

基于这个简明的模型，我们将学校和科研人员的主要活动均简化为两个部分，即科技成果转化和基础研究投入，并尝试拓展该模型在更复杂情境中的解释力。在该优化模型设置中，突出科技成果转化和基础研究这两个部分职责任务对学校科技成果转化中的资源投入意愿、教授科技成果转化时间投入意愿的影响。即与原模型隐含假设"科技成果转化的商业价值完全由学校和教授两者划分"相比，我们的拓展模型假设学校和教授的预期收入、学校的资源投入和教授的时间投入三个要素，基本由科技成果转化、基础科研两部分占据。

针对高校：

$$\text{Max}_{x_a,x_b}\left[(1-\alpha)\cdot V_a(S_a,x_a/A_a)+(1-\beta)\cdot V_b(S_b,x_b/A_b,y)\right] \quad ①$$
$$\text{s. t. } x_a+x_b=x \quad ②$$

即在满足 $x_a+x_b=x$ 的条件下，取 x_a 和 x_b 的值使得①式的值最大。

针对科研人员：

$$\text{Max}_{S_a,S_b}\left[\alpha\cdot V_a(S_a,x_a/A_a)+(1+\beta)\cdot V_b(S_b,x_b/A_b,y)\right] \quad ③$$

此时，（$1+\beta$）代表教授获得的基础科研物质奖励和名声。

$$\text{s. t. } S_a+S_b=1 \quad ④$$

即在满足 $S_a+S_b=1$ 的条件下，在 S_a 和 S_b 的所有取值组合中，取 S_a 和 S_b 的值使得③式的值最大。

其中：

α：（科技成果）所有权教授占比（$0 \leqslant \alpha \leqslant 1$）；

β：学校给教授基础科研成果的奖励比例（$0 < \beta < 1$）；

V_a：科技成果价值；

V_b：基础科研价值；

S_a：教授投入科技成果转化的时间；

S_b：教授投入基础科研的时间；

x_a：学校投入科技转化的资源；

x_b：学校未投入科技转化的资源（学校投入基础科研的资源）；

x：学校拥有的总资源；

A_a：用于科技转化的知识储备；

A_b：用于基础科研的知识储备；

y：来自校外的基础科研支持。

将科研成果所有权视作 1 个单位时，当教授的所有权为 α 时，学校的科研成果所有权为（$1-\alpha$），此时学校关于科技成果转化的预期收益为 $(1-\alpha)V_a$。同理，对于产出的基础科研成果，当教授获得基础科研价值的 β 部分时，学校获得的基础科研价值为 $(1-\beta)V_b$。因此，①式衡量的是，学校投入科技成果转化资源的意愿或学校不投入科技成果转化资源的意愿，受到学校在科技转化和基础科研两个方面的总的预期收益 $\left[(1-\alpha)V_a + (1-\beta)V_b\right]$ 的影响。

（1）当 $\alpha = 0$ 时，$S_a{}^* = 0$，$S_b{}^* = 1 \rightarrow x_a{}^* = 0$，$x_b{}^* = \bar{x}$。

即当教授不具备对科研成果的所有权时，教授投入科技成果转化的时间 S_a 为 0，而将时间完全投入基础科研领域，即 $S_b = 1$。此时，学校投入科技成果转化的资源 x_a 为 0，而将拥有的所有资源投入基础科研领域，即 $x_b = x$。该情况下，高校和教授均不具备科技成果转化意愿，科技成果转化不会增长。

（2）当 $\alpha = 1$ 时，$x_a{}^* = 0$，$x_b{}^* = \bar{x} \rightarrow S_a{}^* = 0$，$S_b{}^* = 1$。

即当教授完全拥有对科研成果的所有权时，学校并不拥有科技成果转化的任何收益，即 $(1-\alpha)V_a = 0$，此时高校缺乏投入科技成果转化资源的意愿，反而倾向于将所有资源投入基础科研领域，即 $x_b = \bar{x}$。当教授在科技成果转化过程中缺乏学校相关资源的支持时，教授投入科技成果转化的时间 S_a 也会不断减少至 0，进而将全部时间投入基础科研，即 $S_b = 1$。该情况下，高校和教授均不具备科技成果转化意愿，科技成果转化不会增长。

（3）当 $0 < \alpha < 1$ 时，高校和教授个人均具备科技成果转化的意愿。

高校：$x_b = \bar{x} - x_a$

此时，$\mathrm{Max}_{x_a}\left[(1-\alpha) \cdot V_a(S_a, x_a/A_a) + (1-\beta) \cdot V_b(S_b, \bar{x} - x_a/A_b, y)\right]$

一阶条件：$(1-\alpha) \cdot \dfrac{\partial V_a}{\partial x_a} = (1-\beta)\dfrac{\partial V_b}{\partial x_b}$　⑤

$MB_{x_a} = MB_{x_b}$

对于每单位 α 或 β 的变化，学校在相应的科技成果转化领域和基础科研领域投入资源的意愿是相同的，所有权分割的比例 α 就成为影响高校资源向基础研究和科技成果转化两方面投入意愿的一个变量。

科研人员：$S_b = 1 - S_a\ \mathrm{Max}_{S_a}\left[\alpha \cdot V_a(S_a, x_a/A_a) + (1+\beta) \cdot V_b(1-S_a, x_b/A_b, y) + G\right]$

G 代表在科技成果转化和基础科研所获收益之外，其他可能会影响教授投入科技成果转化时间的收入。

一阶条件：$\alpha \cdot \dfrac{\partial V_a}{\partial S_a} = (1+\beta)\dfrac{\partial V_b}{\partial S_b}$　⑥

$MB_{S_a} = MB_{S_b}$

对于每单位 α 或 β 的变化，教授在相应的科技成果转化领域和基础科研领域投入时间的意愿是相同的，所有权分割的比例 α 也就成为影响科研人员在面对基础研究和科技成果转化两方面时间分配的一个变量。

情况 1：

$V_a = A\,S_a^{\gamma}\,x_a^{1-\gamma}$　　　$(0 < \gamma < 1)$

$V_b = A \cdot y \cdot S_b^{\delta}\,x_b^{1-\delta}$　　$(0 < \delta < 1)$

科技成果（转化）的价值 V_a 受到教授投入科技成果转化时间 S_a 和学校投入科技成果转化的资源 x_a 的互补性影响。

⑤ $(1-\alpha)(1-\gamma) \cdot A \cdot S_a^{\gamma}\,x_a^{-\gamma} = (1-\beta)(1-\delta)A \cdot y \cdot S_b^{\delta} \cdot x_b^{-\delta} \rightarrow$

$(1-\alpha)(1-\gamma)S_a^{\gamma}\,x_a^{-\gamma} = (1-\beta)(1-\delta)y \cdot (1-S_a)^{\delta} \cdot (\bar{x} - x_a)^{-\delta}$　⑦

⑥：$\alpha \cdot \gamma \cdot S_a^{\gamma-1}\,x_a^{1-\gamma} = (1+\beta)y \cdot \delta\,(1-S_a)^{\delta-1} \cdot (\bar{x} - x_a)^{1-\delta}$　⑧

$\dfrac{⑦}{⑧}$：$\dfrac{(1-\alpha)(1-\gamma)}{\alpha \cdot \gamma} \cdot \dfrac{S_a}{x_a} = \dfrac{(1-\beta)(1-\delta)}{(1+\beta) \cdot \delta} \cdot \dfrac{1-S_a}{\bar{x} - x_a}$　⑨

$\rightarrow$ 令 $B = \dfrac{(1-\alpha)(1-\gamma)(1+\beta) \cdot \delta}{\alpha \cdot \gamma(1-\beta)(1-\delta)}$，则有 $B \cdot \dfrac{S_a}{x_a} = \dfrac{1-S_a}{\bar{x} - x_a}$

$$\to B \cdot (S_a \cdot \bar{x} - S_a \cdot x_a) = x_a(1 - S_a)$$

$$\to x_a(1 - S_a + B \cdot S_a) = B \cdot \bar{x} \cdot S_a$$

$$\to x_a{}^* = \frac{B \cdot \bar{X} \cdot S_a}{1 - S_a + B \cdot S_a} = \frac{B \cdot \bar{X}}{\dfrac{1}{S_a{}^*} - 1 + B} \qquad ⑩$$

接下来,将⑨式代入⑦式,求解 $S_a{}^*$

$$(1 - \alpha)(1 - \gamma) \cdot \left[\frac{1 + (B - 1)S_a{}^*}{B \cdot \bar{x}}\right]^{\gamma} = (1 - \beta)(1 - \delta)y \cdot$$

$$\left[\frac{1 + (B - 1)S_a{}^*}{\bar{x}}\right]^{\delta}$$

$$\to [1 + (B - 1)S_a{}^*]^{\gamma - \delta} = \frac{(1 - \beta)(1 - \delta)y}{(1 - \alpha)(1 - \gamma)} \cdot B^{\gamma} \cdot \bar{x}^{\gamma - \delta}$$

$$\to S_a{}^* = \frac{\left[\dfrac{(1 - \beta)(1 - \delta)y}{(1 - \alpha)(1 - \gamma)} \cdot B^{\gamma} \cdot x^{\gamma - \delta}\right]^{\frac{1}{\gamma - \delta}} - 1}{B - 1} \qquad ⑪$$

注意:A 并不影响均衡(等式的成立),而 y 会产生影响,因为 y 会对 V_a 和 V_b 的相对值产生影响,而 A 只会在 V_a 和 V_b 值内产生影响,且满足 $A_a \neq A_b$。

当 α 足够小,乃至无限趋近于 0 的时候,由等式⑤:$(1 - \alpha) \cdot \dfrac{\partial V_a}{\partial x_a} = (1 - \beta) \cdot \dfrac{\partial V_b}{\partial x_b}$,可知:在其他条件保持不变的情况下,要使得等式成立,$x_a{}^*$ 的值应当不断增大。

同理,由等式⑥:$\alpha \cdot \dfrac{\partial V_a}{\partial S_a} = (1 + \beta) \dfrac{\partial V_b}{\partial S_b}$,可得:在其他条件保持不变的情况下,要使得等式成立,$S_a{}^*$ 的值应当不断减小。

由等式⑦和⑧可得:

$$(1 - \alpha)(1 - \gamma) \cdot \left(\frac{S_a}{x_a}\right)^{\gamma} = (1 - \beta)(1 - \delta) \cdot y \cdot \left(\frac{1 - S_a}{\bar{x} - x_a}\right)^{\delta} \qquad ⑫$$

$$\alpha\gamma\left(\frac{x_a}{S_a}\right)^{1 - \gamma} = (1 + \beta)y\delta\left(\frac{\bar{x} - x_a}{1 - S_a}\right)^{1 - \delta} \qquad ⑬$$

对⑨式等式两边取对数,得:

$$\ln\left[\frac{(1 - \alpha)(1 - \gamma)}{\alpha \cdot \gamma} \cdot \frac{S_a}{x_a}\right] = \ln\left[\frac{(1 - \beta)(1 - \delta)}{(1 + \beta) \cdot \delta} \cdot \frac{1 - S_a}{\bar{x} - x_a}\right]$$

当 α 值增大时,$\dfrac{1 - \alpha}{\alpha}$ 值减小,因此 $\dfrac{S_a{}^*}{x_a{}^*}$ 值增大,$\dfrac{1 - S_a{}^*}{x - x_a{}^*}$ 值减小。

因此，当 $S_a{}^*$ 不断增长时，$x_a{}^*$ 不断下降，两者呈负相关关系。但若 $x_a{}^*$ 急剧下降，$S_a{}^*$ 也可能不会表现出显著的增长（需检验计算结果）。

同理，可得 β、$S_b{}^*$。

根据⑨式，可知：A 和 y 并不对 $\dfrac{S_a{}^*}{x_a{}^*}$ 的值产生影响，但 y 会对 $S_a{}^*$ 和 $x_a{}^*$ 各自的取值产生影响。

情况 2：

$$V_a = A_a\, S_a{}^\gamma\, x_a{}^{1-\gamma}$$

$$V_b = (A_b \cdot S_b{}^\rho + A_b \cdot x_b{}^\rho)^{\frac{\varphi}{\rho}}$$

F. O. C.：

$$(1-\alpha)(1-\gamma)A_a\, S_a{}^\gamma\, x_a{}^{-\gamma} = (1-\beta)\frac{\varphi}{\rho}\left[A_b \cdot S_b{}^\rho + A_b \cdot x_b{}^\rho\right]^{\frac{\varphi}{\rho}-1} \cdot A_b \cdot \rho\, x_b{}^{\rho-1} \qquad ⑦$$

$$\alpha \cdot \gamma \cdot A_a\, S_a{}^{\gamma-1}\, x_a{}^{1-\gamma} = (1+\beta)\cdot\frac{\varphi}{\rho}\left[A_b \cdot S_b{}^\rho + A_b \cdot x_b{}^\rho\right]^{\frac{\varphi}{\rho}-1} \cdot A_b \cdot \rho \cdot S_b{}^{\rho-1} \qquad ⑧$$

$$\frac{⑦}{⑧}：\frac{(1-\alpha)(1-\gamma)}{\alpha \cdot \gamma} \cdot \frac{S_a}{x_a} = \frac{(1-\beta)}{(1+\beta)} \cdot \left(\frac{1-S_a}{\bar{x}-x_a}\right)^{1-\rho}$$

令 $B = \dfrac{(1-\alpha)(1-\gamma)(1+\beta)}{\alpha \cdot \gamma(1-\beta)}$，则有 $B \cdot S_a\,(1-S_a)^{\rho-1} = x_a \cdot (\bar{x}-x_a)^{\rho-1}$ ⑨

针对科研人员，将 $(1+\beta)V_b$ 改为 $(\varepsilon+\beta)\cdot V_b$，其中，$0 \leqslant \varepsilon \leqslant 1$。

模型推导的经济学启示：

(1) 当 $\alpha = 0$ 时，$S_a{}^* = 0$，$S_b{}^* = 1 \to x_a{}^* = 0$，$x_b{}^* = \bar{x}$；

(2) 当 $\alpha = 1$ 时，$x_a{}^* = 0$，$x_b{}^* = \bar{x} \to S_a{}^* = 0$，$S_b{}^* = 1$。

情况 1：当所有权完全归高校时，科研人员没有转化意愿，因此高校也不会投入有利于科技转化的资源。当部分所有权归科研人员时（例如，个人所有权 α 从 0 变到 0.1），科研人员的个人转化意愿增强，投入科技转化时间增加，从而高校有意愿投入更多资源，此时，高校投入的科技转化资源 x_a 从 0 变到 0.1。当科研人员所有权比例增加时，科研人员投入的科技转化时间增加，但是高校获得利益有可能会减小，进而导致高校投入资源开始降低。

情况 2：当所有权完全归科研人员时，高校没有转化意愿，因此虽然所有权完全归个人，但是科研人员不会投入科技转化的时间。当部分所有权归高校时（例如，α 从 1 变到 0.9），高校转化意愿增强，高校投入科技转化的资源增加，从而科研人员也开始有意愿投入更多时间，此时，科研人员科技转化投入时间 S_a 从 0 变到 0.1。当高校所有权比例增加时，高校投入的资源增加，但是科研人员获得利益有可能会减小，进而导致个人投入时间开始降低。

科研人员个人投入时间和高校投入资源对科技成果转化都有正面的促进作用；但是，随着所有权的变化，科研人员投入时间的意愿和高校投入资源的意愿可能向相反的方向变化。因此，无论是一直增加高校所有权还是个人所有权，科技成果转化不会持续增高，因此，找到"混合所有制"模式下的选择权属分配平衡点才是寻找最优解的突破口。

三、公共政策视角下的渐进决策与政策试点理论

公共政策视角下的渐进决策与政策试点理论主要剖析"改革如何推进"的问题。有人说，政策是法律之母，法律是固化稳定的政策。无论二者是何种关系，法律作为一种广义的公共政策是无疑的。如果我们跳出法律的封闭化理论思维来看，法律制度的制定其实是在一项项公共政策试验的积累下，通过不断地总结和调试、实施与中断、决策与改良等环节，按照渐进式决策的总体过程而完成的一个谨慎的公共政策生成过程。试验、试点思维广泛应用于全球各领域的公共政策包含法律制度制定和实施过程之中，在西方，其理论内核为渐进决策理论，作为西方政府主流的决策模式，由林德布洛姆（1988）反思"经济人"假设基础上的理性决策模式而来。竺乾威（1995）认为渐进决策模式之于理性决策模式，是手段取向之于目标取向的区别。1953 年林德布洛姆提出"渐进主义"，认为实际的政策分析和决策过程需要以实际为依据，复杂系统环境中，人和政府的认知有限，因而在信息不充分、非理性的情形下，公共政策的采取应当是渐进的。随后经过系列修正和完善，林德布罗姆还提出了试错法、突破瓶颈法等策略分析，公共政策决策中存在不同方案的对比、择优以及修正行为，具有"按部就班""积小成大""稳中求变"

的特点（丁煌，1999），符合"量变导致质变"的唯物辩证法。但批判的观点认为，剧烈变化的社会环境下，渐进决策并不适用。

（一）政策试点综合研究

西方渐进决策的政府治理模式结合中国的实际情形，以试点试验（Pilot experiment）为具体表现形式，是在不同历史情境下的殊途同归。新中国的"政策试点"实践起于中国共产党土地改革时期的经验（Heilman，2008），政策试点作为中国最常用的政策工具压舱石之一，其思路与做法贯穿了中国各个时期的改革过程，在中国政治、经济、文化、社会等方方面面的政策创新与改革实践过程中发挥了不可或缺的作用。Heilman（2008）最早对中国政策制定过程中的政策试点予以关注，他以"分级制试验"阐明中国正式制度出台前采取分级政策试点的政策制定过程，认为政策试点以目标为导向，旨在为正式制度提供多项选择（韩博天，2009），并指出转型性公共政策试点与一般公共政策过程理论相悖的逆序性。随后，国内学者周望（2012）对中国政策试点的历史脉络、运行机制和逻辑演化等进行梳理，较早也较为全面地对中国的"政策试点"进行较为深刻且全面的研究，他认为政策试点是指"各试验点地区和单位通过开展不同的尝试，找出完成任务的办法或克服新挑战的措施，从而达到实现全局性的制度变迁或政策调整的最终目的"，并将改革试点分为探索型试点、测试型试点以及示范性试点，其中探索型试点具体是指"通过直接赋予某些'点'以先行先试的'政策探索权限'和'容错机制'，使试点主体充分探索和创设新政策和新制度"。

中央—地方、地方—地方的横纵向试点运作机制构成了中国已有政策试点研究的基本框架，近年来也有许多学者结合政策学习与政策扩散对政策试点的作用过程与作用机制进行分析。常见的有基于央地关系分析政策试点的不同方向，对其中的政治机制、权力互动和策略选择进行分析（Heilmann，2008；刘培伟，2010；周望，2013；梅赐琪等，2015；李壮，2018）。此外，也有一些学者对政策试点的合法性、合规性进行研究。杨宏星、赵鼎新（2013）等构建了绩效合法性，用以分析中国经济发展转型中的重要变化。郑永君和张大维（2016）引入合规性概念，构建了基于"合规—有效"框架的政策试验过程分析，伴随着央地互动与政策试点动态发展，其合规性与有效性也在不断变化。赵慧（2019）依据内部与外部效度的不确定性高低，区分了自上而下的试错、自上而下的试对、依赖地方实践和依赖上级规划四种形态的试验策略。

府际间的渐进决策伴随着政策试点的展开，表现出政策扩散和政策学习的轨迹。基层试点为区域推进创新改革提供生动样板与实践案例，改革则不断通过试点影响力的扩大和区域间有效学习，进而实现政策扩散。在一项政策由点及面的扩散过程中，区域之间同等合法性与差异思路会形成不同政策试点的风格，加之试点实践对原有系统的冲击不同，面临的风险也不同，由此将影响不同区域间政策学习的深度。虽然所有被应允的政策试点均具备合法性，但区域间政策试点扩散的最终结果也基于政策试点合法性对原有系统的冲击程度和对现实诉求的满足程度。

（二）基层试点政策议程的内涵

试点政策的议程确立是指一项新政策被局部或全面授予合法性试点的过程。试点政策一经授权，便可在一定范围内对新政策先行先试，获取经验性知识后再决定是否推广（李婷、邹伟，2022），即国内外政策场域中的"政策试点"或"政策试验"。尽管二者表述略有差异，但均体现了政策先行先试的特点（McFadgen et al.，2018）。基层主体是推动政策创新的关键力量，由基层官僚和部门等发起的政策创新项目在中国时有涌现。然而，并非所有的基层政策创新都能够纳入国家层面的政策议程（苗丰涛，2022）。基层创新的政策与基层主导的试点政策具有不同含义，前者含义较为广泛，包括政策发明与政策调整变动（王猛，2020），而试点政策是一个由合法性权威设置的内容，指基层主体的政策创新得到了合法化授权的试点过程，政策试点之后形成可复制的经验体系（韩博天，2009）。可见，从政策创新到政策推广是一个合法化生成的过程。基层试点政策议程具有以下特征：一是试点政策议程首先由基层发起；二是基层政策创新活动已被局部合法化授权并在一定范围内试点；三是试点政策逐级突破合法性困境的过程主要是由基层主体自下而上主导推动的。

上述理论讨论是我们审视本书改革主题的一个全新视角，也展示了本书的研究过程是在一个综合性跨学科视角下进行的，这一点不同于以往的相关著作或研究。

四、创新管理视角下的"产学研"三重螺旋理论

创新管理视角下的三重螺旋理论（Triple Helix model）侧重于分析

改革中的"产学研多元主体合作"问题。高校科技成果转化是典型的"产学研"合作，高校院所在"产学研"中扮演了十分重要的角色。三重螺旋理论从创新管理理论视角很好地诠释了这种模式成功的原因，是对创新这一复杂抽象生态系统的一种解构。三重螺旋理论于 1995 年由 Etzkowitz 和 Leydesdorff 提出，从最初的生命科学研究领域被引入到国家创新系统中后，对于复杂系统中技术创新和转移过程具有较强的解释力，在国际创新管理研究中引起广泛影响。三重螺旋理论的视角超越了产业系统，不断放大视野，将政府、产业部门和学界纳入分析当中，强调政府、产业部门和学界围绕创新展开合作进行知识转化与协同创新（Etzkowitz and Leydesdorff，2000）。三重螺旋体系本身包含知识空间、创新空间、共识空间等功能，为理解不同环境下的创新来源与实现路径提供了新的视角（Ranga and Etzkowitz，2013）。在复杂系统中，三重螺旋理论并不设定创新的主体，而是认为三者的交汇重叠、相互作用才是创新螺旋式上升的关键因素。一般意义上，在政府、产业部门和学界中存在三种关系模式，包括政府主导模式、自由主义模式、三重螺旋模式。三重螺旋亦称"官产学"，是以高校为代表的知识生产机构、以企业为代表的产业部门和包含地方、区域和国家层级的政府，三者之间的互动（王成军等，2017）。

国内外已有大量研究对三重螺旋的理论模型和研究进展进行了总结。国内对三重螺旋的研究演进路径包括从大学—产业—政府三者关系与角色探讨（涂俊、李纪珍，2006；马永斌、王孙禺，2008；杨善江，2014），再到以三重螺旋理论探讨创新实践、创新生态建构运行等（涂俊和李纪珍，2006；杜勇宏，2015；王成军等，2022）。也从文化角度入手，认为三重螺旋模型的核心是文化与制度的碰撞，那么在创新和知识转化的复杂进程中的实际问题，就必然地需要政府、企业和高校合作解决，由此制度政策也必须不断调整（涂俊和吴贵生，2006；郭明军等，2021）。总体上，目前国内研究包括两两关系、三重关系和整体关系的实践研究与理论探讨，包括高校在产学研合作联盟中被赋予了新的职责，"第三使命"的觉醒使得大学不断促进知识产品应用到产业部门中，而中间的政策管理制度障碍则由政府部门通过政策调试予以解决，三者之间的作用衍生了大学科技园、孵化器、科技成果衍生公司等新兴组织，这些新兴组织常常折射了知识链—产业链—政策链之间的要素互动（杜勇宏，2015）。

五、制度实践视角下的高校职务发明权属

制度实践视角下的高校职务发明权属理论主要是从实用主义角度研究分析"改革有何经验启示"的问题。

(一)职务发明权属的国家分野

一般而言,发明权属就是指发明创造成果的持有主体所享有的知识产权。从全球来看,高校职务发明转化过程中最为重要的载体是以专利为代表的知识产权,而知识产权的归属又决定了它由谁拥有、由谁开发、由谁获益的主体性问题和技术商业化的社会性效益(Thursby and Kemp,2002;郭英远等,2018)。尽管国内外关于高校职务发明的产权属性及其价值具有共识,但就高校职务发明权属而言,不同国家有其相对独特的制度分野。欧美国家的高校职务发明权属主要存在两种类型:发明人所有权和机构所有权。发明人所有权(或称"教授特权")指由公共支出资助研究创造或发展的成果由发明人所有;机构所有权指公共支出资助研究由雇佣研究者的机构所有(Geuna,2011;Färnstrand and Thursby,2013)。

依据美国 1980 年出台的《拜杜法案》,高校对其形成的发明创造成果拥有知识产权。与此同时,美国高校均自行制定知识产权管理规定,用以明确高校与教师(发明人)之间就知识产权产生的权利关系,并明确具体地规定知识产权的保护、归属和日常管理问题(Mowery and Sampat,2004);在欧洲,"教授特权"(Professor's Privilege)盛行于日耳曼语系国家,这一所有权形式下允许大学教授持有他们研究成果的专利,如果是受雇于公共研究实验室或私营企业的科学家的发明则默认属于他们的雇主(Lissoni,2015);受美国大学在商业创新方面成功案例的影响,一些欧洲国家在 2000 年前后颁布法律改变成果所有权,如德国、奥地利、丹麦、芬兰和挪威修订法律终结了"教授特权",将高校职务发明权属从发明人所有或国家所有的制度设计转向由高校所有;也有一些国家,如加拿大在高校职务发明权属上则没有全国性政策标准,每所大学都有自己独特的知识产权策略(Trosow et al.,2012),既存在大学所有权模式,也存在发明人所有权模式,其中以发明人所有权为主;瑞典

则是统一由高校教师及其研发团队享有职务发明的知识产权（Geuna and Rossi，2011）；在中国，根据 2007 年修订的《科技进步法》，财政资助的科技成果所有权归高校所有。

表 2-1 高校职务发明权属的国家制度分野

国家	法律实施年份	法律名称		高校职务发明权属的变迁
		原文	译文	
美国	1980	Bayh-Dole Act	《拜杜法案》	联邦所有到机构所有
日本	2004	こくりつだいがくほうじんほう	《国立大学法人法》	发明人所有到机构所有
英国	1977	Patents Act 1977	《专利法案》	机构所有
法国	1999	loi Allègre de 1999 sur l'innovation et la recherche	《创新与研究法》	机构所有
德国	2002	Arbeitmehmererfindungsgesetz	《雇员发明法》	发明人所有到机构所有
挪威	2003	Proposition No. 67 of the Odelsting（2001 - 2002）	《议会修正案》	发明人所有到机构所有
意大利	2001	Law No. 383	《383 号法》	机构所有到发明人所有
瑞典	1949	Lagen omätten till arbetstagares uppfinningar	《雇员发明法》	发明人所有
加拿大	—	—	—	各大学自主规定权属
中国	2007	《科技进步法》	《科技进步法》	机构所有（国有）

（二）对高校发明人的激励方式及影响

诺斯（1994）指出，理解制度的主要基石之一就是产权理论，产权分析对于制度效率的重要性可见一斑。对职务科技成果所有权模式的研究，更本质地讲，某种程度上也就是对发明创新激励机制的研究。一般而言，对职务发明人的激励方式主要包含三个方面。

（1）物质奖励。各国《专利法》对职务发明人的物质奖励大多有明确规定。陶鑫良（2016）认为，职务发明创造奖酬立法应当采用"上不封顶，下要保底"的模式，最大限度激励职务发明人；刘强和罗凯中（2017）从高校视角指出高校职务发明活动相校于企业而言具有相对的独立性，应提高对职务发明人的奖酬标准。尽管针对职务发明人成果产出与转化实施的物质奖励在提升，但须认识到，物质奖励激发的额外创新可能不足以弥补制度成本（蒋舸，2016），新的激励方式及其影响仍有待进一步研究。

（2）知识产权激励。根据新制度经济学产权理论，知识产权权属配置的功能有三条，即激励约束、外部性内在化以及资源配置（Merges，2000），知识产权激励成为一种理论讨论与实践探索的方向。Hart 和Moore（2008）认为，产权具有激励约束功能，缔约者如果察觉到契约中含有他应得的权利时，他将受到激励，因此投入大量精力，相反则会由此产生大量额外交易成本。高校职务科技成果所有权的激励将使得发明人对其成果回报的预期提升，进而更努力将发明进行转化和利用（Färnstrand and Thursby，2013），如果最终形成的产权激励使私人成本接近于社会成本，私人收益接近于社会收益，那么这种产权配置就是有效率的（Becker，2013）。此外，张胜等（2016）认为对职务发明人的知识产权激励可以实现显性知识与隐性知识控制权的统一，有利于高校教师与科研人员根据技术发展以及市场与投资者的需要持续改进和完善技术成果。知识产权激励较之于物质奖励最大的优势是由此产生的对高校职务发明人的持续激励效应更长，对知识产出具有正向作用（赵健宇等，2015）。

（3）股权奖励。例如，清华大学采用高校与教师科研团队以及社会资本三方建立合资公司，高校以股权奖励形式激励教师科研团队开展成果转化，知识产权在公司成立后由学校变更至新成立的公司，可见，股权奖励归根结底也包含知识产权权属的变更。

（三）职务发明权属的理论与实践争鸣

聚焦职务科技成果权属的"混合所有制"模式，实质是重新配置知识产权权利，改变高校院所对科技成果所有权、收益权、处置权的低效主导地位，向科研人员个体进行倾斜性的权利配置。然而，国内部分学者对这一做法的正当性进行了较多讨论，认为中国职务科技成果所有权由高校下放至个人存在法理上的争议。

第一种观点认为，科研人员对其相关的职务发明创造不享有所有权。其原因在于，高校与其所属的科研人员是雇佣与被雇佣的人事劳动关系，这个前提下，科研人员履行本职工作产生的发明创新成果的所有权应该归于单位，科研人员获得的是与其付出相匹配的工资待遇和劳动报酬，而不能直接取得职务科技成果的所有权。另一个问题就值得讨论了，是否可以根据当事人之间的意思自治原则，在劳动合同中约定职务科技成果归发明人即科研人员所有呢？有学者认为，这存在另一个问题，即因权利归属的合同约定可能与其他法律对职务科技成果的权属界定发生不一致，进而可能引起法律体系的执行混乱。

第二种观点认为，高校院所不能将其持有的科技成果知识产权变更为单位与个人共同所有。原因在于，高校院所虽然持有科技成果，但并不等同于科技成果的所有权归属于该高校院所，单位只是国家的"代理人"，法律虽授权高校院所持有科技成果，但这些成果是国家的无形资产，也就意味着单位不可以随意处置所有权。现行的《促进科技成果转化法》第十九条也明确指出了，在"不变更职务科技成果权属"的前提下，科技成果完成人和参加人可以按协议规定的内容进行科技转化实施和成果推广。成果处置权，在类似语境下应理解为在转让、许可或作价投资相关科技成果时无需主管部门或相关部门的审批备案，压缩行政审批流程，加速成果转化效率。

第三种观点认为，实际完成科技成果的科研人员享有获得奖励和报酬的权益，并不等于可以享有一定比例的所有权，同时激励手段、激励效果究竟如何还没有更多的研究予以支持。《促进科技成果转化法》第四十四、四十五条规定，科技成果完成人享有奖励和报酬的权利，并在科技成果实现价值后可以获得不低于转化收益 50% 的报酬。但需要明确的是，这一奖励和报酬仍只属于劳动报酬性质，是单位对科技成果转化收益的再分配和激励过程，并不说明科研人员就享有职务科技成果的收益权，更不能延伸推论科研人员就理应享有职务科技成果所有权（吴寿仁，2017；邓志红，2020）。

除法理层面外，在实践层面，关于赋予科研人员职务科技成果所有权改革也存在多种理论声音，有些观点甚至还较为激烈，主要概括为以下几方面。

第一种是新法颁布后仍然存在的制度障碍。有学者认为，职务科技成果混合所有制违反了相关法律规定。事先与其科研人员签订划分科技成果所有权的相关协议，再在专利申请等环节对职务科技发明进行所有权划分，违反《专利法》等法律法规要求，是非法的（陈柏强等，2017）。职务科技成果"混合所有制"突破了《专利法》中有关职务发明创造权属的规定，不去界定是不是"执行本单位任务或主要利用本单位的物质技术条件"完成的发明创造，尽管在新法中补充单位可以依法处置专利权属，鼓励产权激励，但并不能代表可以随意将职务发明确权分割给个人或其关联公司。尽管新修订的《科学技术进步法》于 2022 年颁布实施，但改革试点违反了该法中授予项目承担者取得财政资助项目成果所形成的知识产权的规定，因为财政资助项目的承担者一般主要是指单位法人而非个人，这一点学界也有共识，如徐洁、胡朝阳等（2009）在分析《科学技术进步法》时就认为财政资助科技项目所形成科技成果的知识产权归属于"项目承担单位"，违反了《促进科技成果转化法》关于科研人员参与科技成果转化的限制性规定；又如改革中领导干部"双肩挑"人员在科技成果转化中拿股权的问题，忽视了权属自治背景下复杂化的利益主体与滞后的利益平衡机制之间的矛盾。还有学者认为现行权属配置方案没有关注到其他科技成果转化参与者的合法权益（王影航，2020）。在改革试点推行中，这些法律障碍也应当客观加以审视，不能盲目忽略其中的风险，中央和地方政府在出台相关政策时，应紧密结合法律障碍，在不违反的情况下合理明确"模糊地带"。

第二种是职务科技成果知识产权权属的"混合所有制"会引起分配不公。"混合所有制"的目的是激励科研人员更多地创新产出，但是对于大部分高校推出的 7：3 等分配比例仍存有质疑。有学者提出了据此反对"混合所有制改革"的观点，认为学校科研人员的脑力、体力等投入已经得到一定的报酬来保障其权益，再继续进行知识产权权属分配会造成国有资产流失，毕竟科研人员使用的设备和资源大多数是学校提供的支持；科研人员可能为了自己的私利，不愿意转化具有公益性质的科技成果，将科技成果所有权分割给私人所有，会造成公共福利的减少和国家对关键技术的控制不力（夏爽，2018）。还有学者谈到不能忽略国家和高校在科技成果产生过程中的投入，并且他们提供的物质技术条件是发明创造的重要条件，权属共有会降低市场投资的意愿，也不能兼顾公平原则（邓志新和黄金火，2007）。这提示改革者权属分割比例并不能简单粗暴地"一刀切"，关键是要通过合理的测算方法，让利益相关者都得到应有的激励，维护公平正义，而非产生新的"寻租""薅羊毛"或"机会主义"行为。

第三种是"赋权"改革没有实施的必要性。有学者认为推行"混合所有制"的理由是站不住脚的，更改所有权的本质属性，还将动摇国有体制的根基，可能造成思想认识上的混乱。在当前政策环境下，从科技成果作价入股相关手续流程上来说，已经不存在实施混合所有制改革的现实必要性，理由是《促进科技成果转化法》早就明确取消了科技成果作价入股的审批手续，科研人员不但可以从成果转化收益中拿物质奖励，还可以获得股权奖励，甚至提出如果推行"混合所有制改革"（后简称"混改"）不但不利于促进科技成果转化，还可能会严重阻碍成果转化的实施（陈柏强，2017）。葛章志、宋伟和万民等人（2016）认为职务科技成果知识产权共有模式在实践中容易因刻意注重公平而降低效率，不是一种理想的制度模式。蒋舸（2016）提出虽然应该对职务发明进行奖励，但是奖励必须有底线，否则就会适得其反。知识产权留置在高校等单位有利于知识产权的转化实施，更何况共有知识产权因共有人的意志可能不一致，也会给知识产权实施许可带来不便（郑其斌，2009）。吴寿仁（2017）指出科研人员不可以取得职务科技成果的所有权或部分所有权，学校和科研人员共有职务科技成果，并不属于国家下放科技成果处置权的范畴，仅仅赋予雇主处置权，并不会从根本上解决中国职务发明权属制度面临的困境（伯雨鸿，2021）。把科技成果转化率低归于知识产权归属太过牵强，因为在成果设计之初的方向性错误，致使科技产出与区域、产业、市场的契合度低，才是转化难的症结（徐苑琳和孟繁芸，2018）。

第四种是职务科技成果知识产权权属"混合所有制"会带来整个创新系统的风险问题。一方面，高校职务科技成果"混合所有制"的实施会引起科研事业单位内部利益纷争，会给企业带来不公平感以及形成不良的技术市场环境，不利于创新体系中企业科研人员的同等权利，增加技术交易成本与制度成本等。"混改"是否一定要以"可转化价值属性"为基本准则是值得商榷的，"混改"不仅可能会使不同学科科研人员收入差距拉大，而且会引起人文社科研究者的心理落差，增加科技成果转化中的合规性风险（康慧强，2020）。知识产权权属共有的缺陷性还体现在，因为高校科研人员流动性大，高校的部分教师和学生，尤其是硕士与博士研究生，会带走高校很多的研究成果，在高校现有制度下会存在"专利逃逸"的现象（潘志浩，2010）。另一方面，高校热衷于科技成果转化可能会使科研人员的行为商业化，极易引致"纯商业科研"，并且倾向于可在短期内给自己带来丰厚利润的科研项目，而忽略那些具有长期性但对国家和公众更有益的科研项目，发明人所有权模式会使得单位对物质资源的投入并不能产出相对应的经济价值回报，阻碍单位资源投入的积极性，这自然不利于中国整体基础研究领域的长远发展（岳琳和唐素琴，2013；康慧强，2020）。李晓秋（2009）也认为"当作为公共物品的大学开始走向商业化,大学学术呈现的专利异化以及异化的大学学术专利会使大学不再是学术研究的圣地,而沦为公司商业化研究的实验室"。

近年来,国内学者对职务科技成果所有权制度前提、方式与路径进行了探索,包含职务发明范围的认定与权利分配(郑其斌,2009),对《专利法》和《职务发明条例(送审稿)》中相关概念的界定与原则适用(刘鑫,2018;李晓秋,2006),以及职务科技成果的收益分配机制(郭英远和张胜,2015)等。支持"高校优先"的研究多从立法与制度性层面出发,认为高校职务科技成果是国家财政性投入所产生的创新成果,在职务发明"雇主优先"的制度安排下,应优先确保高校享有职务科技成果所有权,才能实现资源效率最大化(Lowe,2006;Thursby et al.,2009),同时避免国有资产流失、知识产权权利的边界模糊以及国家权利的个人化等带来的法律风险与制度成本(张宗任,2014),物质奖励可以实现对科研人员的有效激励(乔永忠等,2008)。支持"发明人优先"以及"混合所有制"的观点则多从管理学与经济学视角出发,认为从数据和结果上看,目前中国职务科技成果所有权制度使得知识产权交易成本过大、效率过低、激励不充分,不利于高校创新成果产出与转化(刘群彦,2016;杨正宇和齐茜,2017),建议推动制度创新,如面向高校和科研机构采用"发明人优先"原则或折中的"发明人与高校共有"模式(陈强和常旭华,2015),最大限度提升科研人员获得感,激发干事创业的积极性,最终促进科技与经济的有效融合。

随着中国科技创新体制机制改革的深入,针对高校职务发明权属问题的观点分歧也日趋明显,这是改革试点复杂性的真实现状,我们不能因为政策的鼓励而忽略这些审慎的声音,因为这是推进制度完善的必然过程,也是中国国家治理的生动写照。综上,已有研究对高校职务科技成果知识产权权属配置、激励及当前改革的基本理论问题、法理依据、不正当性、不同模式的利弊以及制度影响进行了广泛探讨,为本书提供了较高理论起点和支撑。但我们要意识到国内外学界对高校职务科技成果所有权配置的差异性及其产生的影响高度关注,聚焦中国情境的本领域研究也才刚刚起步,虽已有一些有益的理论与实践探索(唐良智,2014;康凯宁,2015),仍较为宏观,需要对中国的改革试点过程进行系统梳理,亟待对权利配置方式、制度创新的动力机制、法律与政策风险、政策综合评价等开展系统研究。

本章小结

　　综上，运用多元综合的理论视角审视赋予科研人员职务科技成果所有权改革，既是回答好本书提出的研究问题的需要，也是改革试点落实推进的需要，二者之间交相呼应，这正是本章节的基本理论观照和文献综述的主要意图。结合上述理论与文献梳理，全书按照"理论与概念—宏观情境分析—改革案例与实证—理论升华与总结"的研究逻辑逐层深入递进，从多角度挖掘"赋权"改革的全过程和蕴含于其中的学理与政策价值，以小见大地展现新时代中国全面深化改革的基本逻辑和参照样本。其中，"理论与概念"主要包含绪论、第 1 章和第 2 章，"宏观情境分析"主要包含第 3 章和第 4 章，"改革案例与实证"包括第 5、6、7章，"理论升华与总结"包括第 8 章和第 9 章的内容（如图 2-2 所示）。

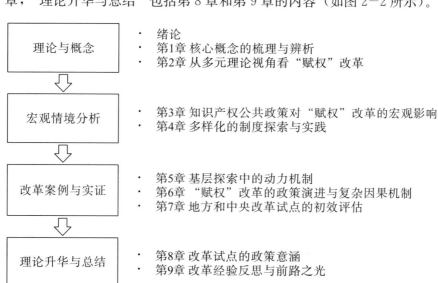

图 2-2　本研究的逻辑框架与内容布局

第三章

知识产权公共政策对"赋权"改革的宏观影响

引言

把握上位政策之势，才能纵贯略览改革来路之艰，预知前行方向之指。赋予科研人员职务科技成果所有权或长期使用权相关政策虽纳入国家科技体制机制改革总体部署中，但其本质上仍然讨论的是职务发明创造如何在单位和个人之间分配的一个基本的知识产权政策问题。相关制度与政策的推进，绕不开知识产权基本制度与公共政策的最后约束。赋予科研人员职务科技成果所有权改革，必须建立在一个国家的知识产权公共政策总体逻辑下。本章就是对中国改革开放以来的知识产权公共政策向前演进的内在机理的宏观审视，以帮助读者理解中国知识产权公共政策的总体走向，以及赋予科研人员职务科技成果所有权改革发生的政策土壤。

知识产权公共政策是实现知识产权国家治理的主要工具，知识产权治理作为国家治理体系中的一环，对于推进整体治理体系与能力现代化具有不可忽视的意义。同时，知识产权治理遵循一套完整的政治逻辑和政策话语，是一个复杂的政策工程，知识产权公共政策设计是各级知识产权行政管理部门的主要任务，也是实施治理过程、落实法律制度的"输出端"。赋予科研人员职务科技成果所有权改革虽涉及科技领域的诸多法律制度，但其本质上还是关于知识产权所有权归属的问题，而这也正是知识产权公共政策体系中必须明确意识到的。不同于司法保护、立法修法的是，狭义的公共政策设计是进行制度重构的中间环节和制度贯彻执行的工具手段，是各级政府开展知识产权治理与处理知识产权行政事务能力、水平、效率的具体体现。知识产权公共政策的最终目的是通过保护创新，进而激励创新。保护科研人员合理的知识产权权属诉求，并进行合理的权利配置，激励他们产生更多有价值的创新成果，也是知识产权权属政策设计的主要动因。因此，如果要找到"赋权"改革更深层次的政策思路，我们需要一个更宏大的视野来审视中国知识产权公共政策的总体脉络。

随着新科技革命的悄然发生与新兴产业的日新月异，知识产权成为能够深刻反映一个国家和地区科技创新实力、国家治理能力与对外开放水平的重要指标，知识产权政策的动态性较之于其他领域更强。由于国家总体战略与全球竞争格局变化，知识产权公共政策的再定位在世界主要经济体相继涌现并持续深化。近年来，党中央国务院高度重视知识产权工作，尤其是从 2008 年《国家知识产权战略规划纲要》到 2022 年《知识产权强国建设纲要》，知识产权公共政策在经历四十年风雨兼程和砥砺前行后取得了长足进步，各级政府和行政部门在知识产权事权与政策制定上的主导作用日渐凸显，同时形成了具有中国特色的知识产权公共政策体系。然而，知识产权数量多而质量不高、各级政府的知识产权行政事权尚未理顺、知识产权行政机构职能设置有待优化、知识产权公共政策的执行力度不到位、知识产权激励和转化活动尚未充分有效调动等问题依然困扰着知识产权事业的发展与进步。为将中国尽快建设成为世界知识产权强国，一套科学完善的知识产权公共政策体系呼之欲出。梳理过往中国知识产权公共政策演进历程，总结其中的机理及特征，亦是未来知识产权公共政策体系科学化与宏伟蓝图规划的关键。那么，从专利、商标、著作权三种知识产权保护客体整合视角看，中国改革开放以来的知识产权公共政策作为一个整体的演进经历了哪些阶段和过程？各个阶段政策演进的显性特征与转型逻辑为何？上述问题有待深入分析并加以探讨。

一、知识产权公共政策演进逻辑的理论基础

（一）什么是知识产权公共政策

广义上的知识产权制度体系内在构成，大致可以区分为两类，即法律形态与非法律形态。法律形态一般指的是法律、法规、司法解释等形式，以制度安排的形式规制涉及知识产权财富分配与资源配置的行为；非法律形态的部分，即知识产权公共政策，是脱离法律形式且以指导与规划为主的配套措施，基本围绕知识产权创造、运用、保护、管理、服务等方面。虽有学者认为知识产权制度在公共政策体系中也属于知识产权政策，都能够为知识产权各项活动的展开提供原则与依据，但二者的侧重点迥然不同。从制定主体来看，知识产权公共政策的制定主体包括国务院和各级政府职能部门，如国家知识产权局、科技部、版权局等，

还包括地方政府行政部门；对于知识产权制度而言，其发文主体更为权威且复杂，从制定知识产权领域法律的全国人大常委会到出台司法解释文件的最高人民法院，还包括地方立法中的各级人大。从实施目的来看，知识产权公共政策侧重于为实现宏观发展目标而制定的规划、决定、实施意见等，给予知识产权事业发展的图景规划与方案设计，以及为贯彻落实相关法律法规而制定的一系列具有地方特点的配套性政策指南。而知识产权制度实施目的有两个方面，除了包括政策中实现的目的，还包括有效规制能够对知识产权活动的正常运行产生干扰的行为，如知识产权侵权行为、假冒专利行为等，以《专利法》《商标法》《专利实施细则》等为主。从功能来看，知识产权公共政策的功能主要是指为知识产权创造、运用、保护、管理、服务领域提供实施方案的规划与行政力量的支持。与知识产权政策相比，知识产权制度的基本功能较为宏观，例如，知识财产私有的界定、知识创造活动的激励、财富分享的平衡及利益保护的规范。

现有研究中，有学者将知识产权公共政策与知识产权制度统称为知识产权制度体系，即以国家和政府的名义，以制度配置和政策安排的形式，指导和规制知识资源的创造、归属、利用及管理，包括知识产权战略、法令、措施、办法、制度、条例等多种形式。也有学者不建议将二者混淆而谈，从制定主体、实施目的、政策功能几个维度可以发现知识产权公共政策与制度的异同之处。因此，基于本研究所立足的行政和治理视角，倾向于将知识产权制度体系中的法律与非法律状态进行区分，将知识产权公共政策定义为中央和地方政府用以指导知识产权创造、运用和服务功能实现而制定的一系列规定、战略、规划、意见、办法等规范性文件的总称，"赋权"改革作为知识产权归属问题上的调节性政策，也应纳入知识产权公共政策体系中来审视。

（二）一个"间断—均衡"框架

政策变迁的渐进主义模型虽然能在一定程度上对处于相对稳定状态的政策变迁具有解释力，但20世纪70年代，美国政策开始呈现急剧变化的趋势，此时的渐进主义模型并不适用了。20世纪90年代，鲍姆加特纳和琼斯将生物遗传学中的"间断—平衡"理念应用于公共政策的研究当中，发现公共政策的演变是长期渐变和短期突变共存的，即意味着公共政策的变迁与演进以长期渐变的增长为主，或伴随着偶尔的政策巨变或短期的快速增长。"间断—均衡"的研究范式主要针对研究在间断和均衡的两种政策变迁情境下，政策形象与政策场域以正反馈或负反馈相互作用的机制。因此，在政策范式的分析框架中主要包含三个变量，分别是政策总体性目标、政策工具类别、政策工具的设置水平，在此基础之上，政策在优化的过程中也就会发生三种不同程度的演进方式。具体来说，在政策第一序列的演进中，政策总体性目标与运用的政策工具类别基本都不会发生改变，只通过调节部分政策工具的运用频率与强度；到了政策变迁的第二序列，其最直接的变化就是上一阶段所运用的政策工具类型或使用频次乃至规制强度，但是政策总体性目标并未也随之发生变动；政策变迁的第三序列是变化最为激烈的阶段，即上述的三个变量都发生不同程度的变化。"间断－均衡"理论能够清晰展现间断与均衡两种情景下政策变迁的过程与具体内容，政策范式理论则关注政策演进过程中背后的逻辑思路与动力作用机制。

知识产权公共政策体系的有效性，是实现中国知识产权治理体系与治理现代化的重要支撑和关键一环，尤其是当立法制度逐步完善、政府与市场关系逐步理顺、中央和地方在知识产权事权划分方面的相关改革逐步推开的综合背景下，有必要加强对知识产权公共政策作为一种政府行政行为与现代国家治理逻辑的演进跟踪研究。首先，找到触发知识产权政策演进的关键性节点十分重要，并进一步区分政策的间断和均衡变迁状态，判断政策是否发生演进的重要依据有两个：总体性目标和关键性事件。其次，政策是如何发生演进的。政策演进的内在机制以政策场域和政策形象的互动关系为主，可以产生正反馈作用下政策的快速变化，也可以产生负反馈作用下的演进。再次，政策演进为何会发生。宏观政治系统中的中央决策层理念的改变能够直接导致政策总体性目标的改变，原来的政策话语与范式框架不再继续，取而代之的是新的政策形象与政策框架，意味着间断变迁的发生。基于此，形成中国知识产权公共政策演进分析框架，在这一框架中，我们凸显了以决策系统和决策问题构成的政策场域，以及进一步地以决策主体和政策议程构成的政策形象，通过间断演进与渐进调整两条反馈路径，形成知识产权公共政策演进的闭环过程和解释框架（如图 3－1 所示）。

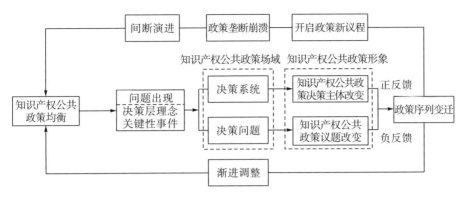

图 3-1　中国知识产权公共政策演进分析框架

二、中国知识产权公共政策演进的实证分析

　　基于中国知识产权事业的历史沿革与发展脉络，对改革开放以来中国中央层面发布的知识产权政策的演变过程进行总结与梳理，探索其发展嬗变的基本规律，力求探究其各个时期的政策特征与目标导向。以标志性事件来划分中国知识产权公共政策演进过程，第一节点是 2001 年中国加入 WTO；第二节点是 2008 年国务院出台《国家知识产权战略规划纲要》；第三节点是 2015 年国务院按照党中央对于中国发展新形势的预判与指导思想，颁布《新形势下加快知识产权强国建设的若干意见》。基于这一基本判断，本研究将中国知识产权公共政策演进过程分为起步阶段（1985—2000 年）、国际接轨阶段（2001—2007 年）、战略实施阶段（2008—2015 年）、强国治理阶段（2016 年至今）。所选取的知识产权公共政策文本主要搜集于"北大法宝"数据库，众多学者在研究政策时将其作为检索中国范围政策法规的途径。选取了政府官方网站所公布的相关政策文本，且全部为有明确发文年号与发文机构的公开政策文本，检索 1985 年至 2020 年的知识产权公共政策文本①。

---

　　①　为确保政策文本选择的权威性与有效性，检索政策文本的依据为：第一，以中央层面发布的知识产权政策为样本；第二，剔除知识产权的法律法规。立足于公共行政视角，最终得到有效知识产权公共政策文本数量 381 份。

（一）政策场域、形象与反馈机制

知识产权公共政策演进过程中的政策场域、形象与反馈路径是开展政策演进研究的几个关键环节。20 世纪 80 年代，知识产权保护政策的筹备拉开帷幕，《专利法实施细则》的出台进一步深化了对于专利的保护理念。20 世纪 90 年代，经济一体化趋势明显，知识经济逐渐受到各个国家的重视，美国曾三次以"特别 301 条款"质疑中国对于保护知识产权的政策片面性。与此同时，改革开放后，国内恰逢社会主义市场经济的开启与"科教兴国"战略的实施，发明创造亟需得到有效保护。此时知识产权政策形象以"保护专利发明"为主，出台各项保护与激励发明的政策文件。例如，对市场上的侵权行为加以查处和制裁，制定各项知识产权保护计划，对发明人予以合理奖酬，加强计算机软件与新药等新兴领域的保护，将专利局更名为知识产权局等一系列措施。对政策形象与目标而言，当时的知识产权保护取得一定的成就，科技工作顺利开展，证实了知识产权政策设计的合理性，为下一阶段政策的均衡发展奠定了基础。

经过前期充分的政策准备，中国于 2001 年始履行 TRIPS 协定的相关义务，国际科技竞争的激烈进行要求中国要重视科技创新的发展，尽快建成创新型国家，基于此，新的政策形象出现——"专利保护为核心，为国家技术创新与经济发展服务"。与上一阶段相比，依然以保护知识产权为核心，但更多地强调知识产权为技术创新与经济发展协同提供动力支持。此时，《保护知识产权专项行动方案》应运而生，企图通过开展各项知识产权保护专项行动加强保护能力并拓宽保护领域，体现了正反馈作用机制对于新政策形象的巩固作用。2007 年，党的十七大首次提出知识产权战略，深刻重视知识产权创造、管理等四个方面的协调发展与共同进步，以知识产权发展支撑经济发展，以科技发展激励创新型国家建设，这些举措以负反馈方式维持政策均衡发展的作用明显。

2008 年，《国家知识产权战略纲要》与"科教兴国"战略、"可持续发展"战略等国家战略共同构成提升国家软实力的重要支撑。此时，宏观政治系统提出的"实施国家知识产权战略"成为新阶段下新的政策形象，上一阶段"完善知识产权保护体系"的政策总体性目标进一步发生了改变，"将中国建设成为知识产权创造、保护、运用、管理水平较高的国家"的新目标浮出水面，正反馈发挥的作用明显。2013 年，党的十八大三中全会中提出的指导方针与理念——"加强知识产权保护与运用"，各项知识产权人才培养计划的颁布，体现了知识产权战略中关于创造战略、保护战略、人才战略、管理战略的深化,这些措施以负反馈作用的方式强化政策形象。

随着国家知识产权战略的全面实施,创新要素流动速度显著加快,产业变革的倾向性逐渐凸显;国内经济协调发展的新常态,科技革命的新形势、产业动能的新方式促使中国的知识产权事业必须进入新的发展状态。2015 年,"知识产权强国建设"的政策形象输入到新的政策议程当中,知识产权事业发展的四维度延伸为创造、运用、保护、服务、管理五维度,进一步以正反馈强化政策形象。2018 年国务院机构改革中新组建市场监督管理总局并重组知识产权局,意味着知识产权审查与执法职能的剥离,为提高执法效能、避免知识产权多头执法产生了有益效果,但仍有一些遗留问题亟待解决。2020 年,习近平总书记在以"加强知识产权保护工作"为题的集体学习会中,又一次推进知识产权治理现代化的历史进程,这些事件的发生都能够直接为各阶段政策的演进提供源动力支持(如表 3-1 所示)。

表 3-1 影响中国知识产权公共政策演进的主要因素

时期（年）	政策形象	反馈机制	主要政策主体	主要政策工具
1985—2000 年	保护专利发明	负反馈	国家科委、专利局、财政部	法规管制、人才培养、财务金融
2001 年	专利保护为核心,为国家技术创新与经济发展服务	正反馈	宏观政治系统	法规管制、人才培养、公共服务、财务金融
2002—2007 年	知识产权的创造、运用、管理、保护环节协调发展	负反馈	国知局、版权局、工商行政管理总局、海关总署、文化部	
2008 年	实施国家知识产权战略	正反馈	宏观政治系统	人才培养、法规管制、公共服务、财务金融、海外机构管理
2009—2014 年	优化知识产权制度文化环境,加快人才培养	负反馈	国知局、工商行政管理总局、工信部、版权局、商务部、科技部	
2015 年	建设知识产权强国	正反馈	宏观政治系统	

续表3-1

时期（年）	政策形象	反馈机制	主要政策主体	主要政策工具
2016—2020年	建设知识产权强省、强市	负反馈	国知局、海关总署、科技部、发改委、农业农村部、工信部、文旅部	公共服务、人才培养、基础设施建设、财务金融、法规管制、海外机构管理

（二）间断整合：政策决策主体分析

1. 政策的时间演化

从整体的趋势可发现，中央层面发布的知识产权政策随着时间线是波动增长的，并且呈现"渐进式"和"激增式"结合的趋势，尤其当国家出台战略性政策时，知识产权公共政策发文数量出现就会"激增"（如图3-2所示）。

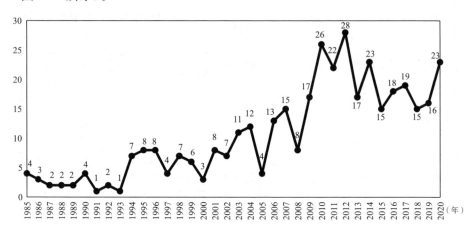

图3-2　中央层面知识产权公共政策文本数量的时间演化

2. 单独及联合决策主体

中国知识产权公共政策的决策主体及各主体发布政策的时间分布概况如表3-2所示。

表 3-2　中央层面知识产权政策的主体构成及数量

发文主体	1985—2000 年	2001—2007 年	2008—2015 年	2016—2020 年	合计
联合发文	6	13	25	17	61
国务院	2	3	8	7	20
国家知识产权战略实施部际联席会议办公室			1	5	6
科学技术部	4	2	2	1	9
教育部	2				2
民政部	1				1
商务部		1	2		3
司法部			1		1
工业和信息化部	2		3	1	6
文化和旅游部	1	1	2		4
交通运输部		1			1
农业农村部	1		1		2
化学工业部（已变更）	2				2
卫生部（已撤销）	2				2
国资委			2		2
海关总署	1	1	1	1	4
国家税务总局	1				1
国家广播电视总局	1		2		3
国家市场监督管理总局	6	1		5	12
国家知识产权局	10	37	72	43	162
国家版权局	4	3	2		9
国家烟草专卖局	1				1
国家文物局				1	1
国家林业和草原局			2	3	5
国家能源局			1		1
国家工商行政管理总局（已撤销）	14	13	16	7	50
国家质量监督检验检疫总局（已撤销）			1		1

续表3-2

发文主体	1985—2000 年	2001—2007 年	2008—2015 年	2016—2020 年	合计
国家建筑材料工业局（已撤销）	3				3
全国打击侵犯知识产权和制售假冒伪劣商品工作领导小组				1	1
合计	64	78	148	91	381

单独制定中国知识产权公共政策的部门多达 28 个，其中由国务院发布的行政性法规有 20 项，充分体现了中国发展知识产权事业过程中政策制定的权威性与主导性。整体上，政府部门间联合发文的政策数量较少，虽然最近几年部际合作开始增多，联合发文数量有所提升，但所占比例依然不高，仍以单个部门制定政策为主；通过分阶段对联合发文政策数量的统计发现，分阶段逐渐增长趋势已有所显现，虽然占政策总体数量的比例不高，但是仍在一定程度上反映了中国知识产权公共政策制定主体开始由独立逐步走向联合。在政策文本中，国家知识产权局（含国家专利局）是最主要的政策发文主体，占部门间联合发文总体数量的 70.49%。

事实上，知识产权公共政策的制定反映了知识产权行政管理权限的蜕变。2018 年的国务院机构改革对知识产权公共事务决策体系产生了较大影响，也进一步影响了知识产权公共决策系统的内部结构和上下级关系，是理解本书所跟踪研究的赋予科研人员职务科技成果所有权改革中国家知识产权局所扮演角色的一个视角。2018 年以前，国家知识产权局是国务院直属部门，负责管理专利事务，虽然事权较为单一，且为副部级单位，但在知识产权行政决策系统位次最高，在国务院机构组成中是和科技部、财政部、教育部等相并列的国务院组成部门，受国务院直接领导。加之国务院知识产权战略联席会议办公室的特殊存在，使得国家知识产权局在协调、领导、谋划知识产权工作方面具有较明确的定位，地方知识产权行政管理部门也沿用中央机构的组织方式。

但在 2018 年的机构改革中，国家知识产权的副部级级别虽然保持不变，且将原来由国家市场监督管理总局国家商标局的商标管理职权和国家质量监督检验检疫总局的原产地地理标志管理职权并入国家知识产权局，强化并扩大了国知局的职权范围，但又将国家知识产权局从国务院直属机构调整为国家市场监督管理总局的二级局。如此一来，国知局的垂直上级由国务院变为国家市场监管总局，知识产权公共事务的决策体系发生了明显变化，知识产权事务从兼顾科技创新、市场竞争、发展改革、商务贸易、行政执法等，转到局限于市场竞争和行政执法框架之下。一些重要的决策活动，也会受到国家市场监督管理总局出于自身职权和部门利益的平衡和影响，国知局也就不可能与科技部、财政部、教育部等原"兄弟单位"在类似职务科技成果权属改革等知识产权领域重大改革问题上有同样的话语权。

地方知识产权行政管理部门也随之进行了机构改革，一些省份将原有省级知识产权局就地原班人马改组为"知识产权服务促进中心""知识产权保护中心""知识产权中心"等事业单位，将省级知识产权局牌子加挂到省市场监督管理局，牌子动了人却不动，改组后的省级知识产权局仅由原有少量懂知识产权执法管理事务的人员构成。事业单位虽原则上是独立的省政府直属正厅级部门，但从隶属关系上要受到省市场监督管理局（省知识产权局）指导，重大改革任务和规划等的顶层设计从"知识产权中心"类事业单位剥离。从中央到地方，看似形成了"两条"知识产权管理体系：国家市场监督管理总局的发文体系发到省知识产权局，国家知识产权局的发文体系发到省知识产权服务促进中心。这也就基本解释了"为什么赋予科研人员职务科技成果所有权改革这样的知识产权领域重大改革，最初在各地方是由知识产权局领导，后又从中央和地方两个层面都统一转交由科技部门领导、知识产权部门参与"，以及"为什么国家知识产权局在权属改革地方探索的初期表达坚定支持，但后又被财政部、科技部等反对"（后文个别章节将展示一些改革细节）等一系列问题，而这些问题，如果不了解中国知识产权公共政策的运行体系的变化，可能就无法洞见和回答。

3. 政策决策系统网络结构

在目前的社会科学研究中，社会网络分析的运用已经发展成一种专业领域的研究范式，可以衡量一套概念体系。按照前文中已经划分好的知识产权公共政策发展阶段，即 1985—2000 年、2001—2007 年、2008—2015 年、2016—2020 年，分别构建四个 n×n 阶对称邻接矩阵，若两个部门合作发布政策记为 1，否则为 0，以此类推。将所得的对称邻接矩阵输入至 Ucinet 软件进行分析，得出四个社会网络结构图（如图 3-3 到图 3-6 所示）。在网络图中，"节点"表示政策发文的部门，连接"节点"之间的"线"代表两个部门之间最少联合制定政策 1 次。

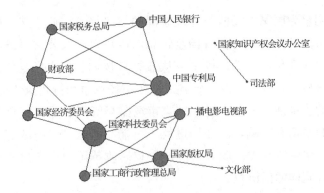

图 3-3　1985—2000 年联合发文政策主体社会网络结构

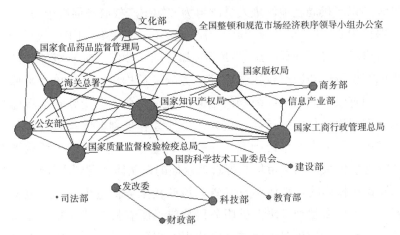

图 3-4　2001—2007 年联合发文政策主体社会网络结构

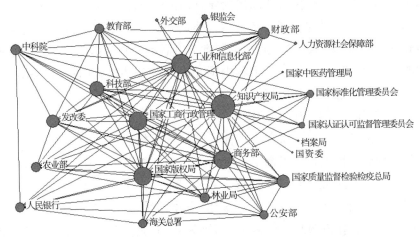

图 3-5　2008—2015 年联合发文政策主体社会网络结构

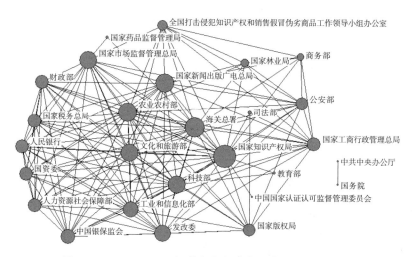

图 3-6　2016—2020 年联合发文政策主体社会网络结构

"整合"是改革开放以来中国知识产权公共政策决策主体变化的显性特征，具体就是知识产权公共政策制定主体网络逐渐复杂化，各部门协调合作强度加深，除了与常规负责知识产权事务的国家版权局等联系密切，国知局与商务部、文旅部、公安部、科技部、工信部等部门合作愈发密切；知识产权事业统筹整合发展趋势明显，体现在中共中央、国务院开始直接发布相关指导性政策，中央对知识产权工作的顶层设计有所凸显，国家知识产权局的政策主导性增强。上述分析可知，在政策起步阶段，中国知识产权公共政策联合制定的政策主体较少，联合制定的政策文本数量不多且共同发文的次数少，在一定程度上印证了在 2000 年以前，中国知识产权公共政策处于初建阶段，政策制定主体之间的合作与沟通协调程度不高；在国际接轨阶段，共同参与知识产权公共政策制定的部门相比上个阶段有一定增加，联合发文的频次显著增加，在此阶段下出台的新政策所涉及的领域更为广泛，国家知识产权局之外的更多部门开始参与知识产权政策制定。在战略实施阶段，中国首次将知识产权上升到国家战略高度，这一时期联合制定的政策数量涨幅较大，有多达28 个政府部门参与到政策制定中，网络连接频数开始增多并且是网络关系数的 2 倍，表明参与制定政策的各个部门的合作关系显著强化。一个值得注意的点是，这一阶段的合作网络密度从 0.7899 降至 0.6581，但数值的下降并不能代表部门间的合作沟通频率降低，而是由于国家知识产权战略实施部际联席会议办公室发挥的作用开始增强。

"整合"是一个突变过程，在本书的政策情境下，知识产权公共政策决策系统（反映在政策形象层面，称之为决策主体）在不同阶段的突变整合并非渐进或连贯的，而是基于一些重大事件或中央决策议程的"间断整合"，我们视其为政策演进中的一个个突变节点，这些"突变节点"往往以决策系统发生变化为象征，会影响未来一个时期内的政策决策走向。在知识产权公共政策领域，无论是一些地方，如四川省成都市郫都区的知识产权"三合一"（即把分立的专利、商标、著作权合并整合为"大"知识产权行政管理体制）行政管理体制探索与试点，还是中央层面的知识产权"二合一"机构改革（即把专利、商标合并管理），"间断整合"是决策主体由分散走向集成，决策系统由复杂变为简单的生动诠释。"赋权"改革相关政策在基层探索时期（2016—2019 年）主要由国家知识产权局负责调研、答复和向国务院报备，2020 年起，从中央层面由科技部负责牵头，提升了改革试点的层级，并将其视为推进中国科技创新体制机制改革的主要任务之一，国家知识产权局作为国家科技领导小组成员单位参与相关重要政策的咨询和制定。

（三）均衡转型：政策议题与目标导向分析

按照"间断-均衡"分析框架，如果说对知识产权公共政策演进的"间断"分析旨在对决策系统（即决策主体）变化进行探究，那么在知识产权公共政策的"转型"分析中，我们将注意力转移到决策问题（即政策议题）的变化。如果想理解文本的核心要义，就要针对文本展开深入的分析，扎根理论不失为一种有效的方法，本研究借助软件 Nvivo 并按照扎根理论的范式对政策样本进行开放性编码。表 3-3 是以政策起步阶段为例，对部分政策文本概念化与范畴化的过程。按照以上步骤，便可得到四个阶段政策文本原始资料的开放性编码范畴，并将其作为这些阶段之下知识产权公共政策的主题关键词。

表 3-3　政策起步阶段（1985—2000 年）知识产权政策开放性编码过程（部分）

政策原始语句	概念化	范畴
科研机构和高新技术企业应当逐步形成通过掌握和应用自主知识产权，提高市场竞争能力，保持市场竞争优势，并不断创新，进一步形成并取得新的知识产权的良性发展机制	掌握并运用自主知识产权	自主知识产权
大力培养知识产权专业人才	培养知识产权人才	人才培养

政策原始语句	概念化	范畴
各级化工管理部门和企事业单位要加强知识产权的情报信息和档案管理工作,努力建立化工知识产权信息网络	构建知识产权信息网络	信息网络
化工部专利管理办公室会同各省、自治区、市化工厅(局)筹建化工专利信息协作网	筹建专利信息协作网	
可从专利代理、专利技术开发等项服务业务的纯收入中分别提取30％作为专利发明基金	成立专利发明基金	专项基金
单位应设有知识产权保护专项费用,用于专利申请费、审查费、专利诉讼费及竞业限制补助费等开支	设立知识产权保护专项费用	

为了更好地体现同一个关键词在不同的政策文本中、不同的关键词在同一个政策文本中的重要性差异,采用 TF－IDF 加权技术方法,按照其加权原则对通过多次扎根方法得到的关键词进行处理(如表3－4所示),在一定程度上克服定性分析和定量统计上不客观、不全面的问题。依据以上分析,对关键词频数分布矩阵进行加权处理,并计算任意两个关键词之间的相关系数,得到四个阶段的知识产权公共政策加权关键词相似矩阵。将上述所得四个阶段的相似矩阵输入至 Ucinet 软件,得出对应四个政策发展阶段的议题关键词共词网络图谱(此处网络图谱省略),根据所提取关键词间的内部联系及知识产权战略目标,将六个小团体依次命名为:"知识产权运用""知识产权创造""知识产权保护""知识产权组织保障""企业知识产权管理"和"知识产权公共服务"。

表3－4　不同政策类型的权值

等级	政策类型	权值
1	国务院层面颁布的行政法规,其中包括(暂行)条例、(暂行)规定、办法等	5
2	国务院各个部门颁布的规章,其中包括规定、办法等	4
3	国务院颁布的规范性文件,其中包括意见、决定、通知等	3
4	国务院各个部门颁布的规范性文件,其中包括意见、决定、通知等	2
5	国务院各个部门颁布的工作文件,包括通知等	1

1. 政策起步阶段（1985—2000 年）

政策起步阶段中，知识产权权属的清晰界定成为其申请阶段的重要内容，即"合作或委托研发的权属"到"职务技术成果权属"，国家鼓励在国内外"及时申请"知识产权，同时重视对于"发明人奖励"的落实，以达到促进知识产权创造的目的。此时对于知识产权运用转化有一定的重视，"高新技术企业"与"高新技术企业开发区"是"技术创新"的主阵地且同时拥有一定数量的"自主知识产权"，又另外为成果转化提供"专项基金"，针对实施转化还有一定的奖励。在此阶段，"企业"是知识产权保护的主体。该小团体与"运用"与"组织保障"小团体联系较为密切，并且其所运用的政策工具明显多于其他团体，其中包含"查处盗版""行政处罚""强化司法保护"等内容，在签订知识产权转让许可合同时，强调将知识产权保护相关内容单列条款以示重视，另外，"进出口技术法律调查"与"海关执法"体现了国家对于国际知识产权的初步关注。知识产权服务尚未引起足够重视，团体内以"中介服务机构"与"行业组织"为主进行知识产权服务供给，"信息网络"尚未搭建完善，作为能为知识产权转化运用提供动力的金融工具中只简单提及了"质押"的方式。

2. 国际接轨阶段（2001—2007 年）

该阶段，对于知识产权"审查速度"与"审查质量"的要求开始出现，《知识产权事业发展"十一五"规划》控制发明专利、外观设计等的审查周期，专利"申请费用减缓"政策能够有效缓解在申请阶段由于资金缺乏而导致不能及时申请的困境。"企业"在知识产权运用方面的能力明显增强，"知识产权联盟"作为这一阶段的新生事物初现雏形，知识产权成果转化运用多次出现在政策文本中。行政执法与刑事司法的两种路径依旧用以保护知识产权，与政策起步阶段相比，此时更强调的是"行政与司法衔接"的双轨制保护模式。完善知识产权"管理制度"与组建"管理机构"仍是主要内容，开始注重知识产权"管理队伍建设"，逐步理顺"管理体制机制"，提高知识产权宏观管理水平。知识产权服务的内容和工具愈发丰富，而专门针对"中小企业"的服务开始出现，比如"维权援助"服务、"公共服务"等，除此之外，"投资入股、信托"作为新的融资方式为企业知识产权产业化、科技创新等方面带来新的活力。

3. 战略实施阶段（2008—2015 年）

与前两个阶段相比，这一阶段政策更加关注知识产权运用，"企业"也从知识产权保护的主体逐渐过渡成为知识产权创造与运用的主体。相比前一阶段，政府对于专利的"资助政策"所持态度发生了一定转变，不再盲目片面地为申请阶段的专利提供资金支持，而以"质量导向"为发展目标，但是总体上仍然处于网络边缘位置，"战略性新兴产业"受到了空前的重视。对于知识产权保护仍然采取"行政衔接司法"的双轨制模式，但是更加强调"司法保护主导"，这一阶段前期探索建立"知识产权法庭"。这一阶段更加注重"中介服务监管"与管理，改善服务市场环境，在金融服务方面，工具种类更加丰富，主要帮扶对象为"中小企业"，"专利保险"、"风险补偿"基金、贷款的模式开始兴起。开始搭建"人才库与人才网络信息平台"，成立知识产权"培训基地"，重视海外"人才引进"，并出台《知识产权人才"十二五"规划》《加强知识产权人才工作的意见》等对人才资源利用及规划的文件。违规失信惩戒机制的完善，增强了企业和其他市场主体的诚信意识，营造了较为良好的知识产权创造环境。随着科研人员知识产权意识的提升，"职务发明权属"问题引发的各类纠纷以及对中国高校院所科技成果转化环节的制约和影响，使得知识产权归属进入这一时期的政策议程，并为下一阶段实施"赋权"改革试点奠定了政策基础。

4. 强国治理阶段（2016—2020 年）

与前一个阶段相比，各小团体的内部构成并没有发生根本性的蜕变，政策议题的渐进与均衡特征由此体现。在"信用体系"建设的前提下，"社会共治"的治理理念表明知识产权治理参与主体的增多；取消了相关资助政策，不再针对知识产权申请，而是转移到知识产权转化运用当中；知识产权"运营"重要性凸显，建立支撑科技成果转移转化的知识产权运营机构，搭建知识产权运营平台，加速"科技成果转化"。"知识产权密集型企业"的培育开始受到关注，这是知识产权强国建设的重要体现。相较于前几个阶段，"产业集聚""知识产权联盟"处于更为重要的位置，对于提高产业效能至关重要。另外，更加鼓励中小企业实施"专利导航"产业布局，以"专利导航"为主要依托促进产业链与创新链深度融合，并对行政决策起到明显的支撑作用。资金支持方面，进一步"优化专利资助政策"，由资助知识产权申请转至资助知识产权转化运用，并通过"产权激励"的方式加大对科研人员创新研发和成果转化的"奖励激励"，从组织激励逐渐转向对"人"的激励，以实现知识产权的财富价值。开始引入"惩罚性赔偿"制度，加大侵权成本。在知识产权强国的指导方针的指引下，知识产权"强省强市强县"全面展开，并针对其实际情况进行分类指导。此阶段侧重于向"中小企业"等提供免费的"公共服务"，并建立"公共服务平台"，帮助其高效地完成成果转化、技术产业化等进程，也注重对于服务业行业的监管。在金融服务方面，工具使用更加细化，"融资补贴""证券化"开始出现。强国治理阶段的政策议题更加注重内涵式发展，知识产权公共政策更加聚焦打通实现已有政策目标的堵点议题，更加关注中小微企业和"人"的发展，把满足中小创新者的知识产权保护诉求和知识产权财富价值实现摆在重中之重的位置，在"精准化"上做文章。

从行政管理方式上，知识产权治理强调政府与其他多元主体的充分合作而非单一权威，从权利运行向度上，知识产权治理要求权力运行过程中"上下互动"的多向传递而非"自上而下"的单向施加。治理理念顺应中国知识产权行政与司法保护"双轨制"运行机制的日臻成熟，以及知识产权行政执法与保护力度的持续加强，是中国知识产权事业高质量发展进程中的新课题。治理理念的变迁与演进最终会反映到政策议题上，经过四个时期的发展，改革开放以来中国知识产权公共政策的注意力发生了较大"转型"，政府治理知识产权的方式与工具日趋多样化，且以某一阶段的现存问题为导向制定渐进式均衡政策。例如，在战略实施阶段，政府更加注重对人才的要素资源配置，在强国治理阶段，知识产权公共服务的供给能力显著增强。前两个阶段，知识产权资助、奖励为政策工具的数量追求，到最新阶段中充分体现高质量发展的高价值专利培育、知识产权激励和科技成果转化议题，直接展现了在社会主义市场经济背景下知识产权事务从"管理"向"治理"的渐进式均衡转型。不同于"间断"的突变节点性质，"均衡"的形成往往会经历较长时间，甚至跨越两个以上的政策演进阶段，这种渐进式的调适过程正是形成相对稳定的政策议题并酝酿下一次间断的政策过程。

三、知识产权公共政策对"赋权"改革的影响

改革开放以来，中国的知识产权治理取得巨大进步，保护效果显著提升，创造改进质量不断创新，转化运用能力大幅提高，管理体制更加精细化，为建设创新型国家与科技强国提供了强大的战略支撑。在各个政策主体协同推进下，在不同阶段呈现着鲜明的"间断整合－均衡转型"特色。事实上，知识产权治理的主体是各级政府，其包含两层含义：一是知识产权行政管理与市场监督，即机构改革前的地方知识产权行政管

理机构的主要职能，政府在市场与创新主体的知识产权相关活动中起主导作用；二是知识产权领域的公共服务，即充分强化政府在多元主体协同参与中的协调与服务作用，变政府主导为多元合作，通过提供知识产权领域的制度供给、政策激励、外部约束与公共服务，实现知识产权对创新主体、创新要素与市场的有效"赋能"，具体包含着力解决高质量知识产权供给不足的源头性问题、充分激发知识产权赋能科技自立自强的先导性作用、有效提升知识产权政府治理主体的系统性协同、打造较为完备的知识产权公共服务与公共产品供给体系等。

中国知识产权政策具有"间断整合－均衡转型"的演进特征，在跨度为35年的政策演进历程中，出现过三个间断节点（2001年、2008年、2015年）和四个政策发展均衡期。每个阶段的政策总体性目标略有不同，与各个阶段的政策发布数量和议题分布基本相关联，间断阶段发生较大改变，均衡发展阶段波动较小。政策决策主体数量增加，但以国家知识产权局为主导的联合制定政策行为更为常见，知识产权公共政策决策主体的"短期突变整合"特征与政策议题的"长期渐进转型"特征相伴相生，政策调整意图可以从议题变化上进行清晰识别。例如，新阶段一个明显的变化就是凸显知识产权公共政策的"公共性"与"专业化"：所谓"公共性"，就是要降低市场与创新主体获取知识产权公共服务的门槛，明确知识产权公共产品的种类清单及提供方式，放权赋能，最大限度向服务对象提供各类优质公共产品；"专业性"就是提升知识产权公共服务的水平，汇聚高校院所、智库机构、各类服务机构，围绕功能性公共服务打造专业化平台，为科研人员、科研组织、区域和国家创新发展提供专业化保障。

从政策演进的路径与方式来看，中国知识产权公共政策演进逻辑基本是"自上而下"，即宏观政治系统决策层的理念能够影响次级系统中具体政府部门的政策方案，即当关键性事件发生或决策层价值理念变动时，这类政策问题就会输入政策场域之中。此时，宏观政治系统会调整总体性目标，次级系统承接在宏观政治系统调整下的目标，并凭借多年执行经验与专家智囊团的帮助，制定符合目标与现状的政策转型方案，最后下达至各级地方政府知识产权局或其他相关部门，以此完成政策从制定到执行的闭环。"自上而下"的政策传导方式能够缩短政策执行的时滞，从宏观上为政策发展的大方向与总目标"掌舵"，在一定程度上降低了政策转型的误差风险，例如，部际联席会议办公室所扮演的顶层政治系统能够高效地引导中国知识产权公共政策发展，直接形成了具有鲜明中国特色的知识产权公共政策体系运行和发展方式。但随着强国治理阶段的发展，"自上而下"已不是单一的治理路径，多元主体的参与使得"自下而上"的政策反馈机制发挥了恰如其分的补充作用，从政策路径上看，发源于西南交通大学的赋予科研人员职务科技成果所有权改革就是"自下而上"模式的典型代表。可见，知识产权领域的改革创新，已走在了中国各领域改革创新的前列，这与知识产权制度发展本身动态性、灵活性、前沿性息息相关。

本章小结

促使中国知识产权公共政策演进的背后动力可以概括为：宏观政治系统中决策层的价值理念、次级系统中负责制定和执行政策方案的各级政府部门的经验总结与预判。知识产权治理的每一个环节不仅需要中央决策层的宏观把控，以实现分散化力量的协同整合，更需要各级知识产权行政管理部门、政策执行的利益相关方（如高校和科研院所）、政策作用对象（如科研人员）根据政策经验做出价值判断，即克服中国知识产权治理体系中"头重脚轻"的情况，在运行中不断调整并形成政策运行的反馈回路，才能最终构建并完善符合中国国情的知识产权公共政策的体系化运行机制。知识产权公共政策的演进逻辑，揭示了中国知识产权治理的基本路径和价值取向。

从宏观政策环境可以看出，中国的知识产权公共政策正在由学习国外经验、融入国际规则体系，转向在一些重要领域上的自主探索、独领风骚，正在由关注聚焦经济社会发展进程中的知识产权"大问题"转向对制约破解知识产权大问题的"关键小问题"，正在由对产业、外企等组织形态的关注转向中小微企业、普通科研人员等个体形态，强化了对知识产权激励功能的政策，正在由对知识产权权利形态本身的认知深化转向对这种权利形态的功能和其可能产生何种社会影响，以及如何产生社会影响最优解的积极关注。宏观知识产权公共政策环境对"赋权"改革的目标确立、推进落地和立法修订无疑产生了重要的潜在影响，知识产权公共政策功能的"隐藏力量"通过"赋权"改革破土而出，实现对创新者的深度激发和利益反哺，这也代表了决策层对知识产权公共政策功能的认识在不断进步。

第四章

多样化的制度探索与实践

引言

人类文明之花之所以绚烂无比，就是因为人类可以选择多样之路谋求共同发展与和谐共存。无论知识产权权属制度归于何处或如何变迁，不同国家都能依托其特有的智慧，将一种制度的实践优势尽可能地加以诠释和发扬，在其特有的历史文化和制度文明土壤中展现知识产权制度驱动经济社会发展的独特魅力。职务发明知识产权权属制度实践的国别差异正类似于不同的人走上了不同道路，但最终殊途同归，各国的终极目标也都无一例外是驱动大学技术成果的商业化运用，促进知识经济的繁荣。当我们在本章面对不同制度文明的多种经验与启示时，应秉持客观和相互尊重的基本态度与基本原则，从"多样之路"中寻找优化制度政策的源动力，尊重各国所选择的符合本国实际的各领域发展道路并坚定走好自己的路。因为，真理往往不只有一个，正如通往罗马的道路不只有一条。

一、欧洲大学"教授特权"制度的迁移往复

在大多数欧洲国家，国家层面的政策通过各种措施鼓励以高校为主的创新，大学参与到职务发明专利的管理中。专利管理逐渐被倡导作为提高知识从学术向产业转化关键的环节和策略，因其合理性决定了技术转化的效率。此外，职务发明专利的有效管理也可以提升大学促进社会经济创新发展的能力。然而许多问题影响了专利成果转化过程，其中一个关键问题是研究成果的知识产权的所有权问题。20世纪90年代末以来，大多数欧洲国家从专利权的发明人所有权（或教授特权）转向不同制度体系下的机构所有权。发明人所有权（或教授特权）指由公共支出资助研究由创造或发展成果的发明人所有而非开展研究的机构所有，相对应的，机构所有权指公共支出资助研究由雇佣研究者的机构所有。两

种所有权模式之间的纷争和往复，在欧洲表现得最为激烈和纠结。

（一）法国

19 世纪 70 年代起，法国大学的重大研究参与度以及与其他公共研究机构的互动与日俱增。大学教师拥有等同于国家公务员的身份地位，这意味着他们创造的专利权属于他们的雇主即学校。然而，因为知识转化能力不足，学校即使持有这些权利也无法真正实施。为了尝试解决大学和产业间合作和知识转化率低的问题，1999 年法国政府出台《创新与研究法》，该法案旨在通过建立技术转移转化基础设施，提升大学知识产权意识和促进知识产权商业化的能力。法国大学的研究活动受到国家科学研究中心（CNRS）和其他大型公共研究机构的深刻影响，这些机构能为最好的大学实验室提供资金和人员，并拥有由此产生的知识产权。可见，法国并不是欧洲实施"教授特权"的传统国家，大学对其教师产生的知识产权也不拥有控制权。

（二）德国

为刺激发明创造，德国在 1936 年《专利法》中规定职务发明权利归属于发明人，随后在 1957 年确认雇员发明创造的知识产权归属发明人所有，范围包括所有由私营或公共部门的雇员做出的能够通过普通专利申请或实用新型申请授予专利权的发明创造以及经过鉴定的技术改进。德国高校雇员根据《职务发明法》享有拒绝公布作品的权利，以及按照 30％ 的高标准获得报酬等权利。1955 年德国《雇员发明法草案》规定大学教师及其团队成员的发明一律属于自由发明。2002 年，德国从"发明人所有权"转向"机构所有权"后，高校研究人员须将发明的专利权转让给所在高校，同时享有获得补偿的特殊权利。德国大学学术知识产权的"机构所有权"改革是由面向地区专利开发的大量联邦政府津贴支持完成的（Sellenthin，2004；Bielig，2015）。

（三）意大利

意大利职务知识产权立法可追溯到 1939 年，该法律将发明人在工作期间内所发明的知识产权权属分配给雇主。在 20 世纪 90 年代，大学受教育部管辖，基本没有知识产权方面的决定权和财政自主权。1995 年《给予大学自主权》政策生效，在这之前意大利大学从未在发明转化实施中获得任何收入，因此，意大利的大学较长时间内无意于开发知识财产

(Balconi et al.，2004)。从 20 世纪 90 年代末开始，意大利的大学开始通过 TTO 到大学孵化器落实研究结果商业化机制。2001 年，意大利出台第 383 号《工业产权法》第 7 条规定，将知识产权权属授予发明人，并允许大学从中获得 30%～50% 的知识产权转化分红；如果发明人在 5 年内不使用该专利，大学就被授予一个自由但非排他的发明使用许可，然而因遭到抵制而在法律上未能成行 (Chiesa and Piccaluga，2002)。2005 年，《工业产权法》修改，规定"机构所有权"只适用于雇佣该发明人的大学全额资助的情况；在研究部分由私人资助、政府资助或是国际政府机构资助的情况下，知识产权属于发明人 (Lissoni，2012)。可见，意大利采取的是一种混合式的知识产权归属制度。有学者的研究证明意大利立法转向"教授特权"后机构所属专利数量实现重要增长，政策激励、文化改变与知识产权一样，所有权对成果转化的影响同样重要。截至 2007 年，几乎所有意大利大学都有一个成熟的 TTO。此外，意大利的大学章程专门规定专利化活动及其规范程序，这也是促进大学专利增长和转化实施的另一个重要决定因素。

（四）瑞典

瑞典于 1949 年执行"教授特权"制度，并允许研究者获得所有发明的收益同时承担所有成本。瑞典大学技术商业化的基础制度建设始于 1997 年，正是在这一年，瑞典将"第三使命"作为大学的一种正式义务。随后大学关于学术资助相关规定、文化与知识产权政策等对科技成果转化的态度出现转变，大学雇佣的工程技术人员必须与整个社会互动，发明人可以自行决定其成果转化是否接受其他人员和机构的参与。作为强化"教授特权"的国家，瑞典也持续推行政策支持大学技术转移。自 20 世纪 80 年代起，瑞典开始推动促进技术商业化，这一时期的公共资金支持包括技术桥梁基金会、大学控股公司和科技园等，这些组织主要关注大学研究的专利申请和商业化。其中公共资金支持建立了转化桥梁和科技园；企业、大学和政府共同出资建立国际科技竞争中心；大学建立自己的 TTO 等 (Sellenthin，2004)。

（五）挪威

挪威是典型的从"教授特权"到"机构所有权"的国家。2003 年，挪威结束"教授特权"，将三分之二职务发明专利权分配给高校，学术研究商业化的责任也转移到高校 (Hvide，2018)。挪威和德国相似，将雇员发明分为职务发明和自由发明。在新政策下，科研人员有让大学了解潜在工业应用结果的"告知义务"。而该大学必须在 4 个月内回应告知。如果大学不主张权利，研究人员可以在没有机构参与的情况下申请专利或以其他方式将发明商业化。如果大学接受了产权，就有正式义务将专利进行商业化推广。因为国家对大学的资助越来越多地基于大学自身的产出指标，其中可能包括未来某个时候的专利授权，所以政府更倾向于通过财政激励来激发大学的研究投入，大学的知识产权产出就直接成为政府投入的结果，形成这种文化认知后也造就了"机构所有权"在挪威的广泛认同（Gulbrandsen et al.，2008），使其成为大学知识产权归属在本国范围内的"应有之义"。

在欧洲，"教授特权"曾盛行于欧洲日耳曼语系国家，即允许大学教授持有他们研究成果的专利权利。然而，受雇于公共研究实验室或私营企业的科学家的发明则默认属于他们的雇主。2000 年，丹麦是第一个决定支持"机构所有权"而废除"教授特权"的国家，2001 年至 2007 年间德国、澳大利亚、挪威和芬兰也逐步废除"教授特权"。在法国和英国等其他国家，机构所有权已然存在，大学被鼓励强化这些权利。这些举措的颁布实施很大程度上是受美国《拜杜法案》影响。自 1980 年《拜杜法案》实施后，美国允许大学持有联邦资助研究的发明创造的知识产权权属。在欧洲，除了极少数个例外，职务发明权属的"机构所有权"制度是较为普遍的共识。伴随着许多国家从知识产权"发明人所有"（或所有权国有的制度）转向"机构所有"，2000 年后这一制度逐渐盛行，只有瑞典依然保持了知识产权权属完全归发明人的制度，因此，瑞典的经验有必要在中国深度推进知识产权权属改革的背景下加以研究和跟踪。

欧洲各国高校的职务发明权属制度经历了不同的变迁历程，基于2000 年前后高校知识产权制度的演化，可总结得出不同的类别分组。这个分类基于 2000 年以后知识产权所有权变化的方向，即从"机构所有权"到"发明人所有权"、从"发明人所有权"到"机构所有权"和持续的"发明人所有权"，以及大学参与知识产权管理（强或弱）的传统，可得到三组不同的类别。

第一类是实行强有力的"教授特权"制度的国家——德国、丹麦、芬兰、挪威、奥地利等，它们在 2000 年早期修改了知识产权政策并转向"机构所有权"。在德国，2002 年，"教授特权"被废除（在社会主义东德"教授特权"并未实施），并且大学被赋予"收编"雇员发明专利权的权利，尽管在一个时期他们并没有执行，所有权重新归发明人。这一变化是出于政策制定者的这样一种考虑：个体研究者不愿意或不能通过专利或许可活动将自己的想法商业化（Czarnitzki et al.，2008）。通过要求大学将专利转化总收入的30%分配给发明人并支付于专利全生命周期和转化实施的所有费用，该项激励措施旨在增加科学家向大学披露其发明的意愿。

第二类只有一个国家，即选择基于"教授特权"维持发明人所有权制度的瑞典。"教授特权"制度于1949年在瑞典开始执行并允许研究者获得发明转化实施的所有收益，当然也承担所有成本。

第三类是权属类型转换方向与大部分欧洲国家"背道而驰"的意大利。它从机构所有权转为发明人所有权。结合前文对意大利整体情况的介绍，意大利之所以特殊，主要是由于外部资助对多数大学实验室而言非常重要，而"机构所有权"又减少了个体拥有发明创造知识产权的可能性，且多数情况下，难以将资金投入与个别研究产出直接关联，容易引发个人和大学之间的知识产权纷争。基于对意大利"混合"规定的不满，一些专业共同体曾经尝试再次引入"大学所有权"，但在2006年、2007年和2010年，通过国会议程将全部专利权赋予大学的规定都在最后阶段被否决了。

总体来看，欧洲部分国家高校知识产权权属制度的变迁的显著影响大学创新成果的表现。首先，有证据表明大学所属专利的增加是以发明者所属专利和其他公共组织所属专利的减少为代价的。挪威的高校在改革职务发明所有权之后，高校科研人员创业比例和专利申请率都下降了50%，高校新创公司和专利的质量测量结果也呈现下降趋势。其次，知识产权权属制度的改变推动文化和组织层面的变化。在挪威，转向"机构所有权"由包括"第三使命"运动在内的大学职责范围扩大、大学TTO组成的技术转化基础设施的建立，以及多数由政府提供的种子资本融资等因素的驱动完成（Hvide and Jones，2016）。丹麦政府也在"机构所有权"引入后，在国家和大学科技转化基础设施的建设方面投入了大量资金（Lissoni et al.，2009）。强化了"教授特权"的国家也在推行相关政策，大力支持以发明人为主导的大学科技成果转化生态系统。

二、美国《拜杜法案》与大学技术商业化

（一）《拜杜法案》的立法背景与影响

美国最早的两个高校专利管理组织，是成立于 1912 年的 Research 公司和成立于 1924 年的威斯康星州校友研究基金会（WARF）。两个机构均由大学研究人员发起，但作为独立实体运行。这种组织形式既反映了大学管理者对专利活动缺乏兴趣，也反映了技术商业化活动与大学崇尚的科学精神之间的微妙关系。值得注意的是，大多数美国大学在第二次世界大战前都缺乏知识产权政策，一些制定了知识产权政策的学校或者不鼓励专利申请，或者被学院抵制。美国高校知识产权政策在 20 世纪五六十年代进一步发展，但多数高校在促进专利申请和转化方面做了很少努力，甚至仍对此持悲观态度。在一些大学，如麻省理工学院、哥伦比亚大学（医学除外）和斯坦福大学，发明人保留其持有发明的权利，并可以随心所欲地使用这些发明。对大学学术研究重视到第二次世界大战后开始凸现，而在战后的头几十年，主要集中于麻省理工学院等领先机构。在那里，机构资源投入由战争转为学术研究，动力来源之一是联邦研究资金的大规模增加。从 1935 年到 1960 年，美国学术研究预算几乎增加了六倍，到 1965 年又增加了一倍多。在此期间，联邦政府成为研究资金的最大提供者，到 1960 年，联邦政府为大学提供了 60％以上的资金支持（Mowery et al，2004）。

20 世纪 70 年代初，在几份联邦报告发布后，关于大学学术专利的联邦政策成为美国一个热门话题。由于没有联邦层面的政策，随着大学专利申请不断增加，特别是在生物医药领域，各个机构开始制定自己的政策，但政策之间又各不相同。到了 20 世纪 70 年代后期，美国大学可以为联邦资助的研究成果申请专利，但有的也有在限制条件。缺乏统一性造成了政策标准化的压力，美国参议员博区·拜和罗伯特·杜尔证实，"联邦政策"实际上包括与不同机构达成的 20 多个不同协议。对卫生、教育和福利部（HEW）等机构资助的研究活动施加知识产权限制的情况受到更多关注。1978 年 9 月，参议员罗伯特·杜尔批评 HEW 拖延和限制大学专利申请。听证会上的证词还集中于美国落后的生产率增长和创

新能力，表明可以通过进一步监管来实现改善。其他参与听证会的人士表示，将所有权授予大学可以更大地激励个人与大学机构，促使其研究技术的商业化问题。这场听证会的结果之一是美国《拜杜法案》（Bayh-Dole Act）于 1980 年 12 月签署生效。它用统一的政策取代了 22 项机构协议，授予大学获得联邦机构资助的任何专利的全部权利，并表示支持大学与行业之间基于此类资助进行独家许可谈判。进一步的修正和随后的规定取消了大学学术专利活动的诸多限制，并明确了大学与发明者分享许可使用费的条件。

1980 年《拜杜法案》实施后，大学技术商业化活动逐渐扩大。1965 年，美国 28 所大学获得 96 项专利；1980 年，美国 79 所大学获得 386 项专利；2007 年，美国 155 所大学获得 3258 项专利；2014 年，美国 155 所大学获得 5833 项专利。专利申请从 1965 年平均每所大学约 3.5 项，到 1980 年约 4.9 项，2007 年达到 21 项，2014 年则达到 38 项。除这一增长之外，有 21 所大学在 1980 年之前建立了技术许可办公室（TLO），并在此后的 20 年内持续增加；20 世纪 80 年代，大学增加了 55 个 TLO，90 年代增加了 66 个，2007 年总计达到 154 个。大学衍生公司（spin-offs）的数量也随之增加。每年报告的 spin-offs 数量已从 1991 年 98 所大学报告的 59 个增加到 2000 年 141 所大学报告的 366 个，2007 年有 155 所大学报告 spin-offs 总量达到 502 个，2014 年同样 155 所大学的这一数值增加到了 840 个。这些数字反映了美国大学技术商业化活动的加速发展。

美国大学技术经理协会（AUTM）于 1991 年开始收集大学技术转移数据之前，全球几乎没有关于这方面的系统数据。麻省理工学院的教师在 1980 年向大学的 TLO 报告了两家衍生公司，当然，此时向 TLO 报告是自愿的，可能存在未报告的实体。事实上，当使用其他数据源时，可能会发现衍生公司数量会更多。Hsu，Roberts 和 Eesley（2009）对麻省理工学院校友进行的一项调查表明，42 名在此之前是麻省理工学院学生，现在是麻省理工学院教师，他们自报当年创办了 3 家公司。由此可知：①AUTM 报告的数据可能仅涵盖美国大学衍生公司实际数据的较小一部分；②到 1980 年，一些知名大学的教师已经开展了大量的技术转移活动。

从美国的经验看，不少学者认为《拜杜法案》促进了美国的创新。例如美国国家研究委员会（NRC）委托美国国家科学院（National Academy of Sciences）编写的题为《为公众利益管理大学知识产权》的报告得出结论,《拜杜法案》所确立的制度,即大学对公共资助研究的形成发明创造拥有所有权……在向公众提供研究进展方面,无疑比其之前的制度更有效(Merrill and Mazza,2011)。还有一些人持怀疑态度,认为《拜杜法案》与其他一些重大政策同时出台,例如,在税收、增加大学研究的联邦资源以及更灵活的养老基金投资政策方面,所有这些政策都有助于改善大学研究的商业化程度,因此很难确切证明是《拜杜法案》直接作用的效果(David,2007;Kenney and Patton,2009)。相反的观点是,《拜杜法案》被认为是对大学知识产权产生了一种近似垄断的促进作用,阻碍了知识的传播,对专利申请活动的积极影响也微乎其微(Lissoni et al.,2009)。为了研究该法案的负面影响,NRC 审查进行了委托,以研究新的美国制度如何影响大学的技术许可(Merrill and Mazza,2011),其结论是应继续延续拜杜体系。NRC 指出,根据 30 年的观察结果无法提供任何实证证据来说明需要回归旧的体系。但这并不意味着目前的拜杜体系是最佳设计,该调查得出了 6 项结果和 15 条建议,以改进当前的体系。这种反思和后评估式的做法也是目前中国的科技创新与知识产权政策实践需要加以借鉴的。

在美国,对大学研究商业化的关注、努力和资金投入的增加无疑都对大学技术转移活动产生了积极影响,因此,得出任何其他结论以否定《拜杜法案》的历史功劳都是需要格外审慎的。然而,在仔细考虑知识产权公共政策的潜在影响后应认识到,制度设计中始终存在着意外后果和复杂政策干预机制(Gans and Stern,2000)。从积极的角度出发,增加对研究成果的私人化保护,提高产权所有者将研究进行商业化的动机,可以提升技术创新效率,鼓励所有者对创新进行进一步投资,并减少技术披露和知识流动的阻碍因素。

(二)《拜杜法案》的内容与启示

《拜杜法案》的全标题为"PATENT RIGHTS IN INVENTIONS MADE WITH FEDERAL ASSISTANCE",即"联邦资助完成发明创造的专利权",作为《美国专利法》第 18 章的内容,包括第 200-212 条共计 13 条,规定了政策目标、术语定义、权利让与、国家介入权、美国产业优先原则、保密协议、标准条款、联邦持有发明创造的国内外保护、联邦机构专利许可办法、联邦享有的授权许可规则、优先适用原则、与反托拉斯法的关系、教育奖励的权利处分等具体内容。《拜杜法案》由于其较为显著的激励创新效果,因而形成了广泛的全球影响,被英国《经济学家》杂志评价为"20世纪美国最令人振奋的法案"，并得到至少15个国家的借鉴和移植。该法虽然区区13条，却改变了只要联邦政府财政资助即"当然享有"大学科技成果与发明创造的知识产权归属的传统固化模式，通过让渡给大学等非营利性科研机构对联邦财政资助形成发明创造享有专利权和其他相关的排他性权利，如许可权等，从而促进科技经济发展，实现联邦政府、大学和科研人员多方利益的最大化，激励大学等研究机构的学术研究以及产学研合作中的技术转移，促进大学孵化企业的发展，最终推动美国国家产业创新升级。事实上，中国2007年修订的《科学技术进步法》和2015年修订的《促进科技成果转化法》某种程度上也被视为对美国《拜杜法案》制度范式的政策学习。

诚然，《拜杜法案》也带来了美国社会的一些隐忧，需要制度学习者冷静看待与审视。第一，美国产业界认为由于大学受到《拜杜法案》的鼓舞与意识强化，使得大学在与企业的研发合作中形成了高敏感性的知识产权所有权意识，往往期待获得研究成果的全部权利。这使得产业界在与美国大学的合作中变得异常被动，这种大学技术转移文化也削弱了产学研深度合作的积极性，导致产业界更倾向于与未施行《拜杜法案》相关精神的国外大学开展合作，从而尽可能避免与美国本土大学产业合作研究中的知识产权权属纠纷。第二，《拜杜法案》的多元激励逻辑被认为是短期功利主义。该法案带来的另一个负面影响是使美国本引以为傲的研究型大学陷入对短期应用性研究的"泥淖"，市场化的趋利动机使得大学和部分科研人员钟情于对尖端应用技术的独占性许可，制约了新技术、新知识在更大范围的研究、推广与传播，在一定程度上弱化了大学尤其是研究型大学的公共服务职能与社会道义角色。

关于大学的知识产权权属问题，事实上《拜杜法案》并非美国大学职务发明权属规则的依据，若有这种误读，实际上是将《拜杜法案》涉及的大学接受不同来源研发资助的合同法律关系，与大学内部的雇主与雇员的劳动合同关系的混淆。从这一出发点上看，任何来源的资金投入都无法直接获得严格遵循"发明人主义"的美国雇员的职务成果权利，这与中国的职务发明归属制度有很大区别。《拜杜法案》对于研究承担方选择保留权利的规定，并未改变美国《专利法》中"发明人优先"的基本原则。《拜杜法案》认为其所适用的"受资助发明"的内涵和边界，是承担方已经从发明人处合法通过约定取得相关利益的发明。因此，《拜杜法案》只需要处理研究承担方与联邦政府之间的权属关系，而无须处理发明人与作为雇主的大学之间的权属关系。这是特别需要明确的一点。

在中国特色社会主义制度下，绝不能简单采用《拜杜法案》的制度逻辑解决中国职务科技成果转化中的知识产权权属问题，抑或是断章取义式地对国外的"好政策"进行碎片化的拼凑组合一个"四不像"。中国绝大多数高水平研究型大学是由政府资助的公立大学，这些大学在基础研究或应用技术研究中扮演了至关重要的角色，如何从制度的整体设计层面就能够兼顾处理好国家、大学和科研人员之间的关系，最大限度地发挥中国大学在学术研究与育人、科学经济发展和社会公共服务中的压舱石作用，这是一个必须发挥中国人智慧才能根本解决的"特定情境问题"。因此，我们必须立足中国大地，探索适合于中国国情、社情、民情的有效制度举措，才能找到大学科技成果转化的最佳出路。

三、日本"知识产权立国"与大学知识产权权属

20 世纪 90 年代以来，"知识产权立国"一直是日本振兴的基本国策。在与美国在半导体等领域的激烈竞争后，日本政府逐渐意识到，如果仅满足于改进技术和开发外围延伸性技术，是不足以支撑整个国家长久发展的。要提升真正的科技创新竞争力，就必须大力加强基础研究和原始创新。基于此，日本政府加大力度鼓励和扶持各类初创型高科技中小企业发展。科技型中小企业和大学衍生公司发展是创新活力迸发的结果之一。日本颁布了一系列法律法规和政策指导，目的就是加速日本大学和国立科研机构的创新成果向市场转移，加速科技成果转化进程，并通过加强大学和科研机构的创新活力，为中小企业提供源源不断的科技支撑和技术供给。

日本的《科学技术基本法》是支撑该国强大科学技术体系有效运转的基本制度，为日本科技与知识产权立国提供了制度保障。1995 年该法颁布后，迅速受到科技和产业界追捧。具体而言，《科学技术基本法》规定了日本从国家层面发展科学技术、开展创新活动的基本原则和大政方针，同时，该法对增强"官产学研"合作推进基础与应用研究的协调发展作出了明确规定。涉及科技成果知识产权归属问题，日本《科学技术基本法》也做出了相应的原则规定：国立大学科研人员完成的技术成果归属于科研人员，但使用政府提供的特殊试验设备或特别专项研究费用资助所取得的技术成果归国家所有。基于这样一条规定可知，日本国立

大学科研人员完成的技术成果无论是否属于一般意义上的"职务发明创造"（除使用财政资助提供的"特殊试验设备"或使用"特别专项研究费"以外），科研人员个人都享有科技成果的知识产权。为了保障上述规定的落实，2003 年日本进一步通过相关法规规定各大学和科研机构应该根据自身情况建立知识产权管理机构，统一管理知识产权申请、布局、保护和许可转让。

从宏观环境上看，伴随中国加入 WTO 等事件，全球范围内知识产权的大环境在 2002 年后发生了较大变化。日本为了在知识产权领域始终占据主动地位开展了一系列密集活动：日本政府首先于 2002 年 3 月成立了"知识产权战略会议"，继而同年 7 月出台了《知识产权战略大纲》，日本国会又于 11 月通过了《知识产权基本法》并在短短 4 个月后正式实施，在知识产权战略方面的调整机制可谓十分迅速。根据日本《知识产权基本法》，2003 年 7 月又颁布了《知识产权推进计划》，内阁成立了"知识产权战略本部"这一行政机构，形成了效率极高、动作甚密、响应极快的知识产权战略推进与联动工作机制。在大纲及推进计划中，日本特别强调了在大学中设立知识产权本部的必要性，并明确指出在全国几十所主要国立大学中，必须在 2003 年底前完成各大学知识产权本部的设置，强化大学内部的知识产权的获取与运用机制建设。这是日本"知识产权立国"国策定位和构思在 21 世纪开篇时的集中体现，有一定启示意义。

为了配合日本国家层面对知识产权战略的宏观部署，2004 年，日本文部省推行的高等教育改革实行了国立大学法人化，政府对国立大学的制约和管理权限下放到大学自身。同时，为了促进国立大学技术转移，大学科研人员研究成果的专利权统一收归大学所有，与其他许多国家类似，将转让或许可专利权所得收益按一定比例拨付给科研人员。但私立大学则有较大的政策自由度，可以继续保持发明人优先持有大学职务发明创造的知识产权权属做法，即按照专利法中对职务发明归属的"发明人优先"制度执行权利归属政策，并不太受到国立大学法人化改革的影响。为充分发挥大学的"知识源头"作用，《知识产权战略大纲》提出要优化日本大学的专利管理和评价激励机制，让大学科研人员真正关注国家和市场所需，研究"真问题"：首先是作为重要的指挥棒，将大学科学研究经费的分配同科研成果转化的实际业绩结合起来，也就是说，一位大学教师向市场转让技术所得的收益越多，那么他在国家和学校的研究经费分配上就越占有优势地位；其次是通过放宽政策限制和优化改革税收政策，加速促进大学与企业开展产学研合作，加速大学科研成果的产业化进程；最后，国立大学的教师研究成果所获得的专利权不再归教师个人所有，转而归教师所属的大学所有。如此重要的政策转向的主要考量是想让大学教师从繁杂的成果转化具体事务中解脱出来，让专业的人做专业的事，也便于大学集中力量和资源开展学校持有知识产权的日常管理和推广应用。但将向市场转让或许可知识产权所得报酬的一部分返还给教师发明人作为激励，关于激励的具体数额和比例，日本的法律法规没有统一规定。日本对大学科技成果转移转化取得收益的分配规则和导向主要体现在对科研人员的物质奖励上。

与中国不同的是，对于获得职务发明创造知识产权的科研人员而言，日本现行法律并未规定奖励的参考标准，只进行了原则上的规定，即雇主应给雇员以"相当数额"的奖励，具体数额大小则取决于雇主所获得的实际收益和科研人员在发明创造中所做的实际贡献程度。这种模糊的政策，也引发了日本近年来关于科技成果转化收益分配数额纠纷案件的频发。

综上可知，日本大学和科研机构的成果转化主体是机构而非个人，科研人员只负责前端的研究开发。在日本，大学的职务发明创造的知识产权归属很大程度是由大学的性质决定的，即该所大学是国立还是私立，对于私立大学，国家更倾向于用市场化、契约化的手段配置知识产权权属，而对于国立大学，则必须要纳入文部省对于国立大学使命定位的总体要求，结合国家和时代所需配置职务知识产权的权利归属。

四、以色列的大学科技成果转化模式

以色列在 2021 年全球创新指数中排在第 15 位，是世界上最具创新活力与能力的国家之一。以色列政府高度注重以科技政策为先导的科技成果转化，这是其弥补国家自然资源和地缘环境的劣势的唯一通道。以色列的大学尤其是几家知名的研究型大学在积极主动开展技术转移活动中形成的经验模式，值得全球关注和后发国家学习。以色列高等教育机构系统内共建立了 7 个专业的技术转移机构，其中有 6 家是依托研究型大学建立的、隶属于大学本体的技术转移运营公司（Technology Transfer Company，简称 TTC）。这些技术转移公司虽然是由所在大学指导建立的，但为了便于商业化运作，这些公司又都具备独立法人资格，以科技成果价值实现和市场营利为目的。同时，这些公司在战略、人事、市场、财务等方面拥有不受大学制约的完全自主权。中国的高校 TTC 也大多在学习这种模式，但由于国情制度因素，并未能完全实现独立自主并独立于大学的行政干预。

TTC 成功的关键之一在于，其享有所在大学全部职务科技成果的使用权和商业决策权。TTC 也是以色列大学唯一可以委托技术成果商业化的机构。这样一来，TTC 就成为大学知识产权管理、保护和商业价值实现的唯一全责机构，这种相互依存的关系使得 TTC 自然生成了如下的职责。第一，管理和保护机构的知识产权：TTC 在大学专利申请与保护策略上拥有绝对话语权，同时，还要负责大学各类科技成果的技术、市场、商业环境与前景评价，这一点直接关系到价值创新和互利共赢。第二，TTC 有责任与企业和产业界保持密切联络，从而解放了大学科研人员，使其专注于学术研究和教学活动。在这一点上，就需要 TTC 为其持有的大学专利或非专利技术的产业化应用锁定合作伙伴、投资者乃至竞争对手，为教授团队的学术研究活动挖掘和吸引有价值的人才，并动用商业手段吸引人才，此外，还包括协调大学与企业间的合作开发活动和其他各类技术合作。第三，TTC 负责开展科技成果的对外授权，并制定合理的授权策略和退出机制。具体来看，TTC 担负着成果转化收益的综合管理和保值增值，TTC 从获取的技术许可收益中进一步为大学的研发项目募集资金投入，管理大学获 TTC 入股相关企业的技术性股权，按照大学与 TTC 之间的协议，对成果转化收益进行分配，确保资金可持续流动。对于 TTC 认为好的科研项目，经评估后可以自行决定是否基于成果转化收益进行一定的资助。

以色列 TTC 加速大学技术转移的主要途径包括如下几方面。

第一，组织和协调大学专利技术的对外许可。科技成果转化只有形成一个良性闭环才能可持续，而技术成果的所有权直接决定了大学在创新体系中的位置。为了保障国家、大学、研究人员和纳税人的利益，TTC 并不主张和从事知识产权的权属转让工作，而是做好技术成果使用权的"搬运工"，即许可相关企业有偿使用其专利技术，从而收取专利许可使用费，这一点与中国的高校 TTC（或 TTO、OTL 等）有较大不同。

第二，依托创新团队和技术，创建隶属于 TTC 的独资科技型企业。这一点对 TTC 的能力有较高要求，由 TTC 出资创建科技型企业，实现大学不同领域技术成果的直接转化，其孵化功能是全流程、多维度的，它们主要为中小型科技企业在起步阶段提供战略、财务、市场等方面的帮助。

第三，在资源不足的情况下，与外部企业或其他战略伙伴合资成立新企业，加速转化大学的专利或非专利技术。

第四，面向政府、军方、企业或市场的技术需求，与需求方签订委托研发协议，组织大学科研人员开展联合攻关。此时的 TTC 又成了一个科研攻关活动的"组织者"，在这一过程中，推动大学与外部机构合作研发，例如，推动大学与企业建立创新共同体，参与政府主导下的科研"定制"计划。

第五，建立强大的跨境合作网络，开拓国际市场。将技术转移向国外的同时获取国外好的技术信息提供给本国的研究机构。例如，将专利技术在境外外企业转化实施；或是授权技术中介机构在国外推介大学的专利技术，以寻求研发合作伙伴；或是在国外设立办事处，开展与国外政府科技管理部门的交流合作，拓展国际技术需求对接和承接项目转移。

第六，面向社会公众和在校学生进行成果的宣传讲解，增进公众和学生对技术市场的理解，履行服务型企业的社会责任。

最关键的是在科技成果顺利实现商业化之后，实施相关技术的企业要按照事前合同约定的销售提成比例向 TTC 分配销售收入，比例是根据市场和行业规则，在 $0.4\%\sim6\%$ 之间浮动，具体取决于 TTC 对这项技术潜在市场价值的预期评估和前期研发投入的资金数额。相关的利益主体包括科研人员、大学、相关院系和 TTC 及其工作人员。这部分收益在相关利益主体之间合理分配，分配的原则以有利于各方利益平衡和技术转移活动的可持续为目标。

科研人员是研发活动的核心。但是，以色列的经验告诉我们，科技成果的发明人是不持有 TTC 独立创办或与第三方合资创办企业的股权的，这一点值得国内高校关注。作为补偿，科研人员获得的收益比例却是各主体中较高的（通常为 $30\%\sim60\%$），这一比例又低于中国对科研人员的物质奖励（根据现行法律，中国一般为 $50\%\sim90\%$）。魏兹曼科学院的耶达技术转移公司（简称 YEDA）和希伯来大学的伊萨姆技术转移公司（简称 YISSUM），科研人员能够获得 40% 的现金提成。以色列的经验还告诉我们，大学及其所属院系分别会获得 40% 和 20% 的收入，在这一收入中，大学将获得收益的一部分拨给 TTC（YEDA 公司的这一比例为 60% 左右）作为其资助大学科学研究、申请维护专利、机构日常运转等经营运作的费用。

成果所有权方面，以魏兹曼科学院为例：科研人员的职务发明与科研成果所有权均归科学院所有；在外兼职时，需和外部机构以书面形式约定，在咨询服务中由科学家产出的知识产权归 YEDA 公司所有。科学院、YEDA 公司和科研人员签订三方协议，将成果使用权及其他各项权益独家转移给 YEDA 公司。科技成果申请专利的权利归属于 YEDA 公司，由 YEDA 公司全权负责科技成果的商业化活动。与其他机构类似，科技成果商业化开发所获的收益也是从 YEDA 公司转移拨付给机构和相关科研人员。在极为特殊的情况下，仅当 YEDA 公司研判某项科研成果的转移转化存在潜在风险或暂不具备转化条件时，如果科研人员坚持成果转化，经科学院批准，可允许其自行转化，但须向 YEDA 公司上缴转化成果净收益的 25％。

五、中国相关制度及其变迁

各国在高校职务科技成果知识产权权属方面的制度实践模式并没有"定于一尊"，而多是基于本国国情和发展阶段实际进行制度建构，这也恰恰是制度文明多样性的真实写照。

目前世界各国关于职务发明权属的制度选择主要有"雇主优先"和"雇员优先"两种模式，其中以美国、德国、日本为典型代表采取"雇员优先"的立法模式，该模式下职务发明的专利权属优先归属于雇员（即职务发明人），雇主（即单位）享有优先受让权和非排他的实施权；"雇主优先"的立法模式则以英国、法国和中国为典型代表，该模式下职务发明的专利权优先归属于雇主（即单位），雇员（即职务发明人）享有署名权及获得报酬的权利。由于中国职务发明权利归属机制采用的是"雇主优先"模式，即规定职务发明的专利权属由雇主原始优先享有。总体而言，中国是以雇主主导的职务发明研发和运用制度框架。而随着市场经济的发展和社会经济的进步，进一步形成了职务发明专利权属归属于雇主为基础原则、以约定归属为补充的权利配置模式，且在权利执行时遵照契约优先原则的优先执行路径。

（一）"公有属性"

1979 年，中国启动新中国第一部《专利法》的制定工作，作为平衡

"公"与"私"之间关系的一个利益出发点，职务发明归属问题就自然被纳入专利制度总体设计框架的原则设定中，这也是与本书相关的一个重要议题。立法议题开始阶段，立法者及其团队首要考虑的问题就是中国政治经济体制的特殊性，以及这一特点与专利法"舶来品"之间的关系，简单的条文照搬或制度移植是不能制定出一部良法的。产权公有制与知识产权私有制之间如何找到平衡和解释，关乎中国"公有属性"这一制度基石。

从整体上说，在最初的法律制度中，中国的专利权归社会主义公有制单位所有。因此，职务发明制度在专利法框架中的具体形态，不能脱离中国社会主义公有制的经济体制特殊性和优势，国家利益至上是基本出发点。1984年3月，第六届全国人民代表大会常务委员会第四次会议通过的《专利法》中的职务发明条款并不是简单的职务发明归属制度，也不是发明创造的奖励制度，而是以职务发明"国家所有"形态的中国特色专利权属制度。在中国第一部《专利法》中，第六条第一款规定了国有单位职务发明相关权利归属，这一规定的精髓实质上一直沿袭至今，即"执行本单位的任务或者主要是利用本单位的物质条件所完成的职务发明创造，申请专利的权利属于该单位"。对于"非职务发明创造"，申请专利的权利属于发明人或者设计人，"申请被批准后，全民所有制单位申请的，专利权归该单位持有；集体所有制单位或者个人申请的，专利权归该单位或者个人所有"。第一部《专利法》对全民所有制单位、集体所有制单位、外资机构进行了区分对待，中国境内外资机构职务发明权属的规定"在中国境内的外资企业和中外合资经营企业的工作人员完成的职务发明创造，申请专利的权利属于该企业；非职务发明创造，申请专利的权利属于发明人或者设计人。申请被批准后，专利权归申请的企业或者个人所有"，符合中国改革开放初期国门逐渐打开，对外资机构审慎接受的适应性过程。中国第一部《专利法》明确规定了要正确处理国家、集体和个人的三元知识产权权利关系，赋予个人私权的同时，通过分类区分对待职务发明专利权的所有和持有，保障国家和集体对专利权的法律利益，兼顾发明创造者的个人激励，充分体现社会主义的公有制基础，这在当时来看是非常先进的制度安排。

（二）"经济体制改革"

统计显示，1985—2017年间，中国职务发明创造的专利授权量占总授权量的66%，2017年的这一占比达到近八成，中国绝大多数发明创造都属职务发明创造，企事业单位因职务发明权属问题产生纠纷的情况也愈发凸显，职务发明制度关系到中国创新驱动发展战略的实现。中国的职务发明权利归属机制肇始于1984年《专利法》的颁布实施，逐步形成了职务发明专利权以归属于雇主为原则、约定归属为补充的权利配置模式。2000年《专利法》第二次修订，对职务发明权属制度进行了完善和扩展，引入"约定权属"机制，即允许将职务发明专利权授予雇员（即发明人），增强了权利配置的自主性、制度运行的灵活性，也更加符合创新的基本规律。但是，在中国职务发明制度长期运行过程中形成的"路径依赖"和"单位强势"等特征，致使实践中雇员与雇主仍更多采用职务发明专利权由雇主享有的权利配置，发明人仅享受法定奖励的回报，约定权属的立法初衷很难达成。

2000年，中国加入世界贸易组织（WTO）、政企分开、国企改革等重大关键事件相继发生，这些因素的叠加组合驱动中国经济体制改革拉开帷幕。为了充分体现社会主义市场经济的属性，促进科技与经济的紧密融合，克服科技经济"两张皮"（尽管至今这仍然是一个有待解决的问题），全国人大常委会对《专利法》中涉及职务发明制度条款进行了新一轮的调整和修订。为实现与合同法基本原则要义相统一，本次修订增加了《专利法》第六条第三款关于"约定"职务发明归属的规定；修改原《专利法》第十六条关于奖励报酬的规定，变更为新法第十五条，明确将发明创造"实施奖励"改为"合理的报酬"，充分考虑发明人的贡献，体现对发明人贡献的制度性"激励"，落实研究与应用相衔接、奖励与激励相结合、贡献与收益相匹配的总体要求。对《专利法》第六条第三款和第十五条的完善，是中国职务发明专利权归属、处置、转化实施、循环激励等方面作出的重大转向和实质性进步，从趋势上看，这一系列条款的修订顺应了中国以市场经济改革的节奏履行WTO对成员国要求的一系列基本责任，也是中国专利制度与国际逐步接轨并在权利归属方面走出"中国步伐"的重要体现。对比本次修订前后的变化，修订后的《专利法》第六条条文内容和文字表述得已明显简化，结构进一步合理，规定职务发明创造申请专利的权利和专利获权后归属于该单位，对外资机构实现了国民待遇；原《专利法》第六条中的国家、单位、个人间三元的专利权归属关系逐步被单位、个人的二元关系取代，单位与个人之间通过补充的第三款规定约定职务发明的归属。尽管如此，对于国有单位，第六条第三款在实际实施中仍面临了诸如国有资产方面的诸多制约。

（三）"充分激发创造者活力"

中国"十四五"规划明确提出要"改革国有知识产权归属和权益分配机制，扩大科研机构和高等院校知识产权处置自主权"。在现行立法中，与职务发明制度相关的主要规定集中在《专利法》第六条、《专利法实施细则》第十二条、《合同法》三百二十六条及《最高人民法院关于审理技术合同纠纷案件适用法律若干问题的解释》（下称《技术合同适用解释》）第二到五条等。此外，《促进科技成果转化法》对技术成果的权属也有相应规定，但主要是针对合作转化过程中的技术成果；《劳动合同法》的相关规定主要是员工离职后与原劳动单位的知识产权条款约定。在职务发明制度最新立法方面，《专利法》第四次修订和《职务发明条例（草案）》是正在进行中的两大重要立法进程。

《专利法》第六条规定了职务发明的专利申请权直接归于发明人所在单位，并包括之后获得的专利权，但同时采用了灵活的方式，即符合"利用本单位物质技术条件"情形时，职务发明权属可以基于发明人与所在单位之间的协议来确定。《合同法》对此没有明确规定，但在三百二十六条中规定了职务技术成果的使用权和转让权，未明确是属于发明人所在单位还是发明人。《技术合同适用解释》第二条第二款作出了较宽泛的规定，即对技术成果有约定的按照约定确认，但没有规定无约定情形下的处理。另外该解释第五条则规定了"执行原所在单位任务"和"主要利用现单位物质技术条件"相竞合情形下的处理，即首先按发明人原所在和现所在单位之间协议确定，其次无协议的则按对技术成果贡献度的大小来共有。对此有观点认为，现行《专利法》第六条的规定应理解为公正与效率平衡下的效率优先，即为"有效率的公正"。

国家知识产权局于 2015 年 7 月报请国务院审议《专利法修订草案（送审稿）》，原国务院法制办随即开展了深入、广泛、全面的调查研究工作，汇总相关单位意见，征询听取广大社会公众和利益相关主体的意见建议。相关部门的集体行动全面展开，例如司法部会同国家知识产权局，充分领会中央精神和国内外发展大势，按照"几上几下"的工作原则深入搜集各方意见观点，形成了《中华人民共和国专利法修正案（草案）》文本的基本内容，并经国务院第 33 次常务会议讨论通过。2018 年末，第十三届全国人大常委会第七次会议对《专利法（修正案草案）》进行审议，并于 2020 年 10 月将新修订的《专利法》全文予以公布，2021 年 6月 1 日起正式施行。较之于 1992 年、2000 年、2008 年《专利法》的前三次修订，这次修订紧扣时代发展新阶段新问题，着力提升知识产权保护力度，强化知识产权制度对创新的激励，着重突破以下方面存在的制约知识产权高质量发展的障碍：一是企业主体反映较为强烈突出的专利权保护效果与专利权人期待的差距，以专利为代表的知识产权维权难、举证难、成本高、周期长、赔偿低等问题，知识产权保护对新兴业态关注和保护不足，新业态的侵权案件增多，知识产权对维护公平竞争环境方面仍有不足，滥用专利权现象时有发生，但规制手段与工具有限；二是高校院所专利技术成果转化应用比率较低，技术市场存在较突出的信息不对称问题，专利许可、转让的供需信息失衡，缺乏专业的转化服务机构力量；三是虽然中国 PCT 专利和本国专利申请数量大幅增长，知识产权公共服务场景与产品持续优化，但专利权人最为关注的审查授权周期长的问题依然突出，专利审查和授权制度有待进一步完善。

　　本次修订中，着重对促进专利转化实施与运用的相关条款进行了修改，其中就涉及职务发明制度的相关问题。制约中国专利转化实施与运用的一个重要原因就是对创新的激励作用不明显，而职务发明制度本身的初衷就是通过给予科研人员和创新主体合理的回报预期，激发并调动广大科研人员积极主动投身发明创造和成果转化活动中，从旁观者到参与者再到主导者，以制度的形式为专利权的取得与实施提供便利。但这与国际主流趋势中发明人尽量不参与成果转化活动而以专业化中介人员为主的做法有所不同，在这方面，对国内外经验的实证研究还有待加强。总结来看，在本次修订中，针对《专利法》第六条，即涉及职务发明问题的主要条款，对比见表 4-1。

表4-1 《专利法》第六条第四次修改前后对照

本次修订前：	本次修订后：
第六条： 执行本单位的任务或者主要是利用本单位的物质技术条件所完成的发明创造为职务发明创造。职务发明创造申请专利的权利属于该单位；申请被批准后，该单位为专利权人。 非职务发明创造，申请专利的权利属于发明人或者设计人；申请被批准后，该发明人或者设计人为专利权人。 利用本单位的物质技术条件所完成的发明创造，单位与发明人或者设计人订有合同，对申请专利的权利和专利权的归属作出约定的，从其约定	第六条： 执行本单位的任务或者主要是利用本单位的物质技术条件所完成的发明创造为职务发明创造。职务发明创造申请专利的权利属于该单位，申请被批准后，该单位为专利权人。该单位可以依法处置其职务发明创造申请专利的权利和专利权，促进相关发明创造的实施和运用。 非职务发明创造，申请专利的权利属于发明人或者设计人；申请被批准后，该发明人或者设计人为专利权人。 利用本单位的物质技术条件所完成的发明创造，单位与发明人或者设计人订有合同，对申请专利的权利和专利权的归属作出约定的，从其约定
第十六条： 被授予专利权的单位应当对职务发明创造的发明人或者设计人给予奖励；发明创造专利实施后，根据其推广应用的范围和取得的经济效益，对发明人或者设计人给予合理的报酬	第十五条： 被授予专利权的单位应当对职务发明创造的发明人或者设计人给予奖励；发明创造专利实施后，根据其推广应用的范围和取得的经济效益，对发明人或者设计人给予合理的报酬。 国家鼓励被授予专利权的单位实行产权激励，采取股权、期权、分红等方式，使发明人或者设计人合理分享创新收益

《专利法》第六条1款是两个具体法款，"执行本单位的任务所完成的发明创造属于该单位"（以下称款1A），"主要利用本单位的物质技术条件所完成的发明创造属于该单位"（以下称款1B），如图4-1所示。

第一，款3对"利用本单位物质技术条件"是概括性，不区分主要或次要利用，不区分是或非执行本单位任务，以"作出约定的，从其约定"为第六条末对"利用本单位物质技术条件"情况特别说明的适用准则，优先于前款法定。款3在后属新，新款适用优于旧款。因而，在"利用本单位物质技术条件"情况下，款3与款1有交集的法域，优先适用款3。

第二，款3未引用前款，款1A、款1B、款3是并列款，意味着即便款1不存在也不影响款3独立，不能用款1限制款3。

第三，"执行本单位任务＋利用本单位物质技术条件"（以下称情况

u），是款 1A 和款 3 的法域交集。款 1A 与款 3 无包含关系。情况 u 既适用款 1A，又适用款 3。如前述，在 u 情况下新款 3 优先于旧款 1A 适用；在作出约定情况下，从其约定优先于法定取得。

第四，"主要利用本单位的物质技术条件"情况，包括执行本单位任务的情况 x 和非执行本单位任务的情况 y。（1）款 1B 是款 3 的特别法，特别法优先于一般法；（2）款 3 在后属新，新款 3 优先于旧款 1B 适用；（3）从第六条末对"利用本单位物质技术条件"不作详情区分的概括性适用准则看，不管是主要还是次要利用，在作出约定情况下，从其约定优先于法定取得。其中（1）和（2）的矛盾需要解决，根据《立法法》"法律对同一事项的新一般规定与旧特别规定不一致，不能确定如何适用时，由全国人民代表大会常务委员会裁决"，（3）作为法条本身是全国人大常委会明确的适用规制，"主要利用本单位的物质技术条件"情况按（3）处理。

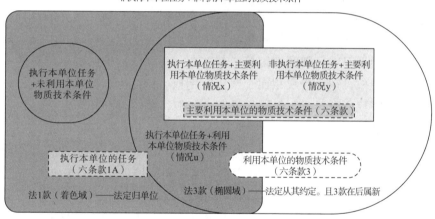

图 4—1　现行《专利法》第六条 1 款和 3 款所规范情况的交并示意

综上，涉及"利用本单位物质技术条件"的情况（包括情况 u），概括地适用"作出约定的，从其约定"为优先准则。有异议认为，对"执行本单位任务"情况，适用款 1A 法定取得，不适用款 3，此为误认。对"执行本单位任务＋利用本单位物质技术条件"（情况 u）适用前述第三种情况从其约定优先；对"执行本单位任务＋未利用本单位物质技术条件"情况直接适用款 1A，与款 3 无交集。因此，《专利法》2020 年第四次修正时经过研究，认为第六条 1—3 款规制符合法理，对"利用本单位物质技术条件"情况准许从其约定的规则明确，无需修法。地方探索试点对利用本单位物质技术条件所创造成果产权混合所有改革，不违反《专利法》第六条，对"非执行本单位任务＋非利用本单位的物质技术条件"情况，《专利法》未将其纳入职务发明范围，第六条 2 款规定非职务发明创造成果属于发明人。如果系"参加了其他单位的项目任务"或"利用了其他单位的物质技术条件"，其他单位对该成果无法律依据主张原始取得。第六条 3 款中还要注意的是，在发明成果创造前的事先约定影响成果原始取得；在发明成果创成后的约定，是对创成时已发生了原始取得的法定产权的约定再分配，通过移转、创设等方式取得成果产权或部分权能，属于既受取得。原始取得享有原始产权权能；既受取得根据约定享有原始产权中依法可转让的权能。

与职务科技成果所有权改革相关的，对《专利法》的修订主要涉及第六条第一款，即增加对单位专利处理权，以及对原法第十六条补充第二款，即备受关注的"产权激励"条款。也就是说，《专利法》允许单位在不违背其他相关法律法规（如国有资产管理的相关法规）的前提下，合理处置单位持有的专利，新法第十五条则明确允许单位实行"产权激励"，且不完全列举了三种"产权激励"的形式。应当说，这样的修订是与中国现行《促进科技成果转化法》中规定的专利权由国家"下放"到单位的原则规定进行制度性衔接，首次在《专利法》中明确单位对其专利拥有处置权。知识产权相比于股权、期权、分红等"产权"是一种相对无形的产权所有形式，但同样属于"产权"范畴且在知识经济时代发挥着愈加重要的作用，赋予科研人员职务科技成果所有权（亦或称为"混合所有制"改革）中提出职务科技成果的知识产权可以由单位和发明人共同所有，即对职务发明人赋予一定专利权属，实行"知识产权激励"，充分调动发明人参与科技成果转化的积极性。本次修订将"产权激励"纳入创新激励机制体系，是新形势下实行以知识价值为导向的分配原则在知识产权制度领域的体现，虽未明确规定实行"知识产权激励"，但新法中第十五条的新增第二款以及原有的第六条第三款表述的结合，从《专利法》层面为职务科技成果"混合所有制"改革基本排除了相关制度障碍，为科研人员（职务发明人）提供了权利配置与利益分配的基本保障。

总体来看，改革开放以来，1985 年《专利法》奠定了中国职务发明制度基本框架，同年《国务院关于技术转让的暂行规定》提出从留用技术转让净收入中提取科研人员奖励比例，1993 年中国《科学技术进步法》提出促进技术市场的形成和科学技术成果商品化，1996 年中国正式出台《促进科技成果转化法》，1999 年中国颁布《关于促进科研成果转

化的若干规定》，1999 年教育部出台《高等院校知识产权保护管理规
定》，明确高校享有教师职务发明所有权、使用权和转让权。2000 年来，
中国又陆续出台系列职务发明和科技成果转化相关政策，如表 4－2
所示。

表 4－2 中国职务科技成果所有权改革政策概况

时间	政策	具体措施
2000	修订《专利法》	从"国家所有"转为"承担单位所有"
2002	《关于国家科研计划项目研究成果知识产权管理的若干规定》	赋予科研项目承担单位知识产权，可依法决定实施、转让、取得收益
2007	修订《科技进步法》	科学技术基金项目或科学技术计划项目形成的发明成果，知识产权授权项目承担者取得（此处指单位）
2010	《关于在中关村国家自主创新示范区开展中央级事业单位科技成果收益权管理改革试点的意见》	界定科技成果收益范围进，提出收益分段留归单位的具体办法
2015	《促进科技成果转化法》《实施〈中华人民共和国促进科技成果转化法〉的若干规定》《促进科技成果转移转化行动方案》	确定将科技成果的处置权、收益权和使用权下放给高校院所，在此基础上，高校和科研机构应从科技成果形成的股份或出资比例中提取不低于百分之五十的比例对完成、转化职务科技成果重要贡献人员给予奖励报酬
2016	《关于实行以增加知识价值为导向分配政策的若干意见》	允许项目承担单位和科研人员通过合同约定知识产权使用权和转化收益，探索赋予科研人员科技成果所有权或长期使用权、赋予科研机构、高校更大的收入分配自主权
2017	《国家技术转移体系建设方案》	探索赋予科研人员科技成果所有权或长期使用权，开展单位与完成人共同拥有职务发明科技成果产权的改革试点（主要为高校院所）
2019	《关于扩大高校和科研院所科研相关自主权的若干意见》	科技、财政等部门要开展赋予科研人员职务科技成果所有权或长期使用权试点
2021	修订《科技进步法》	第三十三条 国家实行以增加知识价值为导向的分配政策，按照国家有关规定推进知识产权归属和权益分配机制改革，探索赋予科学技术人员职务科技成果所有权或者长期使用权制度

中国在高校院所知识产权权属上一以贯之的政策是职务发明权属归

单位所有，发明人享有一定比例收益。2014 年以前，科研院所职务发明转化因国有资产处置管理办法而受阻，权利与义务的不明晰使得科研院所职务科技发明成果转化的行动始终很难在全国推广，政策始终没有在科研院所起到促进转化的效果。自 2015 年"科技成果转化三部曲"以来，中国各地区开始广泛开展科技成果转化和相应改革。2010 年后，中国部分省市出台关于高校院所职务成果改革的相关条例，主要包含两类改革：一类是在职务发明成果的收益分配上进行改革；另一类是在高校院所职务发明成果的权属上进行改革。2015 年后，全国各省市及高校院所展开改革，主要范围是使用权、处置权和收益权。2017 年后，职务知识产权权属的改革开始解绑，一些省市出台政策开始探索以赋予科研人员职务科技成果所有权为主要形式的所有权改革。

本章小结

职务科技成果知识产权归属的权能配置、产权归属与转化效率是全世界各国都十分关心的问题。发达国家和地区在制度上进行了漫长的尝试，经历了国家职务科技成果产权由国家或个人持有到主流由研发机构持有以支持运用转化的演变过程，逐渐形成了以美国《拜杜法》、英国《新发明开发法》、法国《知识产权法典》、日本《产业活力再生特别措施法》为代表的政府下放所有权到研发机构模式，德国《雇员发明法修正案》、意大利《工业产权法》为代表的发明人移交所有权给机构模式，还有以瑞典《专利法案》为代表的发明人私有模式，澳大利亚《专利法》、俄罗斯《联邦专利法》为代表的单位自主约定产权归属模式。中国在职务发明权属配置上的立法模式选择，主要是由于《专利法》制定之初时中国还处于计划经济和公有制体制下。当前，在创新驱动发展战略和创新型国家建设推进实施的历史节点上，现有的职务发明权属制度能否继续适应创新发展的运行规律，能否继续激发创新者活力，成为思考中国职务发明制度创新的出发点与落脚点。从各国经验看，国家通过调控政府资助项目成果的所有权平衡国家、大学和科研机构以及科研人员之间的利益关系，形成了多样化的制度实践。

第五章

基层探索中的动力机制

引言

改革就是不断激发本土之智的过程。中国的治理实践在多方面证明了中国社会的问题必须根植于中国的具体国情来解决，中国的规模与体量使得任何一个小问题都可能会变成一个大问题，这种复杂性既是时代的复杂性，也是国情的复杂性，需要激发各方面智慧尤其是基层智慧，并逐渐将治理的经验转化为治理现代化的内生动力。赋予科研人员职务科技成果所有权改革是四川省在全面创新改革试验区建设中最具典型性的工作成果，也是科技成果转化中的所有权、收益权、处置权"三权"改革在国内的最为生动的政策实践[①]。中共四川省委十届七次全会于2015年11月审议通过了《关于全面创新改革驱动转型发展的决定》，该文件明确提出"开展高校职务科技成果权属混合所有制试点"，同时该项改革试点是四川系统推进全面创新改革试验的重要任务，这一决策在国内是走在最前面的。2016年1月西南交通大学正式出台《西南交通大学专利管理规定》（以下简称"交大九条"），全面深入开展赋予科研人员职务科技成果所有权改革在高校层面的实践探索（见图5-1）。2016年6月2日，成都市委市政府发布《促进国内外高校院所科技成果在蓉转移转化若干政策措施》，进一步对省级部署安排进行政策落实，其中，将"赋予科研人员职务科技成果所有权"列为第一条，支持在蓉高校院所开展职务科技成果权属混合所有制改革。2016年12月26日，四川省科技厅、省知识产权局联合发布《四川省职务科技成果权属混合所有制改革试点实施方案》，具体部署启动职务科技成果"混合所有制"改革试点工作的具体措施和步骤。上述地方和基层的探索实践历程充分体现了"本土之智"的强大力量。

---

① 本书所称的"职务发明权属改革"，都统一指率先被四川省和中央政府以"赋予科研人员职务科技成果所有权"形式实施的职务发明创造专利的申请权和专利权权属的部分变更或转让，即知识产权从纯粹单位所有转向单位与发明人共有或发明人独有的改革。

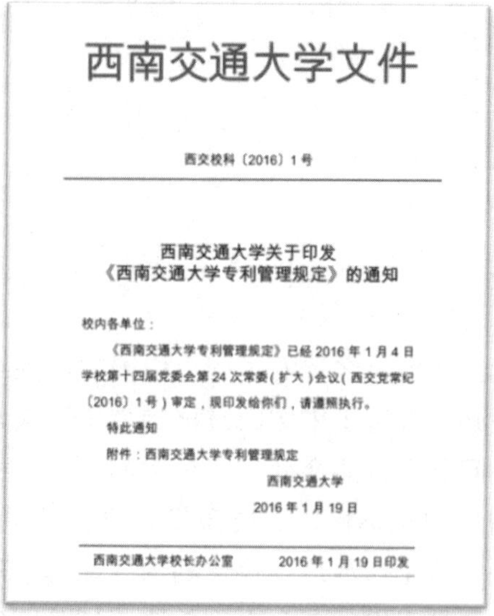

西南交通大学文件

西交校科〔2016〕1号

西南交通大学关于印发
《西南交通大学专利管理规定》的通知

校内各单位：

《西南交通大学专利管理规定》已经2016年1月4日学校第十四届党委会第24次常委（扩大）会议（西交党常纪〔2016〕1号）审定，现印发给你们，请遵照执行。

特此通知

附件：西南交通大学专利管理规定

西南交通大学

2016年1月19日

西南交通大学校长办公室　　2016年1月19日印发

图5—1　“交大九条”的文件首页

一、改革动力机制的理论诠释

（一）高校院所知识产权的“反公地悲剧”与国有资产管理

改革动力机制之一在于为何需要改革政策干预。受限于管理体制，以高校院所为典型代表的公立非营利机构在科技成果的应用中长期存在着“反公地悲剧”问题，也由此，中国高校院所职务科技成果转化实施沉疴难起。中国经济社会发展改革极少触及高校等公立非营利机构，并不强调高校院所在经济社会发展中的直接作用，且在较长一个时期内高校院所科技成果转化率都较低。那为什么这一时期尤为强调科技成果转化？究其原因，在于科技创新体系的推进和改革的纵深发展使得科技在经济发展中的作用尤为凸显，培育竞争优势和社会发展现实呼吁更多高价值科技成果的应用。基于此，作为科技资源的重大战略储备库，高校院所在生产知识、传播知识之外客观上被赋予了“第三使命”，即应用知识以增进社会的发展与福祉。然而，如何推进科技成果转化，如何破解高校院所科技成果转化中的“反公地悲剧”，学界在实践与理论层面都仍在探索中。

自1998年黑勒（Michael • A. Heller）提出“反公地悲剧”理论模

型以来，国内学者长期跟进研究"反公地悲剧"。以产权问题为核心的专利和高校科技成果"反公地悲剧"现象也成为重要研究对象，且研究成果较为丰富。在科技成果与专利"反公地悲剧"问题上，有学者提出的"专利丛林"是专利"反公地悲剧"中的典型问题，并用"反公地悲剧"理论解释每一个专利权人对专利具备排他权而不具备使用权所导致的专利数量增长但使用不足的问题。还有观点则基于专利丛林现象分析了中国行政力量赋予垄断性的专利"反公地悲剧"，总结了对未被开发的专利的知识产权分割以及允许太多专利所有人拥有专利许可权这两种情形，此后国内关于专利丛林的问题研究日益深化。在应用类科技成果尤其是与社会福祉密切相关的如生物与医药等专利成果上，"反公地悲剧"现象也备受关注。在高校科技成果"反公地悲剧"问题上，国内也有学者以"反公地悲剧"理论分析中国高校院所科技成果的转化率问题，指出在资源本身使用价值不变的情况下，通过制度调整可以使公地悲剧与反公地悲剧相互转化，而高校院所的科技成果资源在从非排他性公有产权到排他性公有产权的转变过程中，忽视了发明人的利益而导致转化率低；又因为所有权的模糊性与破碎性使得高校科技成果转化障碍重重。中国高校院所"反公地悲剧"的形成机制并非来自"更多的分散"而是"更多的集中"，亦即并非"专利碎片化"而是"产权国有化"使得科技成果资源难以有效利用，这与典型意义上因为权利过度分散造成的"反公地悲剧"不同，但其内核都是资源因受限而未能充分利用。

2012 年印发的《教育部直属高等学校国有资产管理暂行办法》第三条，2019 年新修订的《事业单位国有资产管理暂行办法》第三条以及财政部和科技部 2022 年联合印发的《科学事业单位财务制度》第四十八条、四十九条等文件均对高校国有资产认定和管理做出要求，提出了明确细致的管理规定。比如，将高校利用国家财政资金形成的流动资产、固定资产、在建工程、无形资产和对外投资等各类形式的资产划定为国有资产；高校国有无形资产的类型包括本单位的专利权、商标权、著作权、土地使用权、非专利技术、校名校誉和商誉等；高校应当加强国有无形资产管理，合理计价，及时入账（见表 5-1）。

表5-1　中国关于高校国有资产认定的规定

政策文件	相关内容
2012年《教育部直属高等学校国有资产管理暂行办法》	第三条　本办法所称国有资产，是指高校占有、使用的，依法确认为国家所有，能以货币计量的各种经济资源的总称。 高校国有资产包括用国家财政资金形成的资产、国家无偿调拨给高校的资产、按照国家政策规定运用国有资产组织收入形成的资产、接受捐赠等经法律确认为国家所有的其他资产，其表现形式为流动资产、固定资产、在建工程、无形资产和对外投资等
2019年《事业单位国有资产管理暂行办法》	第三条　本办法所称的事业单位国有资产，是指事业单位占有、使用的，依法确认为国家所有，能以货币计量的各种经济资源的总称，即事业单位的国有（公共）财产。 事业单位国有资产包括国家拨给事业单位的资产，事业单位按照国家规定运用国有资产组织收入形成的资产，以及接受捐赠和其他经法律确认为国家所有的资产，其表现形式为流动资产、固定资产、无形资产和对外投资等

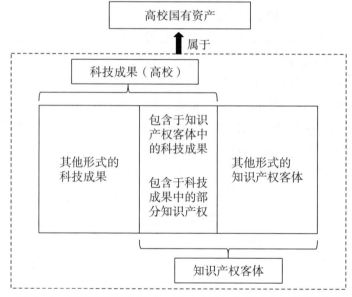

图5-2　中国高校国有资产、科技成果与知识产权之间的关系

　　高校院所的职务科技成果既属于国有资产，又包含了各种形式的知识产权客体（如图5-2）。因高校的公立属性，科技成果被视为公共品，因而天然地受制度要素的影响。其原理与"'法律型'反公地悲剧"相似，因"法律和制度性因素造成的资源排他性过强"，但不是过多主体拥有排他权，而是全民所有或单位所有，使得拥有成果与转化成果的主体并不一致。中国高校院所科技成果产权国有资产化的"集中式"管理体制，使得高校或教师缺少开发科技成果的动力与合法性。

　　中国公办高校作为事业单位法人具有其特殊性。一方面，中国公立高校法人地位是依据行政法范畴下的《中华人民共和国教育法》《中华人民共和国高等教育法》而设立的。由于行政法属于公法，因此，中国公立高校应当属于公法人，也是公法人中的特别法人。另一方面，中国公办高校的性质和事业单位的定位使得高校法律地位模糊，在公法和私法之间难以判断。事业单位是中国的特有概念，作为公权力结构的重要组成部分，"单位"一词是制度信息的有效反映，中国事业单位具备"法人"形式和"单位"实质的双重角色。国家对于其投入的资产享有所有者的权利而非出资人的权利，政府机构代理行使相应的直接管理和审批的职能。政府管理公立高校的实践表明，中国公立高校仍由政府直接管辖，其内部组织设计和运转模式也同政府机关无异，即使是设立了科技成果知识产权转化机构的高校，也跳脱不出政府科技管理部门或是高校的整体工作逻辑，功能上仍以传统的科技事务管理模式为主导而难以市场化运行，见图5-3。中国高校在科技成果转化实践过程中往往不能够完全行使独立法人权利，受限于行政主管部门和地方政府的刚性约束。

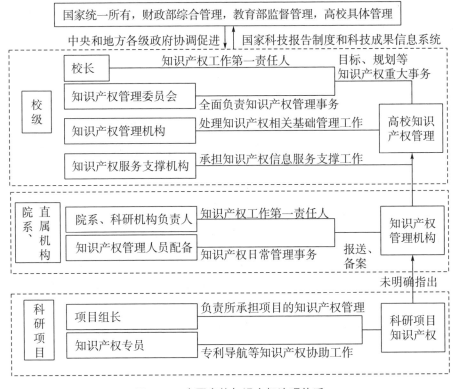

图5-3　中国高校知识产权治理体系

  基于自身公立性质与成果产权国有化的管理路径依赖，高校无意于积极实现职务发明成果的转化，拥有产权的高校院所在体制上不倡导甚至不允许发明人自主转化，在管理机制上缺少科技成果转化的配套机制，作为知识产权权利人却不具备知识产权转化的实际作用和动力。而作为发明人的高校教师，实际上是知识产权转化和技术成果开发过程中不可或缺的重要主体，但在传统管理体制下，院校只将知识产权作为科研能力的一个重要考核指标，对成果转化未做要求，加之基础研究和教学任务繁重，不进行或少进行科技成果转化是高校和教师在该情境中的最优解。

  在教师科研考评制度的成熟条件尚不充分时，管理体制不能超前于当时的情境发展，发明人个人也在这一评价体系下倾向于重"申请"而轻"转化"，由此诞生了大量泡沫专利。此外，高校科技成果转化过程需要具备智力、人力、物力和财力等要素，在这些要素中对成果创造起基础决定作用的是智力要素。然而，没有其他人比科研人员（职务发明人）更了解自己的创新成果，成果转化过程中若缺少发明人的跟进，会影响成果与市场的有效对接，高校科技成果资源的持续开发也必然受挫。高校职务科技成果应用与转化需要发挥发明人的主观能动性，这一特殊性使得高校科技成果的"反公地悲剧"尤为突出。

  符合什么条件的职务科技成果成为资产，如何受资产化管理，这深刻影响到科技成果创造、分配、转化、收益的各环节。在中国，知识的载体、技术方案、秘密诀窍等满足法定条件，可获得知识产权，但是有产权的权利，并不意味着知识产权客体是财政意义的资产。资源是能够产生经济价值、提高福利的因素和条件，财政部定义资产为对生产经营长期发挥作用且能带来经济利益的资源。因此，知识产权客体要满足"长期发挥作用+带来经济利益"才成为资产。没发挥作用的、不带来经济利益的知识产权，不是资产。①职务科技成果包括已经形成知识产权的在内，总体上只能先认为是待开发的资源，而不能认为都属于可经济利用的资产。知识产权资源常需要经过开发转化才能发挥作用产生经济利益，因而对转化前的职务知识产权不应直接进行资产化管理。②对于非营利性高校，自身一般不是知识产权实施主体，在高校账目上的知识产权不能直接利用、产生经济利益；不能实施利用的知识产权的价值无法准确计量，不适合在资产表做账；转化前按可开发资源管理更准确。③科技成果转化前按资源管理，可避免纳入资产清单造成的桎梏；转化时，对于资源的开发和利用计费参照资源管理模式；转化后实现经济利益的按资产管理，这更加符合客观本质和科技成果转化现实。④公益类机构或持有纳税人投资创造的知识产权，管理重点是资源开发的经济福利效果，而不是持权收费。

目前中国法律制度与上述法理存在一定的抵触。对财政资助科技成果按国有资产管理，交各级部门及所属单位持权，国家承担出资人或行政监管角色。《企业国有资产法》（2009 年）规定了政府代表国家履行出资人职责，不干预企业经营。国务院《行政事业性国有资产管理条例》（2021 年）规定国有资产涵盖使用财政资金形成的资产，实行政府分级监管、各部门及其所属单位直接支配管理；除法律另有规定外，不得将国有资产对外投资或者设立营利性组织。对外投资应当有利于事业发展和实现国有资产保值增值。财政部《事业单位国有资产管理暂行办法》（2019 年）规定属国家所有、能以货币计量的各种经济资源是国有财产，涵盖运用国资收入形成的资产，加强对专利权、商标权、非专利技术等无形资产的管理，防止无形资产流失；国家设立机构持有的科技成果，可自主转让、许可或作价投资，不需审批或备案。财政部《中央行政事业单位国有资产处置管理办法》（2021 年）规定以科技成果作价投资形成的国有股权处置需审批；国资内转让可以不做资产评估，其他由单位自主决定。相关法律法规均规定非法占有使用、虚假低价处置国有资产，违规投资或营利，未按规定评估导致国家利益损失，给予处分乃至追究刑事责任。国有资产严格监管和保值增值对公有经济有重要的意义，但对于未转化的科技成果宜灵活对待，若因管制严格、程序繁冗、成本高风险大，而不能转、不敢转造成科技成果难转化、未利用，对各方损失可能更大。

（二）政策试点与政策扩散

改革动力机制之二在于改革政策如何合法化地执行。以试点项目（Pilot Project）为具体表现形式的试验、试点思维广泛应用于全球各领域的政策制定、执行和评估过程之中。在中国情境下，政策试点作为中国发展建设进程中被实践充分证明有效的政策工具之一，其思路与做法贯穿了中国各个时期的改革过程。政策试点在中国政治、经济、文化、社会等多领域的政策推行与改革破冰的过程中发挥了不可或缺的作用。基层的有益经验通过政策扩散和政策学习不断作用于政策的修订实施进程，体现了从"特殊到一般""从点到面"的作用机理。

目前学界将改革试点分为探索型试点、测试型试点以及示范性试点，其中探索型试点最为常见，是通过直接赋予某些地区或单位以"先行先试"的权限，构建免责机制，创设独特的制度氛围，使其比较充分自如地探索新政策的有效性和执行经验。中央—地方、地方—地方的横纵向试点运作机制构成了中国已有政策试点研究的基本框架，近年来也有许多学者结合政策学习与政策扩散对政策试点的作用过程与作用机制进行分析。随着理论的深化，政策学习与政策扩散成为政策研究的重要视角。对试点的专门研究在新时代被赋予新的使命，其中最重要一条就是为推进中国的持续创新改革提供鲜活样本，从实践上看，试点通过扩大政策的干预力、影响力、传播力推动政策扩散。

在政策试点和政策扩散过程中，不仅支持并推行试点的地方政府面临着合法性问题，自主试验点同样面临着实施的合法性问题。然而在当前政策试点的相关研究中，对政策试点的合法性问题研究仍较为匮乏。央地架构政策试点分析认为，合法性来自中央的权威，中央权威的应允是政策试点合法性的来源。而也有学者提供了另外一种视角："实事求是"和"一切从实际出发"等一类的话语体系，赋予了基层治理主体在政策执行自主性、制度交涉成本、试错空间范围等方面的合法性与合理性。综上，本书提出应当区分政策试点主体实施的合法性与政策试点本身的合法性来源。政策试点主体的合法性源于中央权威的认可，而政策试点实施的"合法性"或"合规性"则源于对现实问题的回应。

为应对动态复杂的发展问题，政策试点被允许"试错"，这一弹性空间容纳了政策确立前实践的多种可能，政策试点较大的创新发挥空间使得举措更加多样化，多方主体也在这一试验场中互动博弈。在层级制治理的架构中，合理可控的试点都被应允，亦即不同区域的试点都因创新改革的现实发展和政治权威的应允而具有进行尝试的合法性。在政策扩散过程中，区域之间同等合法性与思路差异会形成不同政策试点的风格，加之试点实践对原有系统的冲击不同，所面临的风险也不同，也会影响不同区域间政策学习的深度。虽然所有被应允的政策试点均具备合法性，但区域间政策试点扩散的最终结果也基于政策试点合法性对原有系统的冲击程度和对现实诉求的满足程度，各地是否进行政策学习，其核心仍然在于对合法性问题的界定。

（三）多元主体的利益平衡

改革动力机制之三在于在改革政策带来的突变中如何平衡各方利益。改革试点与政策创新往往是多元主体利益博弈协调的关系总和。在科技成果转化过程中，存在多个不同利益主体，包括中央政府、地方政府、企业、高校、庞大的科研人员队伍以及新生的专门从事科技成果转化的工作者，此外还包括利益受损者即原国有化管理体系下的既得利益者。在西南交通大学自主试验到四川省试点改革实施"赋予科研人员职务科技成果所有权"的过程中，各主体的利益诉求不同。要实现科技成果转化，客观要求相关利益主体实现资源再配置和利益再分配，同时不断优化利益分配格局。政策以增加知识价值为导向，政策创新要顺利出台和实施，在收益分配过程中必须兼顾科技成果转化各方的利益平衡。然而改革必然会使得部分利益团体受损，因此赋予科研人员职务科技成果所有权改革遭到部分反对，不足为惧。

（四）职务科技成果转化激励

改革动力机制之四在于改革政策如何使各方都受益。高校院所实现成果转化的方式包括技术转移、专利许可、学术创业、作价入股等。相应地，高校院所职务科技成果转化的改革措施主要包含"三权"即使用权、处置权、收益权以及"混合所有制"所触及的所有权。自 2002 年《关于国家科研计划项目研究成果知识产权管理的若干规定》提出赋予科研项目承担单位知识产权后，中国职务科技成果转化就由单位主导，而发明人按贡献获得补偿或奖励。原有高校院所职务科技成果转化的实践逻辑是，单位获得承担项目的专利处置权、使用权乃至所有权，由高校承担成果转化的主体作用。当处置权和使用权集中于单位，显性知识和隐性知识的掌握主体分裂，科技成果转化主体为单位，但单位的成果转化行为受管理体制影响，发明人在成果转化中的作用也未能得到充分发挥；当处置权和使用权部分让渡给发明人或吸纳发明人作为成果转化主体时，收益权的分配又成为关注的焦点。在收益权上，中国学者多从委托-代理关系、利益相关方来探讨权利分配。现有收益基本采取固定比例或累进递减，通过科技奖励、利润提成、股权激励等方式实现。

收益权一度被认为是科技成果转化的有效激励手段，从激励理论视角出发，收益权能够激励发明人更好地推动成果转化以获得转化后的奖励收益。然而，收益权奖励的实现前提是实现转化，成果转化未实现，收益分配也就无从落实；此外，包含股权、期权、分红等在内的激励方式存在政策发布主体过多、政策措施偏宏观、措施交叉重叠等问题。收益权在管理体制机制上远未完善，事后寻求事前约定奖励的兑现或可能遭遇事实和法律上的挫折。在"赋予科研人员职务科技成果所有权"改革试点实施以前，高校院所职务科技成果转化面临的另一个难题是国有资产的管理限制，这也是高校长期以来难以克服"反公地悲剧"的深层原因，国有资产的管理权限问题难以通过使用权、处置权或收益权解决，相反，高校科技成果的国有资产化使得转化人的使用权或处置权与收益权之间形成对立，成果转化完成人获得收益权被视为侵吞国有资产的案例并不鲜见。随着高校院所职务科技成果转化展开，关于所有权的讨论与日俱增。所有权共有或"混合所有制"的职务发明权属改革，实质上是一种为确保成果转化的正当性、合法性以及事后收益的可实现性而执行的事前"虚拟化产权分割"。赋予科研人员职务科技成果所有权既是对现存使用权和收益权等激励方式的强化版，也与处置权、收益权等既有成果转化激励形式形成竞争性方案。

（五）改革动力机制的突破路径

1. 把握职务科技成果产权的国家制度变化逻辑

中国职务发明权属改革对高校院所科技成果"反公地悲剧"问题的破解，是通过权属变化机制实现的。职务科技成果转化激励从收益权、使用权的开放转向所有权改革，这一演进实质亦是成果本身产权归属的蜕变过程。2002 年高校院所职务发明权属开始从国有转向单位所有，但在此后的十余年间，管理体制并未解开无形资产国有化的束缚，其原因离不开高校的公立本质；直至 2015 年《促进科技成果转化法》修订后，高校院所开始呈现出专利权逐渐对发明人个人开放的趋势。与向发明人转让专利不同的是，成果所有权在申请专利之始就共享给了发明人。在高校院所职务科技成果的转化过程中，产生"反公地悲剧"问题的核心在于产权的管理，而一旦知识产权的所有者转为创造它的人而非资助它的主体，管理的制度障碍就消解了。以职务发明专利产权为核心的高校科技成果应用，实际上包含着专利权赋予的排他权和权属范围所蕴含的使用权两个维度，两种权利交互形成四种情形，并在政策试点等外界作用下实现产权流动。

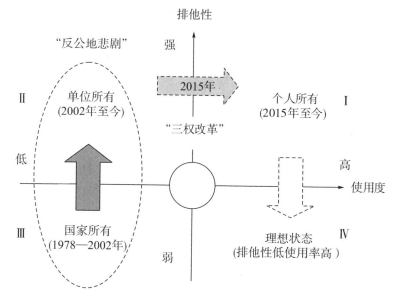

图5-4　中国高校职务科技成果权属变迁与"反公地悲剧"突破

如图5-4所示，自改革开放以来，在高校院所职务发明权属的"国家所有"和"单位所有"情形下，产权归公众所有，但呈现出使用权为国家机构或公立机构集中管理的态势，职务发明呈现出低使用度的"反公地悲剧"形态。

1978年至2002年间，职务科技成果为国家所有（第Ⅲ象限），公共所有的产权不属于任何个体，因此个体无法获得专利的所有权，产权管理在实践中呈现高度集中形态，公权力的代管机构约束个体对作为公共资源的科技成果的使用权，不仅个体无法使用或处置成果，单位亦然。由此，职务发明专利呈现出理论上非排他而现实中强排他的公共资源特性，成果转化的"反公地悲剧"体现在所有权的集中管理而非分散拥有。

随着2002年改革推进至今，职务发明权属由国家所有转为单位所有（第Ⅱ象限），高校院所成为产权主体并执行管理，成果的使用排他性逐渐增强，但公立色彩、国有资产管理路径依赖和不同层面政策的弱配套性，使得高校自主转化应用职务科技成果并获得收益的空间仍然有限，"国有资产"的处置尺度微妙，加上国内一些高校早期尝试失败，高校职务科技成果产权的所有人范围缩小，但资源使用的排他性增强而使用度仍旧较低，产权变化并未显著提升职务科技成果转化率。

科技成果"反公地悲剧"形态的突破，始于2015年《促进科技成果转化法》提出的使用权、处置权和收益权改革（"三权改革"），但该法并未明确提出产权改革，而是由四川省等省市在其区域内加大科技成果转化的改革力度，随后进行所有权共有改革，向高校院所发明人个体开放部分产权，知识产权从单位所有转向开放个人部分所有（第Ⅰ象限）。在高校院所科技成果资源开发不足的问题上，产权虚拟化分割使得高校发明人具有一定比例的产权，由此产权主体为单位和发明人，排他性仍然较强，但由于转化自主性提高，成果使用权也由此增强。职务科技成果转向发明人所有的实质原因在于全面创新改革迫切需要科技成果驱动，然而自职务科技成果归单位所有以来的实践证实，高校院所并非职务发明的最佳转化者。因而探索个体实现转化具备其现实基础，且赋予产权的方式是当前确保成果转化主体实现利益激励机制的最佳方式，也由此，使用率通过产权改革的方式得以提升，"反公地悲剧"形态被改变。

但在中国公有体制下，职务发明的知识产权只可能向个人开放共享，不会完全由个人掌控。职务发明人单独获得单位承担项目的所有权，在法理和情理上均缺乏成立基础，因而高校职务科技成果产权未来走向，或以共享而非独占形式吸纳发明人转化科技成果。此外，在"官、产、学、研"的技术转移链条上，成果所有权和以此为依据的收益比例遵循"约定优先"原则，多元主体的利益平衡使得无限趋近独占的所有权比例缺乏实现可能性。因此，科技成果转化的理想状态应当是低排他性而高使用率（第Ⅳ象限）。科技资源的广泛挖掘和利用将会促进"科学公地"的繁荣，但对应的所有权形式究竟如何分配才能达到此理想状态，还有待进一步探索讨论。

2. 突破知识产权制度的公共性与私有性矛盾

高校院所职务科技成果的知识产权姓"公"，公立性质使得专利自产生到产出过程都不属于发明人所有，但公有化带来的问题可能是价值几千万的专利成果只能以一元钱的价格登记在册直至过期。私有权能以财富的形式激励人们转化科技成果实现其真正价值，但公立机构的成果不能姓"私"，因为没有法律支撑。知识产权制度旨在保护私人的知识权利，然而发明人完成高校赋予的任务或主要利用高校资源完成的发明创造，并不归发明人自己所有，因为发明人的职责是产出科技成果。在公立性与知识产权私有性现实矛盾的核心问题上，改革质疑者和改革推行者持截然不同的两种观点。

改革质疑者持与现行法律相契合的逻辑，即：第一，高校院所本身的公立性质，决定了高校教师的本职工作在于教学与科研，相应的科研任务衍生的成果由国家资助和大学立项而来，高校教师在教职和科研中已获得了相应的物质酬劳；第二，高校教职本身具有较高的社会地位，通过收益按比例分配的做法，已经能够较好激励发明人，不触及高校公立性质与国有资产分割问题，在法律上不致引起纠纷，在体制上不触及公有性。将高校成果产权赋予教师个人的做法，违背了机构的公立性质，实质上是私自将全民所有的无形资产赋予个人。

改革推进者则主要从实践转化中的问题出发，认为必须赋予产权的原因在于事后按比例激励的做法，是在成果转化事成之后才能实现，如今的问题在于如何有效推动转化。改革派认为产权激励相较于奖金激励更能推动转化，一旦转化成功，才能实现事前约定的收益份额。改革派认为推动转化把"蛋糕"做大了，高校收益提高了。成果转化了，不仅实现了科技成果的价值，还能够带动就业、税收和优化产业结构，且高校持有一定比例的知识产权，成果转化形成高校的国有资产仍然体现高校的公有性质。

3. 突破公立机构科研成果的"反公地悲剧"

在高校院所知识产权问题上，无论是坚守原有国有化管理体系还是推进分割确权的职务权属改革，都面临着高校科研成果"反公地悲剧"的事实。科技成果转化中的难题，其核心均在于产权，产权"过度集中"或"过度分散"都可能造成悲剧。当前中国职务科技成果的"悲剧"的形成机制是中国公立性质高校院所的成果受限于制度所赋予的过强排他权，使得职务科技成果的转化过程艰难。集体属性的科技成果具有产权制度边界明确、产权归属清晰的特点。集体产权的科技成果权属姓"公"，如果在"公地"中的任何一个当事人使用该资源，哪怕是研发者本人使用，都会影响甚至损害高校集体的利益，存在成果转化的负面外部性问题，稍有不慎可能会触犯法律，从这一点上来说，知识产权的集体所有和个人所有是相互排斥的。从职务科技成果转化的本质而言，转化就必须要投入智力、人力、物力和财力，智力层面需要发明人持续跟进成果的转化，寻找技术与商业应用的结合点，没有其他人比发明人更了解自己的成果，缺少发明人投入的转化过程必然受挫。人力层面需要职务科技成果的转化人，不仅要有较高的对接资本的能力，还要能长期持续推进科技成果转化直至成果实现产品化应用。而物力和财力层面的客观要求转化则必须要有大量投资。在原有科技成果管理体制下，不进行或少进行科技成果转化是高校和教师当时情境下的最优解，导致"反公地悲剧"问题在需要人力投入进行的高校科技成果转化情境下更为严重。

但是实施职务科技成果"混合所有制",也存在这样一种风险,即出现另一种形式的"反公地悲剧"——产权过度分散重叠使得科技成果无法造福社会。职务科技成果专利权转为发明人占70%,有可能演变成公共资金资助的发明成果由少部分人主导,尤其当专利成果在一定时期内绝无仅有又为社会所需要,按照市场运行的方式就可能造成价格过高而需要的人却得不到这项成果的福利。赫勒(2009)在《困局经济学》中阐述过类似案例,以生物技术为例,《拜杜法案》出台鼓励大学专利申请和转化后,"新产权制度使得……研究从所有权范畴的公有资源一端,转入私人和反公有资源的混合体"。

4. 以改革创新中的政策试点机制突破政策合法性制约

创新是一个破旧立新、更新迭代的过程,改革由于情境的特殊性,必须发挥政策的指挥棒作用。就创新本身而言,它就是一个长期的过程,大量的资源投入后,科技成果突破涌现还需要一个较长时期,尤其突破性技术是无法通过强制或规定的方式出现的,因而科技成果在一定时期内是缓慢增长的。由此对既有科技成果的挖掘就成为这一时期的重点任务,相较于注重短期物质回报的企业,高校的科研属性决定了其科研产出更为丰富,高校院所的科技成果就是最好资源库。高校院所是科技成果的战略储备地,也是科技成果转化的主力军。

从改革本身而言,改革必然地会对既有利益形成冲击甚至破坏。改革力量过小,那么尝试改革的举措有可能只是小浪花,无法打破禁锢,很快便会淹没在一片反对声中。试点的推行和政策的支持,其作用在于化解或减小改革风险,尤其是触及国有资产管理问题,没有政策兜底,独立个体和少数团体即便成功实现科技成果转化,也可能功名在外而身陷困境。

从整体形势而言,当前国际间科技竞争日益激烈,国家发展的现实呼吁高价值的科技成果展于人前,应用于当下和未来的发展。创新驱动发展战略的实施和全面创新改革的推进需要更多科技成果得到转化,以推动社会与经济的发展。中国1992年国企改革正式引入民营资本,允许国内民间资本和外资参与国有企业改组,当时的经济改革证明混合所有制能够有效促进生产力发展。而今科技成果转化能否推动产权?在多大程度上对发明人和转化人进行激励?就看权威能有多大的加持,去解答疑问和顾虑。在法律修订之前,政策总是先行,政策的实施又以试点改革为先锋。在政策试点和政策扩散过程中,不仅自主试点面临着合法性问题,支持并推行试点的地方政府同样面临着实施的合法性问题。一所高校的试点改革可以被地方政策支持从而获得合法性，然而地方的政策必须要有中央政府的支持才能推行，如图5-5所示。

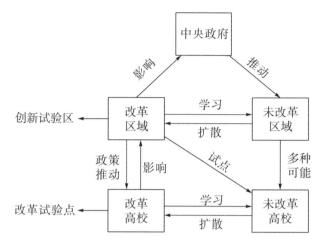

图5-5　高校赋予科研人员职务科技成果所有权改革的政策创新路径

中国地方政府政策创新和改革试点得以推行的合法性框架在于，中国在八大试验区推行全面创新改革，这一创新改革框架的模糊性和创新空间边界的不确定性赋予了地方政府改革的自主性和试错空间，尤其当政策改革的对象是同样具有不确定性的创新成果时，这一自主试错的应允范畴更大。这一有限度但并未明确边界的试错机制，给予改革者一定的自由发展空间。不但地方政府得以实施改革试点，推行赋予科研人员职务科技成果所有权改革和其他自主探索的形式，基层的主体进行改革试验的尝试也同样被允许在当前和未来一个时期内有掌控的情形下试错。

在科技成果转化领域，鉴于在近二十年的科技成果转化过程中的挫折和障碍，这一试错机制必须得到从中央到地方的支持，既要鼓励试错，也要对结果有预期，对风险有评估和建立应对机制。由于赋予科研人员职务科技成果所有权改革本身的试错性质，从高校、地方政府到中央政府，这三个层级的政策扩散每个过程都存在着"强"与"弱"的情形，亦即职务发明成果混合所有制这一推进科技成果转化的改革方法，不仅在与现有法律体系和认知抗争，同时也与其他促进转化的方法竞争。从单位内部到四川省内再到国内各区域，对这一改革方法的认同度不一，学习强度不同，受到这一创新改革方法和相关试点政策的政策扩散影响程度也不尽相同。

5. 确保"赋权"改革中相关主体的价值实现

一是政府。地方发展需要人才和高质量创新成果，在全面创新改革下，地方政府需要探索促进创新发展的新方法和新路径。职务科技成果"混合所有制"在风险可控的情形下，发挥了职务发明闲置利用的高价值，推进科技成果转化实现并产生社会效益，加速实现了高校院所创新资源、创新人才、创新成果优势向社会溢出。科技成果供给侧结构得到一定程度优化，能促进全社会创新力和区域竞争力的提升。推进改革试点对四川省而言虽有风险，却是有益尝试。

二是企业。对企业尤其是高新技术型企业而言，科技成果是发展的基础，这些成果的高价值能够为企业带来广阔的发展前景，科技成果的成功转移转化能够帮助企业打开市场。职务科技混合所有制改革使得企业对接高校院所科技成果的渠道更为多元和灵活，企业能够与高校、人才和科技成果实现联结开发市场所需要的高价值产品，有助于企业提高竞争力。

三是高校院所。在中国创新驱动发展战略的推行下，高校院所仅实现教学和科研两项使命还不足以应对当前的发展要求，当前的发展要求高校院所能够实现"第三使命"，即推动知识转化，支持社会和经济发展。高校院所通过赋予科研人员职务科技成果所有权改革可以调动科研人员创新创业的积极性。此外，近几年高校面临着"双一流高校"的建设需求，职务科技成果"混合所有制"改革将有利于高校专利申请数量与质量的提高，挤出高校垃圾专利"泡沫"，有利于形成"产学研用"协同创新机制，有力提升高校综合竞争力和社会影响力。

四是成果发明人。赋予科研人员职务科技成果所有权和高校科技园等校办企业的转化服务，使得科技成果发明人能够将成果转化收益周期从原来的数年时间大幅缩短为短短几个月，极大减少职务科技成果转化的冗余程序和时间成本，成果发明人将成为最大受益者。专利权的分配能够在根本上保障发明人所得，随着政策试点的推广扩散，能使得更多职务发明人"名利双收"。

五是成果转化人。科技成果的转化人实际上包含科技转化机构和从业人员两种。科技成果转化机构和转化从业人员的发展必然要求以科技成果转化为导向，一方面是转化的成果能够获取，另一方面是成果的转化能够实现。赋予科研人员职务科技成果所有权有望扭转科技成果转化的惨淡局面，并推动孵化以科研人员为主导的初创公司数量增加，倒逼技术中介市场和机构的发展。

二、改革掠影："西南交大模式"的推进历程

作为中国率先开展职务科技成果混合所有制改革的高校，西南交通大学（简称"西南交大"）因此被新华社、光明日报、中央电视台等重要媒体称为"科技界的'小岗村'"。"小岗村"在中国的制度语境下，具有极其特殊的政治含义。换言之，它绝不单单是一个安徽凤阳的普通村庄，而是中国推进深化"改革"的代名词。安徽的小岗村曾在中国农业农村领域开辟了集体土地以"家庭联产承包责任制"的形式实现"包产到户"的先河，大大激发了中国广大农民的积极性，也创造了粮食产量的大幅提升和农业生产方式的跨越式变革，为中国全面推进改革开放奠定了思想基础和实践基础。小岗村的历史经验引发思考的核心问题是：我们为什么要改革？改革是逼出来的，改革的孕育是一个历史过程，需要适宜的土壤、温度、水分等环境因素，从内因和外因两个方面共同作用激发。

被誉为"科技小岗村"的西南交通大学地处四川省，四川在新中国的改革进程中扮演了多次第一。在农村方面，1956年《人民日报》何燕凌的一篇报道，记载了四川江津最早的"拉牛退社""包产到户"等反抗人民公社制度的实践；城市方面，1978年四川宁江机床厂最早在全国开展了企业扩大自主权试点，随后，全国扩权试点企业发展到84家；1984年，四川广汉向阳乡最先摘下人民公社的牌子，改回乡的建制；2016年，四川省的西南交通大学出台的"交大九条"，明确将职务发明成果由国家所有变为国家、职务发明人共同所有，将"事后股权奖励"变为"事先产权激励"，高校与职务发明人可"三七开"共同申请专利，也可按同样的比例分割高校持有的职务发明专利。四川的土壤似乎具有某种改革的"基因"，其中的偶然和必然因素又是什么？

（一）改革争议如何在基层达成共识？

职务科技成果"混合所有制"改革，顾名思义，就是将原来完全归属于国家（由高校院所代持）的职务科技成果的知识产权，变更为高校院所和科研人员共同所有，实现集体与个人兼顾、效率和公平统一。但是，在社会主义制度背景下，这样的改革完全有可能被视为违背现行政治体制和国有资产管理制度的"异类"做法。在改革推动的初期，西南

交大作为基层首所探索这一做法的高校，成了第一个"吃螃蟹的人"。面对重大改革问题，尤其是在没有丝毫地方政府或中央政府"背书"的情况下，基层单位内部如何达成共识，并决心将改革付诸实践，是一个值得探究的问题。

有人可能会问，这样一个科技领域的重大改革为何会最先发生在西南交通大学？纵观古今中外，改革无一例外都是偶然性与必然性相结合的产物。西南交通大学是中国轨道交通领域特色鲜明的理工类大学，办学至今已有百年历史，为近代中华民族和新中国培养了一大批工程技术领域的卓越人才，素有"东方康奈尔"的美誉。伴随中国高校院系调整的大背景，西南交大几经辗转，从河北唐山迁至四川峨眉山，又从峨眉山迁至四川省省会成都市，更名二十余次，隶属关系多次调整，最近一次是2000年由铁道部归口至教育部直属，由教育部、中国铁路总公司、四川省人民政府和成都市人民政府共建，是国家"双一流"建设高校、"211工程"大学，入选985工程优势学科创新平台（民间称作"小985"）。光阴流转，精神赓续，西南交通大学最终形成了今天独特而鲜明的办学格局。

2016年1月19日，西南交通大学党委常委会突破"三法一规"（即当时的《专利法》第六条、《促进科技成果转化法》第十九条、《科技进步法》第二十条和《事业单位国有资产管理暂行办法》第二十条），正式出台了"交大九条"，明确科研人员和学校可以共享职务发明专利知识产权，在国内率先开始了"职务科技成果混合所有制"改革，在全国引起巨大反响。作为一个中管高校党委常委会的决议，突破"三法一规"，为何能够实现？事实上，"交大九条"在西南交大内部的酝酿过程中，各方也持不同意见，最终得以通过应当归结于利益的平衡和改革的大势。在这一斡旋中起到关键推动作用的是西南交大大学科技园总经理康凯宁。职务科技成果混合所有制是一项被迫推动的改革，因为早在2010年，西南交大就已经有了"混合所有制"的先例，材料学院黄楠教授团队曾通过这样的方式实现了成果转化。除了黄楠教授团队，西南交大有多位学术"大牛"也都选择了学校科技园提供的这一套"混合所有制"的操作方案，涉及低速磁悬浮二代技术、同相供电技术、气体保护焊机、可降解生物材料等多项具有产业化前景的技术，变纯公有为高校和个人"混合所有"，最终实现了高校实验室技术向市场的转移转化，以及科技成果的经济收益和社会价值的双实现。

如果说违反"三法一规"，西南交大早在2010年就已经"违法"了。

倘若追究起来，也只不过是"以五十步笑百步"。如何"把坏事变好事"，是改革者最初的动机之一。这种利益平衡实际上平衡的是历史与现实之间的矛盾，而这种矛盾只有通过改革的手段来弥合，由改革者主动作为，变"违法"为"合法"①。西南交大利用职务科技成果处置权、奖励权的完全下放，将国有知识产权评估作价入股后形成的国有股权奖励前置简化为国有知识产权奖励，通过知识产权奖励实现了所有权分割。当然，用知识产权奖励代替股权奖励需要一点想象力。借助这一条，康凯宁通过政策游说，使得学校领导层的意志统一在要用改革的手段来谋发展的认识上。正如西南交大党委书记王顺洪 2016 年在接受《科技日报》采访时所说："没有《促进科技成果转化法》对职务科技成果处置权和奖励权的完全下放，就没有'交大九条'，因此，'三权改革'是西南交大所有权改革的基础，西南交大所有权改革是更彻底的'三权改革'，实现了'三权改一权，一权代三权'。"

　　在学校决策层形成一致意见后，2015 年 10 月 7 日，在四川省建设国家全面创新改革试验区座谈会上，时任西南交通大学校长徐飞向时任四川省委书记王东明的汇报："中国颁发的《科学技术讲法》就是中国版本的《拜杜法案》？个人以为，形似而神差，差得远。最大的区别就是如何解决产权的问题。我们说三权，即使用权、处置权、收益权，三权改革确有成效，力度也不可谓不大，处置权下放，收益权扩大，但是最关键的产权问题没有得到根本解决……以前说职务发明，（使用了）纳税人的钱、国家的钱，（所以）成果产权是国有的，这在逻辑上是正确的；可是过分强调国有、公有、法人、机构、单位，却忽视了民有、个人所有、自然人所有……只有这样的话，才能真正将创新的原动力激发出来。如果这一点不解决，谈处置权、收益权、使用权就是隔靴搔痒。"徐飞在会上还提出："关于产权，就是要推动处置权、收益权、使用权三权改革，解决所有权才是最根本的问题。建议省委将职务科技成果混合所有权改革纳入四川方案上报国务院审批，在四川、成都率先成立中国（成都）知识产权自贸区。1978 年的安徽凤阳，形成了以家庭联产承包责任制为核心的中国产权改革 1.0 版本，那么 2.0 版本就是职务科技成果所有权为核心的知识产权改革。这就是四川模式、成都模式，就是四川、成都

---

① 2015 年修订的《促进科技成果转化法》第四十四条明确指出："科技成果完成单位可以规定或者与科技人员约定奖励和报酬的方式、数额和时限。单位制定相关赆定，应当充分听取本单位科技人员的意见，并在本单位公开相关规定。"

对中国产权改革的贡献。"

改革能否成功，除了基层决策层的利益能否平衡外，还取决于改革的外部环境是否成熟，也就是所谓的改革的大势。2015 年是新修订的《促进科技成果转化法》通过的年份，也是中国大力推动科技成果转化的"元年"，高校系统的科技成果转化问题成为国家层面重视的、制约中国科技经济发展的核心议题。西南交大的改革除了在科技成果权属上挑战了传统认知，在其他方面都是符合政策、顺应潮流、开拓创新的典型，如何树立一个典型，也是国家在推动制度落实时必须要考虑的问题，西南交大也自然而然地成了这个典型，也成了围绕高校科技成果转化议题进行热烈讨论的舆论焦点。显然，改革路径和方式的"对错"在此时已经不是最重要的问题，它也激起了支持派和反对派之间在更大范围内的争论。

"心往一处想、劲往一处使"是能动性输出并作用于基层主体内部政策共识形成的直观表现，同时也是"混合所有制"改革实用合法性生成的有力证据。当基层作为一个推行改革的集体行动团体并具有一致的政策能动性时，政策共识才在真正意义上能力排众议得以形成。显然，改革政策的具体路径和方式在此时已不是最重要的问题。蕴藏在中国广大基层的政治动能作为关键外部动因变量，以试点中基层主体的利益平衡与把握大势两种主要行为途径，影响基层的政策能动性。政策能动性无论是以主动还是被动形式确立，都会成为基层主体在一段时间内的改革"小气候"。基层主体会通过多种手段不断强化政策试点氛围并在精准把握时势的基础上顺势而为，辅以严格规范的内部激励、决策与执行机制，力求做到程序正义，促使试点议程确立过程中的政策共识得以稳妥达成，为自下而上式试点政策议程确立根本行动基础。

（二）改革措施如何进入高层视野？

事实上，从 2010 年起，西南交通大学的职务科技成果转化经历让主要负责成果转化与市场对接的西南交大国家大学科技园意识到，如果教授团队不参与成果转化，只是寄希望于学校推动，好的技术成果大多会因为学校缺乏转化动力和能力而错过市场时机。然而，教授团队之所以不能充分参与成果转化的一个重要原因，就是职务科技成果的知识产权权属完全隶属于高校，教授团队在与市场和资本对接中，由于没有成果所有权或具有法定效力的授权，市场方与教授团队的谈判往往无疾而终。基于市场规则和法治逻辑的直觉判断告诉投资方，因为对成果本身缺乏足够的话语权和控制力，科研人员和教授团队无法成为高校职务科技成果转化的主要谈判对象和投资对象。受限于《专利法》《促进科技成果转化法》《科技进步法》《事业单位国有资产管理条例》等当时的法律法规，大量的高校职务科技成果无法突破权属限制，只能继续"沉睡"。

1. 《求是》杂志发表重要文章

改革措施进入高层视野，是多重因素共同作用的结果，既有偶然又有必然。2014 年，时任武汉市市长的唐良智在《求是》杂志发表署名文章《下放处置权 扩大收益权 探索所有权——创新高校职务科技成果管理制度的思考与实践》，文中基于武汉在高校科技成果转化方面的探索，提出按照"'谁完成、谁拥有、谁受益'的原则，合理界定高校与科研人员产权关系，建立责权利统一的技术成果转移转化制度"，探索建立高校"科研项目承包责任制"，开展向职务发明人转让科技成果所有权试点，"探索建立有别于有形资产的科技成果和知识产权管理模式。完善职务科技成果转化制度，在产权确权、价值评估、作价入股、企业创办、人员激励等方面，形成明确统一、针对性强、便于操作的实施细则"。实际上，在这篇文章发表前的 2013 年 9 月，唐良智在进行专题调研后借鉴美国《拜杜法案》，按照"下放处置权、扩大收益权、探索所有权"的思路，向中央报送了关于完善高校职务科技成果处置权和收益权的建议汇报材料。这一材料在 2013 年 12 月 2 日得到时任国务院副总理刘延东同志的肯定性批示："武汉落实习近平总书记关于科技创新指示精神，所做高校科技成果转化的建议报告分析透彻，针对性、操作性强。"唐良智以改革者的姿态对这一微观问题的创造性思考，也与他 20 世纪 90 年代在武汉东湖高新技术开发区从事科技开发相关管理工作的经历有关。之后不到一年，唐良智调任成都市市长，他的改革思路得以在"天府之国"落地生根，开花结果。唐良智与西南交大改革思路"不谋而合"，而通过在《求是》发表的这一文章，引起了广大关注。

2. 中央通过全面深化改革试验区的总体方案

伟大改革的发生，除了要具备酝酿改革的土壤，还需要激发刹那间"破土而出"的外部因素。以西南交大为代表的基层成果转化实践者们正一筹莫展之际，2015 年 9 月，中共中央办公厅、国务院办公厅公布《关于在部分区域系统推进全面创新改革试验的总体方案》，将四川省与京津冀、上海等 8 个区域确定为全面创新改革试验区。这是中国力图在新时代以科技创新为先导的关键领域，走出一条不同以往的改革新路，最终目标是支撑经济社会向高质量发展。这一改革方案考虑地区差异情况和基础，遴选四川作为试验的唯一西部省份，赋予在科技创新领域先行先试的重任。作为制约科技发展的重大瓶颈之一，职务科技成果转化问题自然而然地被四川列入主要改革攻关任务，力求在这一问题上最大限度解放思想，大胆探索，先行先试，重点突破。经过充分征求西南交通大学意见，四川省最终借势这一改革机遇，将高校职务科技成果所有权由完全公有变为科研人员与高校共有。这是很典型的中央改革试点任务倒逼地方决策者挖掘身边案例，以清单制落实中央布置改革任务，同时解决一些地方长期想解决而缺乏政策支持的问题。最终，高校职务科技成果权属改革以中国改革开放以来在产权领域影响最大的一个词语——"混合所有制"来命名。

这种公私兼顾、社资融合、能放能收的"混合"体制，在中国40多年来的改革开放经验中被反复印证是有效的。职务科技成果"混合所有制"改革的基层探索从"偏居一隅"的西南交通大学开始，进入四川省全面创新改革的政策视野，从私人"小作坊"变成标准化"大工厂"。2015年11月，四川省委十届七次全会出台《中共四川省委关于全面创新改革驱动转型发展的决定》（以下简称《决定》），明确提出"开展职务科技成果权属混合所有制试点，明确科技人员与所属单位是科技成果权属的共同所有人"。

此后，国务院办公厅在督察调研2015年中央"全创改"方案推进和任务落实情况时，将各地好的模式探索和经验做法汇总并报给中央领导同志，西南交大的职务科技成果"混合所有制"改革也自然名列其中，由此，西南交大成了国务院办公厅三局的"热线"对象。在研究了西南交大改革的相关材料后，中央随即委派中央财经工作领导小组办公室两位副主任、一位国务院副秘书长先后率队来到西南交通大学深入了解改革相关情况。其中，时任中财办副主任的杨伟民同志在西南交大整整待了两天时间，对改革的细节征询了包含科研人员、高校领导、大学科技园、地方科技和知识产权部门相关负责人的意见。在上述督察调研情况反馈到中央后，西南交大的改革实践得到了中央领导的肯定。一般来讲，这只是中国基层改革进入高层视野的第一步。这一种基于事实的决策过程，决策者敏锐的改革洞察力和对事实的审慎判断使得好的改革方案能够快速进入决策者视野，并形成强有力的政策。尽管在有些情况下，改革的举措与现行法律法规是矛盾的，但这种试验式的、调试性的、非常规性的政策运转，又是推动立法修订和制度完善十分必要的环节，能够确保将好的政策适时地上升为制度，制度能够及时地调整适应新形势下的经济和社会发展。

3. 与行政主管部门国家知识产权局对接

时任国家知识产权局副局长的贺化在 2016 年第 9 期《求是》杂志上发表署名文章《加快知识产权领域改革　激发全社会创新活力》中指出："推动知识产权权益分配从传统配置方式向市场配置方式转变。着重处理好国家和单位、单位和发明人、权利人和社会公众之间的权益分配关系，解决好财政资金支持形成的知识产权所有权、处置权、受益权问题，运用财政资金引导社会加大投入，促进科技成果产权化、知识产权产业化。"这是继唐良智发文谈及职务科技成果权属配置问题后，时隔两年，《求是》杂志上再次表达相似的观点，这一问题的重要性可见一斑。

借着中国知识产权领域改革的东风，2016 年 11 月 29 日，分管四川全面创新改革工作的四川省委常委黄新初率省知识产权局局长谢商华、副局长杨早林、科技厅副厅长田云辉、西南交大国家大学科技园康凯宁，赴京拜会国家知识产权局申长雨局长，汇报了四川省全面创新改革试验区职务科技成果"混合所有制"改革的实践效果、理论研究成果及《专利法》第六条的修订建议，得到国家知识产权局的高度重视和坚定支持。2017 年 2 月 15 日，受申长雨局长委托，国家知识产权局副局长贺化一行到西南交大调研"职务科技成果混合所有制"，听取了四川省知识产权局、西南交大对《专利法》第六条的修改意见。时任成都市委书记唐良智会见了贺化副局长一行，积极支持对《专利法》第六条进行修订。此后，国家知识产权局条法司条法一处数次到成都与四川省知识产权局及西南交大就《专利法》第六条修订进行专题讨论。在国家知识产权局这一知识产权行政主管部门，西南交大的改革方案已被高度认可。

4. 与中央全面深化改革领导小组办公室的对接

2017 年 2 月 25 日，时任中改办经济局局长的冯海发带队到四川督察全面创新改革试验区落实情况，听取了西南交大关于"职务科技成果混合所有制"改革汇报及《专利法》第六条修订建议。3 月 17 日，中改办发布了《关于在部分区域系统推进全面创新改革试验总体方案落实情况的督察报告》，对四川全创区的"职务科技成果混合所有制"改革给予肯定，对西南交大提出的修改《专利法》第六条的建议给予坚定支持，并要求及时修法。该报告由时任政治局常委、国务院副总理、中央深化改革领导小组副组长张高丽签批并分送相关国家部委。2017 年 6 月，为落实中改办指示，国家相关部委第一次召开会议专题讨论修订《专利法》第六条的问题。2017 年 3 月，西南交大与四川省人大法工委共同起草了

《关于修改〈专利法〉第六条促进科技成果转化的议案》，并在同月全国两会期间以四川省全国人大代表团61位全国人大代表的名义，提交给全国人大教科文卫委（图5-6）。这份修法议案引起了全社会关注。

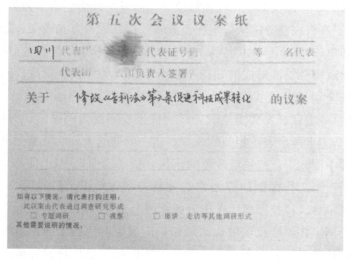

图5-6　2017年两会期间由四川省部分人大代表向大会提交的议案

5. 借助多种渠道"向上"传递改革声音

2017年6月15日，国务院督查办到成都督查"双创"工作，听取了四川省及西南交大"职务科技成果混合所有制"改革情况汇报及《专利法》第六条修改建议。国务院督察办就"职务科技成果混合所有制"实践效果以及四川省、西南交大对《专利法》第六条的修法建议向李克强总理递交了报告。2017年7月，李克强总理在报告上做出批示。2017年8月，为落实李克强总理批示，国家相关部委举行第二次专题会议，对修订《专利法》第六条再次进行磋商，会议认为有必要对现行《专利法》第六条进行修订。2018年10月，西南交通大学在全国大众创业万众创新活动周上，在本校双创成果展厅向到场的中共中央政治局常委、国务院副总理韩正同志做了3分钟口头汇报，其中大部分的介绍内容都是围绕职务科技成果"混合所有制"改革，韩正副总理对改革表示赞许，当场指示随行的科技部、中国科协主要领导，要持续关注和支持。只要地方想干，同时在省级层面形成决心和共识，并借助多种渠道向上传递改革声音，就能够形成自下而上的改革推进思路强化高层意志和共识，这是一项改革打破部门利益的主要突破口。

6. 发挥学术界专业影响力

2018 年 4 月 23 日，北京大学法学院与西南交大国家大学科技园在北京大学共同举办了"职务科技成果混合所有制：法学与经济学视角"修法研讨会，北京大学法学院院长张守文、清华大学法学院院长申卫星、中国政法大学教授（中国知识产权法学研究会副会长）冯晓青在内的 20 余名国内法学、知识产权知名学者，讨论了西南交大提出的《专利法》第六条的修法建议。会议认为："……赞同西南交大提出的职务发明权属'可以约定'的修法建议，学界应该呼吁改变现行激励政策，形成激励单位和个人共同创业和转化的法条，……今天的会议对中国国有无形资产，尤其是职务发明产权制度的改革，可能具有里程碑、历史性的意义。"

7. 与中央财经工作领导小组办公室的对接

2018 年 5 月 14 日，时任中财办副主任杨伟民、尹艳林一行到四川省和西南交通大学调研"职务科技成果混合所有制"改革，充分肯定了四川和西南交通大学的"职务科技成果混合所有制"探索，表态将加大力度继续推动修订《专利法》第六条。

此后，杨伟民在 2018 第十届陆家嘴论坛和"纪念中国改革开放 40 年暨 50 人论坛"等场合多次表达了对西南交大改革的支持：

"我以为西南交大的改革是科技成果产权制度改革的'小岗村'，当年土地承包制这一土地产权制度改革解决了农民产权激励问题，也就解决了中国吃饭的问题。今天唯有推动科研产权制度改革，才可以解决科研人员产权激励问题，从而解决创新驱动的动力源泉问题，解决中国核心技术受制于人的问题。""从调动普通劳动力的积极性到调动创新人才的积极性，在创新发展的今天必须把调动科研人员和企业家等创新人才的积极性放在重要位置，要允许科研人员包括职务方面人有科研成果所有权。西南交大做得效果非常好，原来科研成果不能转化，放在抽屉里，现在基本上都能转化了。让他们成为科研成果产业化或者科研成果转化的市场主体。过去都是由学校或者是科研院所来转化，这个效果很不好。同时要保护民营企业的法人财产权和个人财产。"

杨伟民在 2020 年 11 月 19 日举行的"四川省经济和社会发展专家论坛"上演讲时又一次特别提到，"新修订的《专利法》增设了'产权激励'的条款，这是四川开了先河，是西南交通大学开的好头，对专利法的修改做出了重要的贡献"。时任四川省省长尹力等省主要领导也一同参会并作发言。

在基层政策进入高层视野阶段，基层以媒体上书与政策游说的形式获取注意力并构建政策联盟，逐级生成了试点政策的道义合法性和局部认知合法性，促使试点议程加速进入高层视野。一方面，注意力获取能够强化政策联盟，使其更加稳定并持续扩大，另一方面，政策联盟的多元柔性又会反过来吸引更高层级的政策注意力，二者之间积极有效的良性互动，最终确保试点政策议程以更强有力的姿态进入高层视野。科技界的"小岗村"通过广泛的政策游说不断强化各方面的政策注意力，构建起了包含中央行政主管部门、中央改革与智库部门、人大代表、其他地方政府和单位、专家学者等的一个范围广大的政策联盟，推动了试点政策局部认知合法性的产生，为后续立法动议奠定了同盟基础。可以发现，基层依托强大的政策游说能力和关键人物作为政策企业家的多种政策变现活动，建立形成利益捆绑且广泛的政策联盟，确保了基层试点议程以高效稳定的通道进入高层的决策视野。

8. 政策酝酿推动立法修订

2018年12月5日，时任国务院总理李克强主持召开国务院常务会议，通过了《中华人民共和国专利法修正案（草案）》，会议决定将草案提请全国人大常委会审议。12月23日，国家知识产权局局长申长雨向第十三届全国人大常委会第7次会议报告《专利法修正案（草案）》，将《专利法》第六条的修订作为第一条汇报。2020年6月28日，全国人大常委会二审对《专利法》第六条再次进行了修改，将产权激励的内容移到了第十五条："国家鼓励被授予专利权的单位实行产权激励，采取股权、期权、分红等方式，使发明人或者设计人合理分享创新收益。"2020年10月17日第十三届全国人民代表大会常务委员会第二十二次会议通过了关于修改《专利法》的决定。至此，中国完成了对《专利法》的第四次修订。2020年12月，因对四川省全面创新改革和推动《专利法》第六条修订做出了重要贡献，由党委书记王顺洪同志担任组长的西南交通大学职务科技成果混合所有制改革推进工作领导小组被评为四川省全面创新改革试验先进集体。2016—2019年"全创改"期间，全国八大全创区共形成100余条经验，仅有"职务科技成果混合所有制"这一条经验推动了相关法律的修订。

2021年1月，全国人大常委会委员、教科文卫委员会副主任委员吴恒召集四川省人大教科文卫委、四川首批权属改革试点高校、省科技厅等单位召开视频会议，讨论将赋权改革内容写入《科技进步法》（修正案）中，听取了西南交大关于修订《科技进步法》第二十条的建议，最终，新颁布的《科技进步法》第三十三条明确将改革内容写入法律①。

西南交大的改革直接推动了《专利法》和《科技进步法》两部法律的修订，其中，《科技进步法》是中国科技领域遵循的基本法。西南交大还在努力推动《事业单位国有资产管理暂行办法》等法律法规的修订，职务科技成果"混合所有制"改革正在系统地推动中国科技法律制度的变革。一所高校的政策探索最终直接或间接地推动中国两部重要法律的修订，这在中国教育界、科技界都是十分少见的，也因此是具有重要研究价值的改革样本。

（三）地方探索如何突破部委反对

改革意志在多源汇流的同时，也必然会遇到反对意见。国家知识产权局作为知识产权行政主管部门对改革的支持，虽然对于基层单位而言十分重要，但作为一个副部级部门，知识产权局并非传统意义上的"实权部门"，其在微观领域的专业性也大大压缩了其行政权力空间。在改革初期，出于部门利益等原因，制约职务科技成果混合所有制改革的两股主要力量分别是科技部和财政部。

由科技部主导于 2015 年刚刚完成了《促进科技成果转化法》的修订，这部法律中对于科技成果转化的收益权和处置权下放，是中国深化科技体制改革的重要积极的一大步，被认为是科技部的一项显著工作成绩。但该法第十九条明确规定了科技成果转化中不得变更科技成果的"所有权"。这部法律制定的原则基石是，国家设立的研发机构，其职务科技成果的所有权隶属于国家，这是由中国的基本国情和制度决定的，不能轻易触碰。刚刚完成历时多年的修法论证和各种立法程序，几乎在新法颁布实施同时，基层首创提出的触及"所有权"的问题自然与立法者本意相违背，也对中国整个科技创新行政官僚系统在过去很长一段时间内所付出的努力方向和取得的"修法"成绩提出了挑战。时任科技部政策法规司主要领导在多个场合对西南交大的"混合所有制"做法表达了反对，西南交大的改革探索在 2017 年之前几乎被认为是"胡闹"。

财政部持反对意见主要是由于其负有国有资产监督管理之责，而科

---

① 据参与修法者回忆，在关于第三十三条"探索赋予科学技术人员职务科技成果所有权或者长期使用权制度"是否写入法律的问题上前后多次讨论，参与修法的专家之间也存在不同意见，经历了多次剔除再列入的过程，几经反复，最终得以呈现，也可见这一条款在中国科技创新制度建设进程中的特殊意义。

技成果作为一种重要的无形资产，同样在其监管范围以内，这与中国很长一段时间内的国有资产管理体制密切相关。一般意义上讲，国有资产是法律上确定为国家所有并能为国家提供经济和社会效益的各种经济资源的总和。高校和科研院所等行政事业单位国有资产是指由行政事业单位占有、使用的，在法律上确认为国家所有、能以货币计量的各种经济资源的总和。很显然，高校和科研院所的职务科技成果隶属于国家所有，也能够以货币计量。防止事业单位和国有企业的国有资产流失，是财政部的主要职责之一。[①] 职务科技成果赋予个人私权的部分，实际上其货币价值发生了一次从单位向个人的转移，对于国家和单位集体而言，成果的资产价值由于产权的按比例分割，必然发生较之于评估价值的贬损，也就可能会发生国有资产流失风险。涉及科技成果等无形资产的转让、许可等活动，必须经过财政部审批，涉及行政审批事项和权力管辖，这一审批事项是财政部门履行对高校监管的主要手段之一。这是财政部对这项改革提出严厉反对的主要原因之一。

但伴随中央高层对职务科技成果"混合所有制"改革的高度重视，自上而下的领导肯定性指示批示传导至各部委，打破了部门各自的利益格局和既往认知，使得政策执行层面的反对声音在极短时间内统一于中央的改革意志。各部门开始统一意志于上级指示，着手合作起草、落地实施相关改革文件。这其中也发生了被媒体"津津乐道"的、后来被着重明确了的文件运转流程"新制度"：国务院常务会议通过的文件，如果由多个部门联合印发，7天内必须下发；如果由国务院印发，没有重大修改意见的7天内必须下发，需要协调修改的10天内必须下发。避免出现各部委的"处长""司长"再在国务院常务会议已经通过的文件上层层"画圈""会签"，导致中央已经研究通过的政策无法落地的情况出现。

在中国的政策试点体系下，一项基层试点政策议程要打破相对平行

---

① 按照2019年修改的和在此之前出台的《事业单位国有资产管理暂行办法》，以及2012年出台的《教育部直属高等学校国有资产管理暂行办法》，"事业单位应当对实物资产进行定期清查，做到账账、账卡、账实相符，加强对本单位专利权、商标权、著作权等无形资产的管理，防止无形资产流失"，高校"货币性资产以外的其他资产处置事项，一次性处置单位价值或批量价值（账面原值，下同）在500万元以下的，由高校审批后10个工作日内将审批文件及相关资料报教育部备案，教育部审核汇总后报财政部备案；一次性处置单位价值或批量价值在500万元以上（含500万元）至800万元以下的，由高校审核后报教育部审批，教育部审批后报财政部备案；一次性处置单位价值或批量价值在800万元以上（含800万元）的，由高校审核后报教育部审核，教育部审核后报财政部审批""教育部、财政部对高校国有资产处置事项的批复，以及高校按规定权限处置国有资产并报备案的文件，是高校办理产权变动和进行账务处理的依据，是教育部、财政部安排高校资产配置预算的参考依据"。

的部门利益，最有效的方式是高位统筹。高层意志在打破部门利益博弈时虽仍要克服层层阻力，但自上而下的命令序列与威权干预，能够使政策议程分歧高效率统一于政策集体行动。因此，推动基层具有一定突破性的自下而上政策试点议程确立，往往不能按照科层制体系逐级上升与横向协商，这除了会产生极高的行政成本以外，其结果也可能是失败的。对于基层而言，应优先通过影响高层意志再向下进行高位统筹，通过科层序列自上而下传导议程精神，确保政策试点意志的高效与统一。2020年2月，习近平总书记亲自主持召开中央深改委会议，专门研究了这个议题，并对科技部等9部委提交的《赋予科研人员职务科技成果所有权或长期使用权试点实施方案》初稿进行审议；2020年5月，以科技部为牵头、财政部参与，中央9部门联合印发《赋予科研人员职务科技成果所有权或长期使用权试点实施方案》，正式达成行动共识；2021年1月出台的《行政事业性国有资产管理条例》（国务院令第738号）第二十三条规定，"国家设立的研究开发机构、高等院校对其持有的科技成果的使用和处置，依照《促进科技成果转化法》《专利法》和国家有关规定执行"，从制度层面尽可能地破除改革障碍。

（四）中央试点单位的确定和试点方案的实施

2020年出台的《赋予科研人员职务科技成果所有权或长期使用权试点实施方案》确定了首批中央试点单位名单，为期三年。也就是说，是否以制度性方式全面推行科研人员自主自愿、合理合法享有职务科技成果所有权或长期使用权的政策，还需要一个从点到面的推广过程，即"看三年再说"。其中的试点经验与问题也需要从试点单位的改革实践中不断提炼和总结。事实上，这一轮参加试点的单位是由教育部、科技部发文征求各单位是否自愿参与改革试点的意见，经各单位自行申报后，由教育部、科技部按照改革试点的基础条件，兼顾隶属部门、地区分布、办学实力与特色、成果转化情况等综合遴选形成。中央层面40家试点单位（其中28家高校）"自愿报名"式参与试点，一方面是这些单位在前期多多少少已经有了类似做法，迫切需要通过进入官方改革方案来寻求合法性，另一方面，一些单位确实面临加强职务科技成果转化的现实需要，希望借力中央试点契机来推动本单位科技成果向现实生产力转化。试点名单与"立军令状"不同，从公开渠道了解到，虽然进入了中央试点名单，但截至2022年7月，一些试点单位事实上并未实质性推动改革试点政策落地落实，主要原因是"不知道怎么干"，本书的后续章节研究会展示相关数据。针对此类探索性改革，往往容易虎头蛇尾，浅尝辄止，敷衍了事，不了了之，在出台试点方案之后最为重要的是，试点的主导部门必须明确自身对改革试点进展的过程跟踪和试点结果综合评估的责任，参与部门应协同制定试点绩效考核目标，充分调动试点单位积极性，运用好作为国家治理工具的中国特色政策试点机制，最终形成真正意义上的、以发现问题和解决问题为导向的、有利于改革试点经验总结推广的一整套结论。

上述基层改革的波折历程只是中国全面创新改革的一个缩影。我们将四川省的地方探索过程简要概括为以下三个阶段。

1. 早期萌芽

科技成果转化率低一直是我们科技经济运行中的主要问题，据教育部《中国高校知识产权报告（2010）》提供的统计数据，中国高校专利转化率一般低于5%。西南交通大学直面问题，打破体制机制障碍，积极打通从实验室到市场的高速通道，率先探索一条多赢的产学研发展之路。在西南交通大学推动职务科技发明成果混合所有制改革过程中，国家大学科技园是当之无愧的主要推动人。二者不仅推动专利成果吸引投资实现转化，而且推进了职务科技沉成果转化孵化科技公司，实现了发明人从大学教师到公司股东的转变。

图 5-7　展览于西南交通大学的中国首个职务科技成果确权分割协议书

2009 年，西南交通大学戴光泽教授受北车集团委托研发铝合金推杆，以解决动车组运行平稳性问题。然而成果研发出来后，按照当时《国有资产管理办法》，大学和戴光泽教授本人都不具备转化和产品化的实施主体资格。如果要按照审批过程解决没有权限这一问题，不仅时间长，而且难度大。迫切的现实问题推动了铝合金推杆研究成果的产出，却在转化程序上犯了难。此时正值西南交通大学科技园职务科技发明成果混合所有制改革的探索时期，于是学校按照当时正在探索试验的职务科技成果混合所有制对戴光泽教授的专利进行分割确权，其中戴教授及其团队占比70％，学校占比30％，确权后对研究成果进行产品化。相较于杨其新教授成果的转化，戴光泽教授的成果转化更进了一步——西南交通大学国家大学科技园成立了混合所有制的第一家公司。学校、戴光泽及南京勃朗峰马特轨道装置制造有限公司按1∶3∶3∶3的出资比例注册资本1000万，于2010年2月9日成立四川城际轨道交通材料有限责任公司。成立至今8年，戴光泽教授共计发放工资550万，产生税收450万[①]，社会效益显著。2010年，西南交通大学科技园将"隧道及地下工程喷墨防水材料"项目作为赋予科研人员职务科技成果所有权试验的第一个方案，成功地将西南交通大学所有的专利变更为教授团队与国家大学科技园共同所有，然后经第三方评估作价500万元入股成都嘉州新型防水材料公司，杨其新教授团队持有其中的300万元股份。该成果在成都嘉州新型防水有限材料公司内又经过3年多的产品化研发，终于在2014年完成了产品化，现已取得3000多万元的销售收入。2012年西南交通大学材料学院黄楠教授团队研发的"新型心血管支架"（图5-9）系列职务发明专利由西南交通大学持有，由20多项发明专利组成。西南交通大学科技园作为该项目产业化的牵头方，在2012年与学校签订专利转让协议，将学校所有的职务发明专利权转移到国家大学科技园名下。由大学科技园向国家知识产权局出具专利权人变更申请文件，实现了发明人团队组建的公司与国家大学科技园共同持有专利权，通过聘请第三方评估，该系列专利作价1500万元，团队组建的公司持有750万元股权，促进了该成果的转化。此后8年间，西南交通大学科技园也在转化探索实践中形成了一套转化流程（如图5-8）。仅2015年西南交通大学就有4个教授团队与科技园、投资方成立了科技型创业公司并进入孵化阶段，"混合所有制"的初步探索在"科技小岗村"中激发了科研团队的热情，取得了初步的预期效果。

---

① 数据源自西南交通大学国家大学科技园。

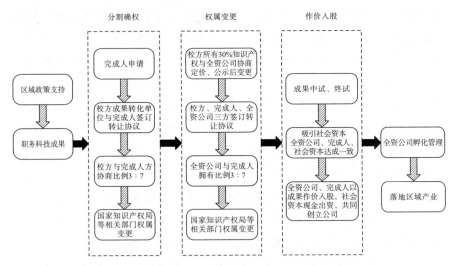

图 5-8 西南交通大学国家大学科技园技术入股流程

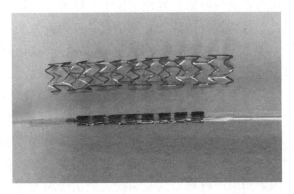

图 5-9 西南交通大学材黄楠教授团队研发的"新型心血管支架"

2. 深入推进

2015年8月，新修订的《促进科技成果转化法》正式颁布，新法放权于高校院所，让单位真正拥有了科技成果的使用权、处置权和收益权，对科技成果转化起到了很好的促进作用，对西南交通大学加速深化探索更是起到了重要的推动作用。然而，由于使用权、处置权、收益权等权利都是所有权派生出来的，新法并未触及本质性的产权改革，从根本上克服"高校有转化权力没转化动力，个人有转化动力但没转化权力"的困局，需要更彻底的所有权改革。同月，西南交通大学向四川省、成都市汇报了赋予科研人员职务科技成果所有权改革试验情况，得到了四川省委省政府、成都市委市政府的大力支持。2015年11月，四川省委发布《决定》，第六条明确提出：完善科技成果转移转化机制。将科技成果使用权、处置权和收益权下放至科研院所、高校。对科研院所、高校由财政资金支持形成，同时不涉及国防、国家安全、国家利益、重大社会公共利益的科技成果，由学校自主实施转移转化，转移转化收益全部留归单位。开展职务科技成果权属混合所有制试点，明确科技人员与所属单位是科技成果权属的共同所有人。修订《四川省促进科技成果转化条例》，强化科技成果转移转化的法治保障。

"交大九条"（2016）在第二章权属部分提道：执行学校的任务或者主要利用学校物质技术条件完成的发明创造为职务发明创造。依照法律法规及各项政策规定，为实现对职务发明人或职务发明人团队的奖励，学校将奖励前置简化为国有知识产权奖励。对既有专利和专利申请，学校通过专利权人和专利申请人变更的方式实现对职务发明人的奖励；对新的专利申请，学校通过共同申请实现对职务发明人的奖励。学校与职务发明人就专利权的归属和申请专利的权利签订奖励协议，规定或约定按3∶7的比例共享专利权。西南交通大学探索的职务科技成果权属混合所有制，核心含义是职务科技成果知识产权由职务发明人和学校共同所有，具体实现路径有两个：既有职务科技成果知识产权的分割确权和新知识产权的共同申请。"西南交通大学九条"的出台将西南交通大学的混合所有制改革固定到学校政策的层面，为混合所有制的广泛推开奠定了政策基础。

2016年5月21日，中央电视台《新闻联播》报道了西南交通大学赋予科研人员职务科技成果所有权改革，在全国产生了广泛的影响。2016年6月2日，成都市发布了"成都新十条"，将赋予科研人员职务科技成果所有权列为第一条[①]。"成都新十条"的发布充分肯定了西南交通大学的赋予科研人员职务科技成果所有权改革试验。西南交通大学在四川省委省政府、成都市委市政府的大力支持下，决心与四川高校院所共同进行赋予科研人员职务科技成果所有权改革，争取实现向全国推广。

3. 全面试点

2016年12月26日，四川科学技术厅、四川省知识产权局发布《四川省职务科技成果权属混合所有制改革试点实施方案》。按照四川省委、省政府的部署，推进激励科技人员创新创业十六条政策落地落实，选择

---

① 支持在蓉高校院所开展职务科技成果权属混合所有制改革。鼓励高校院所与发明人或由发明人团队组成的公司（以下简称发明人）之间，通过约定以股份或出资比例方式进行知识产权奖励，对既有职务科技成果知识产权进行分割确权；以共同申请知识产权的方式分割新的职务科技成果权属。发明人可享有不低于70%的股权。

部分国家设立的高等院校和科研院所，开展职务科技成果权属混合所有制改革试点，探索解决科技成果转化"最后一公里"的有效模式。试点单位包括四川大学、西南交通大学、四川农业大学等 10 所高等院校以及包括省中医药科学院、四川省医学科学院、四川省农业机械研究设计院等 10 所科研院所。

《四川省职务科技成果权属混合所有制改革试点实施方案》主要包括三个方面的试点任务：其一是探索"先确权、后转化"的有效机制；其二是推动形成体现增加知识价值的收入分配机制，充分发挥收入分配政策的激励导向作用，使科技人员收入与岗位职责、工作业绩、实际贡献紧密联系，让科技人员合理合法实现"名利双收"；其三是建立职务科技成果处置管理的有效方式，完善职务科技成果转化制度，在使用处置、价值评估、作价入股、企业创办等方面，形成针对性强、便于操作的实施细则。

《四川省职务科技成果权属混合所有制改革试点实施方案》的发布为四川省各高等院校以及科研院所提供了"混合所有制"改革的行动指南。同时，其发布也代表改革在四川省已全面推开。"混合所有制"发源于西南交通大学，其影响随着四川省省级文件的出台在川内影响范围扩大。在川 10 个高等院校和 10 个科研院所选中开展职务科技成果权属混合所有制改革试点，探索"先确权、后转化"的有效机制、推动形成体现增加知识价值的收入分配机制和建立职务科技成果处置管理的有效方式。这一阶段改革试点的具体措施主要体现在制度建设和权益分配两方面，如图 5-10 所示。

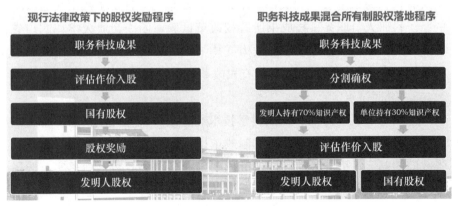

图 5-10　职务科技成果"混合所有制"在西南交通大学的股权落地程序

第一，制度建设。

在《四川省职务科技成果权属混合所有制改革试点实施方案》发布后，各个试点高校和科研院所迅速开展工作，对试点方案内容进行了详细解读，为具体实施试点工作做好准备，迅速成立了领导小组负责改革工作，并设立特定的机构负责具体的不同事项。例如，西南交通大学科技园负责科技成果转化、企业孵化和创新创业人才培养工作；西南交通大学产业集团负责学校经营性资产管理工作。四川大学在 2012 年初成立四川大学产业技术研究院，同时，与德阳共建了四川大学德阳技术产业研究院，围绕德阳的重点产业开展重大技术的转化和成果的产业化。在此次改革工作中，四川大学将产业技术研究院进一步上升为总院，代表学校处理、统筹学校科技成果转化。除高校之外，部分科研院所也设立了相关领导小组。

此外，各个高校在对相关精神进行学习后，迅速发布有关本单位的试点方案。例如，除西南交大以外，四川大学出台了《四川大学科技成果转化行动计划二十二条》，从基础研究应用开放到成果转移转化和产业化的全过程，系统性地提出了八大方面、二十二条的具体举措，并由产业技术研究院代表学校处置职务科技成果相关事务；成都中医药大学出台了《成都中医药大学职务科技成果权属混合所有制改革试点工作推进方案》《成都中医药大学激励科技创新十二条政策》等规章制度，确保试点工作有序开展；省科学技术信息研究所作为试点单位之一，在其单位内部出台《赋予科研人员职务科技成果所有权改革实施方案》，明确了职务科技成果知识产权产权共享的条件、流程、方式和份额、收益分配等内容，详细信息见表 5-2。

表 5-2　部分试点单位制度建设情况

试点单位名称	负责改革工作组织机构	试点方案
西南交通大学	西南交通大学科学技术发展研究院、西南交大产业集团、西南交大科技园	《西南交通大学专利管理规定》
四川大学	四川大学产业技术研究院	《四川大学科技成果转化行动计划二十二条》
四川农业大学	四川农业大学国有资产运营管理公司、新农村发展研究、拟成立成都都市现代农业产业技术研究院	《四川农业大学推进科技成果"三权"改革总体方案（试行）》

试点单位名称	负责改革工作组织机构	试点方案
成都中医药大学	创新科技研究院、新型产业技术研究院、中医药知识产权运营中心	《成都中医药大学职务科技成果权属混合所有制改革试点工作推进方案》《成都中医药大学激励科技创新十二条政策》
成都理工大学	产业技术研究院（与科技园合署办公）	《成都理工大学大学专利管理办法》
四川理工学院	成立资产公司、研究院	《四川理工学院关于促进科技成果转移转化的实施办法》
攀枝花学院	改革试点工作领导小组、科研处、大学科技园管理委员会办公室	《攀枝花学院职务科技成果权属混合所有制改革试点推进方案》
西南科技大学	西南科技大学科技成果转移转化工作领导小组、西南科技大学技术转移中心	《西南科技大学科技成果转化实施办法》
省科学技术技术信息研究所	改革试点工作领导小组	《四川省科学技术信息研究所赋予科研人员职务科技成果所有权改革实施方案》
省自然资源研究院	资源院科技成果转化领导小组、院科技成果转化与科技服务办公室	《四川省自然资源科学研究院职务科技成果权属混合所有制改革试点工作推进方案》
省农业机械研究设计院	科技成果转移转化工作领导小组、成果转化办公室	《四川省农业机械研究设计院职务科技成果权属混合所有制改革试点实施方案（暂行)》

（资料来源：作者所在研究团队调研成果）

第二，权益分配。

在改革试点前期工作准备结束后，各单位进行了确权分割的比例的方案制定，其中不乏比较有特色的案例。例如，四川大学结合综合类大学学科门类分布广的实际情况，兼顾学科差异，制定了较为精细化的知识产权权属分割确权评议流程，使确权分割有章可循。在川大实践中，科研人员（成果实际完成人或其团队）可选择与学校作为成果知识产权共同所有人，成果分割的比例从50％～90％不等，这一比例既包含了所享有的权益，也包含了所承担的义务。川大把科技成果研发过程中需要投入的各类资源要素进行分类，制定资源使用系数这一重要参考值，在实际操作中，根据科技成果及其知识产权形成过程中所获得的财政资金资助比例，以及占用学校公共资源的情况，科研人员及其团队最多可以获得90％的知识产权所有权。相比之下，其他试点单位的确权分割流程多侧重"一刀切"或按照一定的比例原则一事一议，其中多以西南交通大学的权属分配标准为参考，将科研人员与学校的比例确定为7∶3，但缺乏明确的操作解释，部分试点单位权益分配情况见表5－3。

西南交大的分割确权的申请由科研人员自主提出，对于没有提出分割确权申请的科技成果及其知识产权（按照2021年的最新统计，提出并完成分割确权的专利数量占学校有效专利数量的不到4％），从可分配收益中提取70％直接奖励给科研人员及其团队。关于收益奖励的再分配，需科研团队提出内部奖励分配方案提交科研院审核，审核通过后由财务处按审批后的方案发放。关于剩余的30％部分，为鼓励二级单位，学校只占15％，二级单位占15％，实现各方利益平衡和成果转化工作的可持续进行；学校对归属于科研人员的70％部分，在进行权利变更后，因完成人已经实际享有这70％的知识产权及其相关潜在权利义务，学校不再对这一部分进行收益分配审批管理。据了解，西南交通大学在研究制定针对实际成果转化人的激励政策，着眼于专业技术转移队伍和人员的培育，拟从学校的30％中再拿出30％，用于奖励转化过程中的实际贡献人及其团队，这一举措也是国际上很多大学技术转移实践的通行做法，如美国斯坦福大学、麻省理工学院等。

表5－3　部分试点单位权益分配方案

试点单位名称	个人（课题组）	学校/院所
西南交通大学	70％	30％（学校占15％，完成人所在二级单位占15％）
四川大学	50％～90％	10％～50％
四川农业大学	75％	25％（学校5％、学院20％）
成都理工大学	70％～80％	20％～30％（学校与学院1∶1分配）
四川理工学院	70％	30％（学校20％、二级学院5％、成果转化服务人员5％）
攀枝花学院	70％～90％	10％～30％
西南科技大学	80％	20％
省草原科学研究院	70％	30％
省原子能研究院	≥40％	≤60

续表5—3

试点单位名称	个人（课题组）	学校/院所
省中医药科学院	80%（团队负责人可享有50%以上的收益）	20%
省农业机械研究设计院	70%	30%（院10%、成果完成人所在部门10%、工作中心10%）

（资料来源：作者所在研究团队调研成果）

2018年11月，四川省审议通过《职务科技成果权属混合所有制改革试点实施方案》，将改革试点单位由20所扩大到45所，在川各高校院所单位开始探索在制度和机制上创新推进高校科技成果转化（图5—11）。

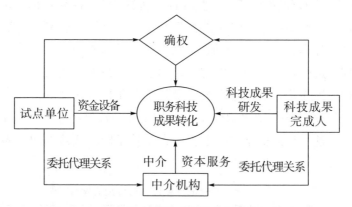

图5—11　高校职务科技成果转化各主体间关系图

回顾改革历程，省级全面试点中要解决的另一个重要障碍，是破除高校国有资产管理体制对职务科技成果权属改革的阻碍，这是四川省试点中反映出的制约改革深化的主要问题，也是2020年之后西南交大改革发力并推动所在省市进行政策松绑的重点。2020年底，西南交大党委书记王顺洪同志牵头执笔，建议成渝两地尽快向中央申请职务科技成果非资产化管理改革试点。核心是要推动高校、科研院所职务科技成果退出或部分退出国有资产管理清单。根据财政部《事业单位国有资产管理暂行办法》规定，事业单位的知识产权属于国有资产。这个阻碍不破除，改革就难以放开手脚，试点单位及其决策者就会长期处于"不敢转"的状态，也会导致改革任务形同虚设。西南交大采取了迂回策略，第一步，在小气候中修一座"私桥"。2016年，学校发文将专利技术、非专利技术从无形资产管理目录中删除，仅作为科技成果管理。科技成果评估作价入股完全交由西南交大国家大学科技园决策。第二步，则是下决心推动"公桥"的建设。高校院所科技成果大多技术成熟度远达不到产业化应用要求，还无法直接产生收益，这说明高校院所的科技成果是资源不是资产。另一方面，科技成果作价入股的估值中包含了相当大一部分的人力资本估值，周其仁等经济学家提出，人力资本理论早已证明，人力资本天然归属自然的个人。这就是"改革第一人"、时任西南交大科技园副总经理的康凯宁提出的高校科技成果"资源论"。因此，西南交大对科技成果国有资产管理属性的基本判断是，科技成果作为资源也不是完全国有，而是公私混合所有。

既然还不是能够创造收益的资产，作为一种资源，科技成果就不应纳入资产管理的相关制度中。2019 年 3 月，财政部采纳建议，修改《事业单位国有资产管理暂行办法》，科技成果不进行强制评估，彻底取消了作价入股备案，改由基层单位自行登记。同年 9 月，财政部又出台《关于进一步加大授权力度 促进科技成果转化的通知》，明确高校院所职务科技成果作价入股形成的国有股权，不再报财政部办理国有资产产权登记证，改由高校院所主管部门登记，这意味着财政部已经通过下放管理权限简化了职务科技成果的国有资产管理。从结果来看，西南交大的改革勇气与决心可见一斑，实质上，这体现的是高校管理层推动工作的一种持之以恒的作风。

2020 年 7 月，成都市印发《全面加强科技创新能力建设的若干政策措施》的通知，指出"对尚未完成或处于研发阶段的科技成果，除法律、行政法规另有规定的以外，高校院所可以与科研人员约定由双方共同申请和享有专利权或者相关知识产权。对与企业、其他社会组织合作的职务科技成果，允许合同相关方自主约定成果所有权归属。对不能确权分割的科技成果，高校院所可采取普通许可、独占许可或排他许可等方式给予科研人员长期使用权""支持高校院所、国资管理部门探索以知识产权等技术类无形资产作价投资的国有资产差别化管理制度，建立适应市场规律、符合成果转化规律的综合绩效考核机制"。2021 年 6 月，省政府出台《关于进一步支持科技创新的若干政策》，明确提出"支持中央在川和省属高校、院所等科研事业单位开展职务科技成果转化前非资产化管理试点，试点单位职务科技成果转化前不纳入国有资产管理，推动职务科技成果退出或部分退出国有资产管理清单，探索建立职务科技成果国有资产管理新模式"①。推动形成高校、科研院所职务科技成果退出或部分推出国有资产管理清单，已成为成渝地区双城经济圈建设在科技创新领域的主要成果清单之一。

2022年下半年，西南交大党委收到中国共产党历史展览馆《关于协助征调相关展品的函》，拟征调我校以下实物，作为党史展览馆藏品入藏，即：中国第一份基层党委推动职务科技成果权属改革的决策文件；中国第一份赋予科研人员职务科技成果所有权的校级改革文件；中国第一份职务科技成果分割确权协议。为更好彰显中国高等教育领域改革创新和高质量发展成效，学校党委经研究，决定立即按照中国共产党历史展览馆要求，准备相应藏品，并及时送至中国共产党历史展览馆。这份殊荣，不仅是党中央对西南交大党委推进职务科技成果权属"混合所有制改革"的充分肯定，也充分展示了建党百年来中国共产党领导下科技领域改革的繁荣发展，更是学校向中国共产党献上的一份赤子真情。2023年3月28日上午，中国共产党历史展览馆顺利接收学校"职务科技成果权属混合所有制改革"相关实物（图5-12）。

图5-12　中国共产党历史展览馆接收西南交大
"职务科技成果权属混合所有制改革"相关实物

---

① 按计划由四川省科技厅草拟的四川省《职务科技成果转化前非资产化管理改革试点实施方案》初稿中明确提出："形成职务科技成果退出或部分退出国有无形资产管理清单，不纳入国有无形资产清单管理；职务科技成果转化所获得的收入全部留归本单位，不上缴国库。"

本章小结

　　时空轮转，西南交大的职务科技成果所有权改革与当年的安徽凤阳小岗村改革有不同也有相同。一方面，二者都是对生产资料权利的改革，后者的改革对象是 40 多年前最重要的、有形的生产资料——土地，土地的使用权、经营权是改革的核心，土地的所有权和使用权、经营权是可以分离的，没有所有权，土地依然可以作为生产资料使用；前者则是今天对经济社会发展起决定性的、但却无形的知识性生产资料——科技成果，科技成果的所有权和使用权虽然可以发生分离，但没有所有权的使用权是不完整的，会影响科技成果作为生产资料的实施，因此科技成果的所有权关系重大，职务科技成果的所有权成了改革的切口。另一方面，二者都在各自时代涉及关乎中国最重要的群体，一个是中国最广大的农民，而中国长期是一个农业国；另一个是对当今中国发展最重要的、代表最先进生产力和创造力的科研人员，科技创新是新时代中国的国之重器。前者可能对中国历史进程产生影响，使得对当今迫切需要各领域改革的中国社会，将注意力放在了"科技界的'小岗村'"。但限于知识生产要素的复杂性，我们对"科技小岗村"的认识是不足的，这可能导致我们对两种针对生产资料权属的改革的共性和特性认识不足，政策也许由此产生偏差。

第六章

"赋权"改革的政策演进与复杂因果机制

引言

"赋权"改革政策经历了从点到面，通过政策学习和扩散，最终遍地开花，有如群芳争艳、姹紫嫣红，改革旋风吹遍了中国大地。从 2015 年起，对于如何实现既有存量科技成果实现转化以服务与经济大局，科技政策经历了所有权和收益权从国家所有到单位所有，再到成果完成人部分个人所有。随着中国经济转向高质量发展，科技创新要求也从高速度转为高质量。其中，所有权改革作为近年科技体制改革和政策发展的重要突破，在中国呈现一定的政策演进形态，中央已有超过十个政策法规文件明确提出"赋予科研人员职务科技成果所有权或长期使用权"，截至 2022 年 7 月，全国已有三十余个省、自治区、直辖市采取了职务科技成果所有权的改革政策，其中四川、上海、北京等省市已落地实施了相关改革。但总体上，中国职务科技成果所有权改革在实践层面还有待进一步探索和落实，本章通过分析中央与区域政策发展演进，呈现当前国内已有改革探索的典型案例做法，为后续持续深化改革提供有益参考。

一、中央政策演进与举措

（一）政策演进

自 2002 年中央为增加拥有自主知识产权的科技成果总量，将以财政资金资助为主的国家科研计划项目研究成果的知识产权赋予科研项目承担单位，知识产权所有权开始由国家向单位转变。随着科技成果存量增多，中国于 2007 年开始提出要促进科学技术成果向现实生产力转化，通过修订《科技进步法》全面确立项目承担单位对职务科技成果的知识产权所有权。然而，知识产权所有权并未伴随着收益权下放，随后的 2010 年中国开始就科技成果的收益提出分段按比例留归单位的试点。到 2015

年，中央出台的《中共中央国务院关于深化体制机制改革加快实施创新驱动发展战略的若干意见》中特别指出应该加快下放科技成果使用权、处置权和收益权，健全成果转化的激励方式与激励政策，构建高效的科研体系。为推动实施创新驱动发展、连接科技与经济，中国于2015年修订的《促进科技成果转化法》正式提出国家设立的研究开发机构、高等院校"对其持有的科技成果，可以自主决定转让、许可或者作价投资"，同时，"转化科技成果所获得的收入全部留归本单位"，由此高等学校确立了对其职务科技成果的享有处置权、使用权和收益权。2016年《实施〈中华人民共和国促进科技成果转化法〉的若干规定》则进一步细化了高校对职务科技成果的处置权、使用权和收益权的实现方式。

在推动科技成果转化的过程中，科研人员的根本作用逐步得到发掘和重视，以成果增量为目标的单位产权产生了以成果转化为目标的个人产权变化倾向。这一转变首先在科技成果转化一线通过"事前产权激励"的方式得到实践，随后以《关于实行以增加知识价值为导向分配政策的若干意见》（2016）的出台并提出"允许项目承担单位和科研人员通过合同约定知识产权使用权和转化收益，探索赋予科研人员科技成果所有权或长期使用权"为标志，在中央政策层面实现了对职务科技成果完成人和主要科技人员从物质奖励激励到产权激励。对于高校和科研院所，科技成果转化是推动区域经济高质量发展的重要抓手。赋予科研人员职务科技成果所有权或长期所有权实施产权激励，无论是先赋权再转化还是先转化后赋权，都有可能助于破除制约科技成果转化的障碍。

继2016年成为职务科技成果所有权改革"元年"后，《国家技术转移体系建设方案》（2017）第十四条明确提出"探索赋予科研人员横向委托项目科技成果所有权或长期使用权，在法律授权前提下开展高校、科研院所等单位与完成人或团队共同拥有职务发明科技成果产权"的要求，进一步落实了中央政策，实现赋予科研人员职务科技成果所有权改革在横向委托项目中的先行先试。2018年国务院办公厅发布《关于优化科研管理提升科研绩效若干措施的通知》正式提出"开展赋予科研人员科技成果所有权或长期使用权试点"，并以资金来源为区分标准明确了两类职务科技成果的不同处理，即"对企业、社会资金形成的职务科技成果，可由合同约定权属或由项目承担单位自主处置；而对于财政性资金形成的职务科技成果，允许单位探索赋予科研人员所有权或长期使用权"。赋予科研人员职务科技成果所有权改革成果范围得到了进一步扩大。

国务院办公厅发布的《关于推广第二批支持创新相关改革举措的通

知》(2018)进一步明确"以事前产权激励为核心的职务科技成果所有权改革"为科技成果转化重要经验在全国范围内推广，所有权改革正式成为科技成果转化激励的重要方式之一，并被列为 2019 年《专利法修正案（草案）》的重要内容。中央发布的《关于抓好赋予科研机构和人员更大自主权有关文件贯彻落实工作的通知》(2018)强调"深入推进科技体制改革、赋予科研单位和科研人员更大自主权、切实减轻科研人员负担"，相关政策表述密集出台。

尽管早在 2015 年修订的《促进科技成果转化法》中已经明确将科技成果"使用权、收益权、处置权"下放给单位，但同时做出了不得变更权属的规定。2020 年《专利法》的修订则为职务科技成果权属混合所有制改革提供了法律保障。《专利法》增添了"国家鼓励被授予专利权的单位实行产权激励，采取股权、期权、分红等方式，使发明人或者设计人合理分享创新收益"。这是产权驱动创新、创新驱动发展战略上的突破。此次修订中第六条新增的"该单位可以依法处置其职务发明创造申请专利的权利"和第十五条新增的"国家鼓励被授予专利权的单位实行产权激励"明确科研人员能够以"共同所有权人"的平等身份与高校、科研院所等单位沟通个人权益。以共同所有权人身份参与科技成果转化，更直接地获取经济利益，旨在充分调动科研人员的创新与转化热情，为科技创新和成果转化的长效机制打下基础。

2020 年，科技部、教育部等九部门联合印发《赋予科研人员职务科技成果所有权或长期使用权试点实施方案》以文件的形式明确下一步任务安排"分领域选择 40 家高等院校和科研机构开展试点，探索建立赋予科研人员职务科技成果所有权或长期使用权的机制和模式"。同年，科技部印发《赋予科研人员职务科技成果所有权或长期使用权试点单位名单》(2020)，公布了关于职务科技成果改革试点的名单，扩大了政策试点范围，这标志着职务科技成果赋权改革迈向全国范围的新阶段，实现了试点改革从地方走向中央，从局部走向整体。在深化科技成果的使用权、处置权和收益权改革领域又向前迈进一步（如图 6-1 所示）。

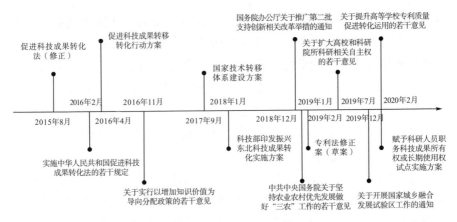

图6-1　中国职务科技成果所有权改革中央层面政策演进

（二）新做法和新措施

2019年起，职务科技成果所有权改革开始在教育、农业农村和其他一些部委下属事业单位体系被深化应用。以高等学校为适用范畴的政策包括《关于扩大高校和科研院所科研相关自主权的若干意见》（2019）、《赋予科研人员职务科技成果所有权或长期使用权试点实施方案》（2020）和《关于提升高等学校专利质量促进转化运用的若干意见》（2020）。其中，《关于提升高等学校专利质量促进转化运用的若干意见》具体化了产权归属与费用分担、产权管理与成果披露机制、完善人才评价体系等事项，成果转化的应用及绩效体现在将其纳入一流大学和一流学科建设动态监测和成效评价以及学科评估指标体系中，对应地，过去专利申请量和授权量等增长数量的竞争力指标失效。2020年2月，中央全面深化改革委员会通过的《赋予科研人员职务科技成果所有权或长期使用权试点实施方案》则提出"要加强知识产权保护和产权激励，赋予科研人员职务科技成果所有权或长期使用权"，知识产权激励从"探索"转向了"加强"，一词之差显现出国家的改革意志。

以农业农村为推进领域的政策包括2019年发布的《中共中央国务院关于坚持农业农村优先发展做好"三农"工作的若干意见》和《关于开展国家城乡融合发展试验区工作的通知》。前者就加强农业领域知识产权创造与应用提出"加强农业领域知识产权创造与应用，建立健全农业科研成果产权制度，赋予科研人员科技成果所有权"；后者将"探索赋予科研人员科技成果所有权"作为"建立科技成果入乡转化机制"的重要内容。各个部委执行在中央政策时，其下属事业单位体系的许多部门也发布了职务科技成果改革相关政策①。又如，《交通运输部促进科技成果转化办法》（2022）对职务科技成果改革转化方式、技术权益、机制建设、收益分配、转化激励、经费投入、绩效评价、人员兼职、离岗创业、法律责任等方面进行详细阐述，是持续提升交通运输科技创新成果转化效能的重要举措。

基于以上分析可知，将职务科技成果所有权或长期使用权赋予发明人已经成为中央既定的政策走向，其应用区域、领域、场景、方式也已逐渐具体化，各行政区域也进一步结合区域特色和发展实际探索所有权改革的实践方式。

二、区域政策演化与比较

（一）区域政策概况

截至 2022 年 7 月，国内已有 31 个省区的政策文本中明确提出"赋予科研人员职务科技成果所有权或长期使用权"，而实践中的做法主要为所有权的共有，即"赋予科研人员职务科技成果所有权"。当前，中国四川省已经出台了较为系统的政策文件，除此之外，已进行改革探索的其他 30 个省区政策表述如下。

表 6—1　中国各省区赋予科研人员职务科技成果所有权改革的政策表述

地区	文件名称	时间	政策表述
辽宁	《辽宁省实施〈中华人民共和国促进科技成果转化法〉规定》	2016.12	"允许过约定以股份或者出资比例方式进行知识产权奖励，对既有职务科技成果进行分割确权，以共同申请知识产权的方式分割新的职务科技成果权属"

---

① 事业单位是国家为了社会公益目的，由国家机关举办或者其他组织利用国有资产举办的，从事教育、科技、文化、卫生等活动的社会服务组织，具有典型的国有性质。

地区	文件名称	时间	政策表述
山西	《山西省促进科技成果转化若干规定（试行）》	2017.07	"鼓励省属高等院校、科研机构与发明人或由发明人团队组成的公司之间，探索通过约定股份或出资比例方式进行知识产权奖励，对既有职务科技成果进行分割确权，以共同申请知识产权的方式分割新的职务科技成果权属。发明人可享有不低于70％的股权"
江苏	《关于深化科技体制机制改革推动高质量发展若干政策》	2018.08	"横向委托项目合同双方可自主约定成果归属和使用等事项，在不影响国家安全、国家利益和公共利益的前提下，成果可归委托方或科技人员所有"
浙江	《关于全面加快科技创新推动高质量发展的若干意见》	2018.11	"探索赋予职务科技成果所有权或长期使用权，对完成科技成果做出重要贡献的人员可给予70％以上的权属奖励"
安徽	《安徽省进一步优化科研管理提升科研绩效实施细则的通知》	2018.12	"对于接受企业、其他社会组织委托项目形成的职务科技成果，允许合同双方自主约定成果归属和使用、收益分配等事项；合同未约定的，职务科技成果由项目承担单位自主处置，允许赋予科研人员所有权或长期使用权"
广东	《关于进一步促进科技创新若干政策措施的通知》	2018.12	"高校、科研机构可与科技人员共同申请知识产权，赋予科技人员成果所有权"
河北	《印发5项支持创新相关改革举措的实施细则》	2019.03	"以事前产权激励为核心的职务科技成果所有权改革"
上海	《关于进一步深化科技体制机制改革增强科技创新中心策源能力的意见》	2019.03	"在不影响国家安全、国家利益和社会公共利益的前提下，探索开展赋予科研人员职务科技成果所有权或长期使用权的改革试点。允许单位和科研人员共有成果所有权，鼓励单位授予科研人员可转让的成果独占许可权。"2023年出台政策，允许科技成果权属100％赋予科研人员用于成果转化
甘肃	《甘肃省人民政府关于优化科研管理提升科研绩效若干措施的通知》	2019.03	"对利用财政资金形成的职务科技成果，由单位按照权利与责任对等、贡献与回报匹配的原则，在不影响国家安全、国家利益、社会公共利益的前提下，探索赋予科研人员所有权或长期使用权和收益权"

地区	文件名称	时间	政策表述
重庆	《关于进一步促进高校科研院所科技成果转化的若干措施》	2019.04	"对使用财政资金形成的职务科技成果，在高校院所开展试点，按照权利与责任对等、贡献与回报匹配的原则，允许赋予科研人员所有权或长期使用权"
天津	《天津市人民政府关于推动创新创业高质量发展打造"双创"升级版若干措施的通知》	2019.05	"探索开展赋予科研人员职务科技成果所有权或长期使用权"
山东	《关于健全科技创新市场导向制度的若干意见》	2019.07	"在不影响国家安全、国家利益的前提下，开展赋予科研人员职务科技成果所有权或长期使用权的改革试点，将'先转化、后奖励'改变为'先确权、后转化'"
陕西	《陕西省推动创新创业高质量发展打造"双创"升级版的实施意见》	2019.08	"开展以事前产权激励的职务科技成果所有权改革，对既有的职务科技成果和新申请的职务科技成果探索实施分割确权"
青海	《青海省深化科技领域"放管服"改革二十条（暂行）》	2019.08	"赋予科研人员所有权或长期使用权的具体办法由职务科技成果所在单位自行制定"
江西	《中共江西省委　江西省人民政府关于建立健全城乡融合发展体制机制和政策体系的实施意见》	2019.09	"建立健全农业科研产权制度，赋予科研人员科技成果所有权"
福建	《关于进一步促进高校和省属科研院所创新发展政策贯彻落实的七条措施》	2019.09	"以市场委托方式取得的横向项目，单位可与科技人员约定其成果权属归科技人员所有或部分拥有；对利用财政资金形成的新增职务科技成果，单位可与科技人员共同申请知识产权，赋予科技人员成果所有权"
云南	《云南省人民政府办公厅关于财政支持和促进科技成果转化的实施意见》	2019.10	"将事后科技成果转化收益奖励，前置为事前国有知识产权所有权奖励，以产权形式激励职务发明人从事科技成果转化"
北京	《北京市促进科技成果转化条例》	2019.12	"高校院所可将科技成果给予科技成果完成人"

147

续表6-1

地区	文件名称	时间	政策表述
海南	《关于支持我省高等院校和科研院所开展职务发明专利所有权或长期使用权改革试点的指导意见》	2020.01	"支持高校院所通过和职务发明人约定，将职务发明专利所有权全部给予职务发明人。 支持高校院所通过和职务发明人约定，将职务发明专利5年以上使用权给予职务发明人"
贵州	《关于印发贵州省科技领域省以下财政事权和支出责任划分改革方案的通知》	2020.02	"探索赋予科研人员科技成果所有权或长期使用权，调动科研人员的积极性和创造性"
深圳	《深圳经济特区科技创新条例》	2020.08	"赋予科技成果完成人或者团队科技成果所有权的，单位与科技成果完成人或者团队可以约定共同共有或者按份共有。约定按份共有的，科技成果完成人或者团队持有的份额不低于70%；赋予科技成果完成人或者团队科技成果长期使用权的，许可使用期限不少于十年"
山东	《关于印发省属高等学校、科研院所科技成果转化综合试点实施方案的通知》	2020.08	"允许将利用财政性资金形成或接受企业、其他社会组织委托形成的归单位所有的职务科技成果所有权赋予成果完成人（团队），试点单位与成果完成人（团队）成为共同所有权人，合理约定转化科技成果收益分配比例、转化决策机制、转化费用分担以及知识产权维持费用等，明确转化科技成果各方的权利和义务，并及时办理相应的权属变更等手续"
广西	《广西壮族自治区职务科技成果权属改革试点实施方案》	2020.12	"对利用财政资金形成的新增职务科技成果，按照有利于提高成果转化效率的原则，试点单位可协助成果完成人（团队）或共同与成果完成人（团队）申请知识产权，赋予成果完成人（团队）部分或全部成果所有权。授予成果完成人（团队）权属比例一般不低于70%，最高可全部授予成果完成人（团队）"
湖北	《关于持续开展减轻科研人员负担激发创新活力专项行动的通知》	2021.01	"积极支持湖北工业大学开展科研人员职务科技成果所有权或长期使用权试点，积累经验，适时在全省范围推广"

续表6—1

地区	文件名称	时间	政策表述
河南	《湖南省赋予科研人员职务科技成果所有权或长期使用权改革试点实施方案》	2021.05	"试点单位要充分尊重科研人员意愿，结合职务科技成果具体情况，采取转化前赋予职务科技成果所有权或转化后奖励现金、股权的不同激励方式，对同一科技成果转化不进行重复激励"
江苏	《江苏省"十四五"科技创新规划》	2021.09	"完善科技成果转化激励政策，深入开展赋予科研人员职务科技成果所有权或长期使用权试点"
宁夏	《赋予科研人员职务科技成果所有权或长期使用权试点实施方案》	2021.11	"试点单位要充分尊重科研人员意愿，结合职务科技成果具体情况，采取转化前赋予职务科技成果所有权或转化后奖励现金和股权的不同激励方式，对同一科技成果转化不进行重复激励"
吉林	《吉林省赋予科研人员职务科技成果所有权或长期使用权试点实施方案》	2021	"通过书面约定权属比例的方式，对职务科技成果进行分割确权，赋予职务科技成果完成人（团队），使试点单位与职务科技成果完成人（团队）成为共同所有权人"
黑龙江	《赋予科研人员职务科技成果所有权或长期使用权改革试点实施方案》	2021.12	"鼓励试点单位通过转化前约定职务成果权属比例的形式激励科研人员转化成果。鼓励试点单位优先采取独占许可、排他许可等方式赋予科研人员不低于10年的职务科技成果长期使用权"

（二）"所有权"政策

对职务科技成果进行产权激励是职务科技成果改革的核心内容，自中央政策《关于实行以增加知识价值为导向分配政策的若干意见》（2016）明确开展赋予科研人员职务科技成果所有权或长期使用权改革，实施产权激励以来，各级地方政府、高校、科研单位主动进行赋予科研人员职务科技成果所有权改革的探索，出台了多项政策落实党中央促进科技成果转化的目标。例如北京、四川、陕西、广东、山西、河南、山东、云南、青海等十多个省市相继出台新修订的《促进科技成果转化条例》。

大部分省市，包括山西、浙江、广西、湖北等在赋予发明人职务科技成果权属比例方面明确规定一般不低于70%，或者按照约定比例共有。在中央、地方政府政策背景下，市一级地方政府同样进行了具有特色的职务科技成果所有权改革探索①。可以看出，区域地方政策与中央政策目标、方向是一致的，在中央政策下大胆探索、勇于突破，将权属比例进一步提高，逐步实现了职务科技成果所有权从高校向成果完成人的转移。但是地方政策改革内容与中央政策内容大体相同，部分地方政策缺乏创新性，个别地方政策间的"同质性"现象严重。

高校层面的"所有权"政策探索形式更为多样，规定内容也更为具体。在中央《赋予科研人员职务科技成果所有权或长期使用权试点实施方案》（2020）中公布的40所试点名单中，高校占28所。在试点高校中，不仅仅是所有权以固定的比例分割，例如西南交通大学将科技成果所有权按照学校和发明人团队以3∶7的比例分割给发明人，更是开始关注比例之间分配的合理性、现实性、正当性问题，如四川大学以其特定的分割公式计算赋予成果完成人所有权的分割比例，比例范围在50%～90%，并且将资源、财政经费等因素纳入考虑之中，为权属改革提出了新的宝贵经验。成都理工大学相关文件也提出"完成人与学校所占权属比例的确定，同时也应结合成果的资金来源、使用学校资源情况、关键性成果的获得时间等因素综合考虑"。上海交通大学在所有权分割中考虑到学校、所属二级单位、科技成果完成人三者的利益问题。对于非试点高校，江苏大学中职务发明人与学校就专利成果权签订确权协议，按9∶1的比例共有专利权、申请专利的权利。海南大学赋予成果完成人95%的成果所有权，完成人被赋权后创办创业公司的可以申请购买学校剩余所有的5%所有权，更多信息见表6-2。

表6-2 试点高校赋予科研人员职务科技成果所有权权属比例

高校	政策名称	政策要点
北京工业大学	《北京工业大学科技成果转化管理办法（试行）》	"按照成果评估价值的90%赋予科技成果完成人长期使用权，按照成果评估价值的80%、85%、90%赋予成果完成人所有权"

① 2021年河南省洛阳市出台的《关于支持高校院所开展职务科技成果权属改革促进科技成果在洛转化若干政策》中"赋予成果转化收益分配权，在洛实施职务成果转移转化的，所获收益可按约定比例（不低于80%）对做出重要贡献的人员给予奖励"，进一步提高了权属分割的比例。

高校	政策名称	政策要点
南京工业大学	《南京工业大学专利管理办法》	"对于实施许可、转让的专利按学校与职务发明人3∶7的比例共享知识产权；对作价入股的专利按学校与职务发明人1∶9比例共享知识产权"
浙江工业大学	《浙江工业大学关于赋予科研人员职务科技成果所有权或长期使用权的管理办法（试行）》的通知	"赋予所有权仅限于已完成但未提交知识产权确权申请的职务科技成果，可赋予科研人员最高85%的所有权；学校可赋予科研人员不低于10年的职务科技成果长期使用权"
杭州电子科技大学	《杭州电子科技大学赋予科研人员职务科技成果所有权或长期使用权管理办法（试行）》	"科技成果完成人（团队）可以获得90%比例的所有权；科技成果完成人（团队）可获得不低于10年的职务科技成果长期使用权"
暨南大学	《赋予科研人员职务科技成果所有权/长期使用权办理流程》	学校与发明人约定所有权比例
海南大学	《海南大学赋予科研人员职务科技成果所有权或长期使用权试点管理规定（试行）》	"对于科技成果所有权归属学校的成果，经成果完成人申请，学校批准同意后赋予成果完成人95%的成果所有权，学校保留5%的成果所有权"
成都中医药大学	《成都中医药大学职务科技成果混合所有制改革试点工作推进方案》	"学校与职务发明人就职务科技成果知识产权的归属和申请知识产权的权利签订奖励协议，可约定按不低于2∶8的比例共享知识产权"
成都理工大学	《成都理工大学科技成果转化管理办法（暂行）》	"学校将不低于70%（含70%）的成果权属赋予成果完成人，其余不超过30%（含30%）的成果权属为学校所有。成果完成人与学校所占权属比例的确定，应结合成果的资金来源、使用学校资源情况、关键性成果的获得时间等因素综合考虑"
复旦大学	《复旦大学赋予科研人员职务科技成果所有权或长期使用权试点实施方案》	科技成果完成人（团队）可以获得70%比例的所有权

高校	政策名称	政策要点
上海交通大学	《上海交通大学关于印发科技成果转化奖励激励管理办法（试行）》	"职务科技成果在转化过程中赋予所有权的激励在学校、所属单位、科技成果完成人之间原则上按照20%：20%：60%的比例分配，或者15%：15%：70%比例进行分配"
四川大学	《四川大学科技成果转化行动计划》	四川大学成果完成人可享有50%～90%的成果所有权
西南交通大学	《西南交通大学专利管理规定》	"将科技成果所有权按照学校和发明人团队以3：7的比例分割给发明人"
江苏大学	《江苏大学专利分割确权管理办法（试行）》	"职务发明人与学校就专利成果权签订确权协议，按9：1的比例共有专利权、专利申请权或申请专利的权利"
湖北工业大学	《湖北工业大学赋予科研人员职务科技成果所有权或长期使用权改革八条措施》	"赋权改革最大限度以科研人员为中心，科技成果不分职务内外，统一赋权给成果完成人。固定收益分配比例，成果转化收益中，学校提取4%，成果作价投资入股的，学校最高持有股份不超过10%，且由成果完成人或团队代持"
海南大学	《海南大学赋予科研人员职务科技成果所有权或长期使用权试点管理规定（试行）》	"赋予成果完成人95%的成果所有权。完成人被赋权后创办创业的可以申请购买学校所有的5%所有权"

其他一些中央试点高校，如中国科学技术大学、北京理工大学、广东工业大学均提出先赋权后转化，但是关于确权分割的比例的规定仍然模糊。南京大学发布的相关文件中明确提到的是"向在校外建设新型研发机构的科研人员团队赋予职务科技成果的长期使用权"，但不涉及学校本部。沈阳化工大学发布的《沈阳化工大学促进科技成果转化管理办法（试行）》（2019）中规定"使用权、处置权、收益权归学校所有，审批同意授权给研发团队"，并没有对所有权进行规定。上海海事大学、浙江大学规定"职务科技成果所有权归学校"。辽宁科技大学、哈尔滨工业大学、北京航空航天大学、西北工业大学也尚未提到赋予科研人员职务科技成果所有权确权分割的问题。同为试点高校，但是关于赋予科研人员职务科技成果所有权改革的进度各不相同，部分高校仍处于改革初期，有些甚至还并未真正开始。但无论是试点高校还是非试点高校，对于赋

予科技成果完成人的所有权的分割比例进一步增加是大趋势，并且对职务科技成果所有权分割依据进行了细化，越来越重视兼顾科研人员、院所、高校三者之间的利益，探索灵活的确权分割制度。整体来看，职务科技成果所有权的"混合所有制"是中国职务科技成果"所有权"政策的一般发展趋势。

（三）"长期使用权"政策

北京、上海、山东、重庆、广东、内蒙古、黑龙江、深圳等省市都明确"赋予科研人员的长期使用权期限不少于 10 年，实施效果好，还可延长期限"。在不改变职务科技成果所有权归属仅赋予长期使用权方面，甘肃省、黑龙江省鼓励优先采取独占许可权、排他许可等方式赋予长期使用权。上海鼓励单位授予科研人员可转让的成果独占许可权。在高校中，复旦大学对不同的成果实行差异化管理，规定"对于重大科技成果，学校参与公司的管理和运营，获得股权的 30％，发明人团队获得股权的70％；对于非重大科技成果，学校赋予科研人员独占的长期使用权，可以作价投资，形成的股份全部由发明人团队持有，学校不参与股份和公司运营，最后学校获得股权收益的 30％"。

关于赋予科研人员职务科技成果长期使用权的相关规定并没有在绝大多数省、市和高校院所中得到普及。改革相关规定多以开展所有权分割为主，对于长期使用权的探索多采用"鼓励"一词。《赋予科研人员职务科技成果所有权或长期使用权试点实施方案》（2020）文件中规定的长期使用权是试点单位与成果完成人的约定权利，需要双方达成一致。但是基于所有权仍然与单位完全绑定，成果完成人在转化时若未达成一致，或成果完成人发生工作变动，长期使用权的行使便会受到限制，在这种情况下，科研人员对其开发的技术成果在转化实施中的控制力较弱，也随时面临着科技成果转化因各种不确定因素而中断的风险。只有在单位和成果完成人共同享有所有权的基础上，才能真正落实以科研人员为核心的职务科技成果转化机制，为长期使用权的行使奠定基础。可以说，赋予科研人员长期使用权只是所有权改革之下的一种延伸。

（四）"收益权"政策

收益权的核心是将相关利益主体纳入收入分配体系之中，建立灵活、激励兼容的分配方案，促进科技成果转化。自《促进科技成果转化法》（2015 年）将科技成果奖励和报酬的最低标准从 20％提高到 50％，各地区陆续出台《促进科技成果转化条例》等政策文件，大部分地区已将转让、许可、作价投资收益的奖励比例提至最高可达100％。高校院所在中央政策以及地方政策背景下，结合单位实践探索不同的收益比例。如北京理工大学发布的《北京理工大学促进科技成果转化实施办法》（2022）文件规定，"科技成果以转让、许可方式实施转化的，对科研人员的奖励比例，由原来统一的70％，变更为以超额累进方式，分区间进行奖励"；浙江大学实行的《浙江大学促进科技成果转化实施办法（暂行）》（2015）规定，"学校、学院（系）、研究所分别按15％、10％、5％的比例对职务科技成果转化净收益进行分配，其余70％用于对成果完成人的奖励和报酬"。

总的来说，《促进科技成果转化法》（2015）修订以后，收益比例的提升一定程度促进了各地区、高校院所的科技成果转化，但是各地区收益比例的不同，可能会导致"攀比"现象的产生，因此，奖励的比例必须兼具原则性和灵活性。如果职务科技成果所有权为单位独有，那么对成果所有权的限制过多，下放给作为弱势一方的科研人员的职务科技成果收益权就很难得到保障，这也从某种程度上可以解释为什么中国在给予科研人员职务科技成果转化收益权比例可以很高的情况下，还要进行"所有权"或"长期使用权"探索。当然，作为一种国际上普遍采用的成果转化激励方式，收益权激励应当与所有权、长期使用权激励成为一种供相关方并行可选的方式，三种方式之间并不冲突。对于选择何种激励方式，自主权应当完全给予广大科研人员，政策制定者和高校则应当强化对科技成果的有效管理，制定不同选项之下的操作标准和条件。这可以使得相关主体基于自身情况在成果转化实践中有更多的选择空间，也是增强科研人员自主权的一条有效路径，而不应因为政策热潮而忽视实践的客观规律。

表6-3　各级各类赋予科研人员职务科技成果收益权改革相关文件梳理（按时间顺序）

政策时间	政策名称	政策要点
2015	《中华人民共和国促进科技成果转化法》	科技成果奖励和报酬的最低标准从20％提高至50％
2015	《浙江大学促进科技成果转化实施办法（暂行）》	"学校、学院（系）、研究所分别按15％、10％、5％的比例对职务科技成果转化净收益进行分配，其余70％用于对成果完成人的奖励和报酬"

政策时间	政策名称	政策要点
2015	《华南理工大学服务创新驱动发展、进一步推进科技成果转化工作的若干意见》	"将70％～95％的转化收益奖励给成果完成团队"
2016	《西安交通大学科技成果转化管理办法》	转让许可："80％归技术完成人所有，15％归学校所有，5％归完成人所在单位所有"；作价入股："80％归技术完成人所有，20％归学校持有"
2022	《北京理工大学促进科技成果转化实施办法》	"科技成果以转让、许可方式实施转化的，对科研人员的奖励比例，由原来统一的70％，变更为以超额累进方式，分区间进行奖励，区间为75％～85％"
2016	《北京市促进科技成果转移转化行动方案》	"落实科技成果转化所获收益可按70％及以上比例用于对科技人员奖励的政策"
2016	《河北省促进科技成果转化条例》	"国家设立的研究开发机构、高等院校在职务科技成果转化后，应当将不低于70％的现金收益或者股权，用于对完成、转化科技成果作出重要贡献的集体和个人的奖励、报酬。对研发和成果转化作出主要贡献人员的奖励份额不低于奖励总额的50％"
2017	《山东省促进科技成果转化条例》	"将职务科技成果转让、许可给他人实施的，从该项科技成果转让净收入或者许可净收入中提取不低于70％的比例；将职务科技成果作价投资的，从该项科技成果形成的股份或者出资比例中提取不低于70％的比例"
2017	《安徽省促进科技成果转化实施细则（修订）》	"以技术转让或者许可方式转化的，从取得的净收入中提取不低于70％的比例；以科技成果作价投资实施转化的，从取得的股份或者出资比例中提取不低于70％的比例；在研究开发和科技成果转化中做出主要贡献的人员，获得奖励的份额不低于奖励总额的70％。" "合肥综合性国家科学中心科技成果转化收益用于奖励重要贡献人员和团队的比例首期可达90％"
2017	《上海市促进科技成果转化条例》	"将职务科技成果转让、许可给他人实施的，可以从该项科技成果转让净收入或者许可净收入中提取不低于70％的比例；利用职务科技成果作价投资的，可以从该项科技成果形成的股份或者出资比例中提取不低于70％的比例"

续表6-3

政策时间	政策名称	政策要点
2018	《上海海事大学科技成果转化管理办法（修订)》	"以技术转让或许可方式转化的，学校从转让或许可净收入中70%作为对科技成果完成人及转化工作中做出重要贡献人员的奖励，10%作为学院科技研发和科技成果转化工作，10%作为技术转移中心运行经费，10%作为学校收益"
2018	《四川省促进科技成果转化条例》	"将职务科技成果转让、许可给他人实施的，可以从该项科技成果转让净收入或者许可净收入中提取不低于70%的比例"
2018	《宁夏回族自治区促进科技成果转化条例》	"将该项职务科技成果转让、许可给他人实施的，从该项科技成果转让净收入或者许可净收入中提取不低于80%的比例"
2018	《江苏省关于深化科技体制机制改革推动高质量发展若干政策的通知》	"职务发明成果在省内转化获得的转让收益用于奖励研发团队的比例提高到不低于70%，在省外转化获得的转让收益用于奖励研发团队的比例不低于50%"
2018	《甘肃省促进科技成果转化条例》	"将该项职务科技成果转让、许可给他人实施的，从该项科技成果转让净收入或者许可净收入中提取不低于60%的比例"
2019	《广东省促进科技成果转化条例》	"将该项职务科技成果转让、许可给他人实施的，从该项科技成果转让净收入或者许可净收入中提取不低于60%的比例"
2019	《江西省关于进一步促进高等学校科技成果落地江西的实施意见》	"在研究开发和科技成果转移转化中获得的净收入、股份或出资比例可提取60%至95%奖励给研究开发和科技成果转移转化的团队，其中，作出主要贡献的人员获得奖励的份额不低于奖励总额的50%"
2021	《陕西省赋予科研人员职务科技成果所有权或长期使用权试点实施方案》	"由成果完成人实施转化的，试点单位将不低于转化净收益的80%奖励给成果完成人、不低于转化净收益的10%奖励给为成果转化作出贡献的人员"
2021	《浙江省促进科技成果转化条例》	"对重要贡献人员的奖励比例下限从上位法的50%提高到70%"

政策时间	政策名称	政策要点
2022	《天津市关于完善科技成果评价机制的实施意见》	"技术转让、许可不低于50％的净收入，作价投资不低于50％的股份或者出资比例，自行实施或者与他人合作实施转化投产后连续二至五年每年不低于5％的该项成果营业利润，奖励给对完成、转化职务科技成果做出重要贡献的人员；各单位在此基础上，可自主提高奖励比例，最高可达100％"

（五）区域政策演化

按照各省市提出职务科技成果所有权改革起始实践，通过各省市绘制各省市职务科技成果所有权改革热力图，呈现改革的分布情况[①]。

在区域上，职务科技成果所有权改革作为一种促进科技成果转移转化的重要激励方式已在国内地区广泛开展，并集中在中高速发展区域。

从职务科技成果所有权改革的落实情况看，目前国内几乎所有省、直辖市、自治区都提出了探索赋予科研人员所有权或长期使用权。四川省在国内最早开始进行职务科技成果所有权的改革，在省级层面已有6项推动职务科技成果转化的政策措施，其中试点方案已经二次迭代和扩大。四川省于2015年首次在政府层面上明确科技人员与其所属的科研单位是科技成果知识产权权属的共同所有人[②]。《四川省职务科技成果权属混合所有制改革试点实施方案》《支持在蓉高校院所开展职务科技成果混合所有制改革的实施意见》《关于支持四川省高校院所职务发明知识产权归属和利益分享制度改革试点的十五条措施》《四川省促进科技成果转化条例》等一系列文件先后推出，通过持续扩大高校院所等试点单位范围，不断总结试点经验，建立了"先确权、后转化"的转化模式和以增加知识价值为导向的激励机制，正式开始了四川省职务科技成果的探索之路。2018年，四川省科技厅、省发展改革委、教育厅、财政厅、人社厅等8个省级部门联合出台了《关于扩大职务科技成果权属混合所有制改革试点的指导意见》，对改革过程中的操作程序、支持方式、免责措施等进行

[①] 以各省市在政策文件中首次提出赋予科技人员所有权或权属等的相关陈述时间为起始点，以2022年7月为终点，计算各省市开展职务科技成果所有权相关改革的执行月份，绘制此图。在热力图中，颜色越深，代表执行时间越长，本图中红色区域为执行时间最长的省市。

[②] 参见《中共四川省委关于全面创新改革驱动转型发展的决定》。

了细化完善。

表6-4　四川省赋予科研人员职务科技成果所有权改革相关重要文件

政策时间	政策名称	政策要点
2015	《中共四川省关于全面创新改革驱动转型发展的决定》	"以明确科技成果权属为突破口，完善科技成果资本化产业化制度。开展职务科技成果权属混合所有制试点，明确科技人员与所属单位是科技成果权属的共同所有人"
2016	《四川省促进科技成果转移转化行动方案（2016—2020年)》	"要充分发挥市场配置资源的决定性作用，促进技术、资本、人才、服务等创新资源深度融合，推动科技成果向市场流动、向产业渗透、向民生辐射，促进科技成果资本化、产业化"
2016	《四川省职务科技成果权属混合所有制改革试点实施方案》	"推进激励科技人员创新创业十六条政策落地落实，拟选择部分国家设立的高等学校和科研院所，开展职务科技成果权属混合所有制改革试点，探索解决科技成果转化'最先一公里'的有效模式"
2016	《支持在蓉高校院所开展职务科技成果混合所有制改革的实施意见》	对职务科技成果含义、职务科技成果知识产权分割确权模式、确权流程、定价流程、收益分配、内部管理及部门职责进行明确，制定了具体的操作规范
2017	《关于支持四川省高校院所职务发明知识产权归属和利益分享制度改革试点的十五条措施（征求意见稿）》	建立健全高校院所职务发明的知识产权管理制度
2018	《关于扩大职务科技成果权属混合所有制改革试点的指导意见》	扩大改革试点范围，将试点单位由20个扩大到45个，"着力从确权模式、定价程序、收益分配、专业机构、内部管理、试错容错等6个方面，开展改革试点"
2018	《四川省促进科技成果转化条例》	围绕科技成果转化的特点和规律，对上位法进行细化，对关键环节进行规范
2020	《关于深化赋予科研人员职务科技成果所有权或长期使用权改革的实施意见》	"探索职务发明创造知识产权归属和权益分享制度改革，提供可推广、可复制的经验和举措"
2021	《中共四川省委关于深入推进创新驱动引领高质量发展的决定》	"突出问题导向和目标导向，提出一系列具有较强针对性突破性的政策举措"

政策时间	政策名称	政策要点
2021	《关于进一步支持科技创新的若干政策》	"支持中央在川和省属高校、院所等科研事业单位开展职务科技成果转化前非资产化管理试点，试点单位职务科技成果转化前不纳入国有资产管理，推动职务科技成果退出或部分退出国有资产管理清单，探索建立职务科技成果国有资产管理新模式"
2022	《职务科技成果转化前非资产化管理改革试点实施方案》	提出"探索建立职务科技成果退出国有无形资产管理机制、探索职务科技成果退出或部分退出国有资产管理清单、探索制定职务科技成果转化后的国有资产管理办法等9项试点任务"，计划在四川大学、西南交通大学等7家高校院所开展为期2年的试点
2022	《四川省科技成果评价改革综合试点实施方案》	完善"重大科技项目知识产权全流程管理、高水平技术要素市场建设、建立科技成果转化尽职免责机制"等科技评价相关领域的改革内容

上海为了贯彻落实党中央、国务院重大决策部署，开展了职务科技成果权属改革的上海探索，相继出台了一系列政策措施。具体包括《关于进一步深化科技体制机制改革增强科技创新中心策源能力的意见》（简称科改25条）、《上海市推进科技创新中心建设条例》以及《上海市促进科技成果转移转化行动方案（2021—2023）》，都强调了支持开展相关试点，推动有关单位开展赋予科研人员职务科技成果所有权或长期使用权试点，允许单位和科研人员共有成果所有权、鼓励单位授予科研人员可转让的成果独占许可权等。上海先后发布的《上海市促进科技成果转化条例》《上海市促进科技成果转移转化行动方案（2017—2020）》《上海市促进科技成果转移转化行动方案（2021—2023）》等政策文件，推动上海科技成果转化体系持续完善、科研人员转化积极性不断增强。在上海政策背景的支持下以及成果所有权下放的基础上，上海高校的改革实践归纳为基于事中产权的激励，具体来说包括上海交通大学的"学校授权＋产权分割""团队实施＋一元转让"，上海海事大学的"学校授权＋先转后投"，上海理工大学工程技术大学的"高校并股＋股权奖励""高校直股＋股权奖励等"模式。

表 6-5　上海市赋予科研人员职务科技成果所有权改革相关重要文件

政策时间	政策名称	政策要点
2017	《上海促进科技成果转化条例》	在成果转化收益分配、发挥企业在科技成果转化中的主体作用、勤勉尽责等方面做出规定。单位可以通过下列方式作价投资：以本单位名义；通过资产划拨等方式独资资产管理的法人；单位与相关人员事先约定的，以本单位和相关人员名义将该科技成果作价投资
2019	《关于进一步深化科技体制机制改革增强科技创新中心策源能力的意见》（简称科改25条）	允许单位和科研人员共有成果所有权；鼓励单位授予科研人员可转让的成果独占许可权；试点取消职务科技成果资产评估、备案管理程序
2019	《关于进一步扩大高校、科研院所、医疗卫生机构等科研事业单位科研活动自主权的实施办法（试行）》	明确科研事业单位在内部机构设置、人事、薪酬、科研项目与经费、科研仪器采购、科技成果转化等方面的自主权
2020	《上海市推进科技创新中心建设条例》	从法律层面确定了科技创新中心建设的基本框架，为相关配套制度的制定和实施提供依据，加快形成制度保障体系
2021	《上海市促进科技成果转移转化行动方案（2021—2023）》	支持开展相关试点和机制探索，尤其是在赋权改革试点单位免责机制、成果管理等方面提出探索性的操作举措

北京在 2011 年颁布的《关于进一步促进科技成果转化和产业化的指导意见》中提出"深化先行先试的创新试点，探索突破科技成果转化和产业化的制度性障碍。在高等院校、科研院所和国有企业中，开展职务科技成果股权和分红激励试点"。为了进一步解决科技成果转化中的堵点，北京先后发布了《北京市促进科技成果转移转化行动方案》《北京市促进科技成果转化条例》以及《关于打通高校院所、医疗卫生机构科技成果在京转化堵点若干措施》等文件，其目的是探索"以事前产权激励为核心的职务科技成果权属改革"，变"事后奖励"为"事后奖励"＋"事前产权激励"并行，赋予创新主体更大自主权。

表6-6 北京市赋予科研人员职务科技成果所有权改革相关重要文件

政策时间	政策名称	政策要点
2011	《关于进一步促进科技成果转化和产业化的指导意见》	在高等院校、科研院所和国有企业中，开展考核评价改革试点、职务科技成果股权和分红激励试点以及开展国有无形资产和科技成果管理制度改革试点
2014	《北京市关于加快推进科研机构及科技成果转化和产业化的若干意见（试行）》（京科九条）	提出加快科研机构科技成果转化和产业化，提高科研机构服务首都经济社会发展能力，不断强化北京作为全国科技创新中心的城市战略定位
2016	《北京市促进科技成果转移转化行动方案》	将重点任务进行了分解，提出责任部门和进度安排，成为北京落实国家促进科技成果转化"三部曲"的具体施工方案
2019	《北京市促进科技成果转化条例》	以地方立法形式，对科技成果的权属、转化收益分配、勤勉尽职免责等作出明确规定

三、配套措施

（一）国有资产管理

除上述关于赋予科研人员所有权的相关政策外，中国还出台了国有资产管理相关系列政策文件推动科技成果转化，在事实上形成所有权改革的配套文件。中央政府以及各部门关于国有资产管理的改革力度措施显著，即在原有已下放科技成果"三权"的基础上，持续降低门槛，加大对科技成果转化后形成的国有股权管理的松绑力度，解决科技成果转化中有关国有资产管理的全生命周期问题，实现授权与监管协同配合，服务国有科研机构更好开展科技成果转化活动。财政部通过松绑国有资产管理权限简化了职务科技成果的管理程序，为高校院所科技成果转化赋能助力。

表6-7　中央层面关于国有资产管理的相关配套措施

政策名称	具体内容
《财政部　科技部　国家知识产权局关于开展深化中央级事业单位科技成果使用、处置和收益管理改革试点的通知》（2014）	提出"改革成果使用权、处置管理制度。试点单位可以对其持有的科技成果采取转让、许可、作价入股等方式开展转移活动"
《中华人民共和国促进科技成果转化法》（2015）的第十八条、《实施〈中华人民共和国促进科技成果转化法〉若干规定》（2016）	"国家设立的研究开发机构、高等院校对其持有的科技成果，可以自主决定转让、许可或者作价投资，除涉及国家秘密、国家安全外，不需审批或者备案。"
《教育部　科技部关于加强高等学校科技成果转移转化工作的若干意见》（2016）	授权中央级研究开发机构、高等院校的主管部门办理科技成果作价投资形成国有股权的转让、无偿划转或者对外投资等管理事项，不需报财政部审批或者备案
财政部的《关于进一步加大授权力度促进科技成果转化的通知》（2019）	明确"加大国家设立的中央级研究开发机构、高等院校科技成果转化有关国有资产管理授权力度，明确高校院所职务科技成果作价入股形成的国有股权，不再报财政部办理国有资产产权登记证"

（二）尽职免责

随着中国依法治国工作深入推进，建设尽职免责制度被明确写入中央文件，近些年来部分地区出台的科技成果转化细则中也开始提出要建设尽职免责机制。中央层面关于尽职免责的相关意见以原则性要求为主，缺乏明确的执行参照标准。高校在科技成果转化中扮演着重要角色，但是在实际中受困于国有资产和容错机制问题，以及两者之间不对等，影响了高校决策者、科研人员参与改革的积极性。尽职免责规定的出台，反映了政策注意力对这一问题的关注，给予了高校、科研人员一定的试错空间。

表6-8　中央层面关于尽职免责的相关配套措施

政策名称	具体内容
《国务院关于印发实施〈中华人民共和国促进科技成果转化法〉若干规定的通知》（2016）	"科技成果转化过程中，单位领导在履行勤勉尽责义务、没有牟取非法利益的前提下，免除其在科技成果定价中因科技成果转化后续价值变化产生的决策责任"

政策名称	具体内容
《关于实行以增加知识价值为导向分配政策的若干意见》(2016)	"科研机构、高校应建立健全科技成果转化内部管理与奖励制度,自主决定科技成果转化收益分配和奖励方案",单位负责人和相关责任人按照《中华人民共和国促进科技成果转化法》(2015)及《实施〈中华人民共和国促进科技成果转化法〉若干规定》(2016)予以免责
《国务院关于印发国家技术转移体系建设方案的通知》(2017)	健全激励机制和容错纠错机制,完善勤勉尽责政策,形成敢于转化、愿意转化的良好氛围
《教育部办公厅关于进一步推动高校落实科技成果转化政策相关事项的通知》(2017)	"在推动科技成果转化过程中,学校各级管理人员依法按照规章制度、内控机制、规范流程开展工作且没有牟取非法利益的,即视为勤勉尽责,适用国发〔2016〕16号文的免责条款"
《教育部 国家知识产权局 科技部关于提升高等学校专利质量促进转化运用的若干意见》(2020)	"相关责任人已履行勤勉尽责义务、未牟取非法利益的,可依法依规免除其放弃申请专利的决策责任"
《赋予科研人员职务科技成果所有权或长期使用权试点实施方案》(2020)	"试点单位领导人员履行勤勉尽职义务,严格执行决策、公示等管理制度,在没有牟取非法利益的前提下,可以免除追究其在科技成果定价、自主决定资产评估以及成果赋权中的相关决策失误责任"

(三) 自主权下放

在科技成果研发创造的前期工作中,对于重大科技专项和重要项目实施揭榜挂帅制或PI制,以首席专家为主导,科研人员及其团队被赋予更大的科研立项、技术路线、财务管理、设备处置等自主支配权和决策权。此外,科研项目经费管理使用自主权被下放到项目承担单位,与职务科技成果所有权的转化形成配套措施。

表 6-9　中央层面关于自主权下放的相关配套措施

政策名称	具体内容
《关于加强高等学校科技成果转移转化工作的若干意见》（2016）	"高校有权依法以持有的科技成果作价入股确认股权和出资比例，通过发起人协议、投资协议或者公司章程等形式对科技成果的权属、作价、折股数量或出资比例等事项明确约定、明晰产权，并指定所属专业部门统一管理技术成果作价入股所形成的企业股份或出资比例"
《国务院关于优化科研管理提升科研绩效若干措施的通知》（2018）	建立完善以信任为前提的科研管理机制，赋予科研人员更大的人财物自主支配权，充分释放创新活力
《关于抓好赋予科研机构和人员更大自主权有关文件贯彻落实工作的通知》（2019）	"赋予科研人员更大技术路线决策权"，"科研项目负责人可以根据项目需要，按规定自主组建科研团队，并结合项目实施进展情况进行相应调整"
《人力资源社会保障部关于进一步支持和鼓励事业单位科研人员创新创业的指导意见》（2019）	"鼓励高校、科研院所等事业单位在'双创'活动中探索赋予科研人员职务科技成果所有权或长期使用权，对于纵向科研项目，支持按职务科技成果完成人（含完成人团队）占成果所有权70%以上比例，约定共享成果权属，或按照职务科技成果发明人占成果所有权70%以上比例分割现有职务科技成果所有权，鼓励授予可转让的成果独占许可权"

（四）税收优惠

高校院所科技成果转化税收优惠政策的出台，解决了困扰高校院所和广大科研人员多年的一个顽疾，实现了以问题为导向的改革意志，对于高校和科研人员以更大力度推动科技成果转化具有较大促进作用。

表 6-10　中央层面关于税收优惠的相关配套措施

政策名称	具体内容
《财政部　国家税务总局关于促进科技成果转化有关税收政策的通知》（1999）	"科研机构、高等学校转化职务科技成果以股份或出资比例等股权形式给予科技人员个人奖励，获奖人在取得股份、出资比例时，暂不缴纳个人所得税"

政策名称	具体内容
《国家税务总局关于取消促进科技成果转化暂不征收个人所得税审核权有关问题的通知》（2007）	延续了暂不征收这一税收优惠，并取消了税务机关的审核
《财政部　国家税务总局关于完善股权激励和技术入股有关所得税政策的通知》（2016）	以技术成果投资入股的企业或个人，"投资入股当期可暂不纳税，允许递延至转让股权时，按股权转让收入减去技术成果原值和合理税费后的差额计算缴纳所得税"
《关于科技人员取得职务科技成果转化现金奖励有关个人所得税政策的通知》（2018）	"从职务科技成果转化收入中给予科技人员的现金奖励，可减按50%计入科技人员当月工资、薪金所得，依法缴纳个人所得税"，即减半征收现金奖励的个人所得税。该政策仅适用于科技成果的转让或实施许可两种方式
《关于扩大高校和科研院所科研相关自主权的若干意见》（2019）	"科研人员获得的职务科技成果转化现金奖励不受单位绩效工资总量限制，同时增加了科研人员的兼职或者离岗创业收入也不受单位绩效工资总量限制"
《关于事业单位科研人员职务科技成果转化现金奖励纳入绩效工资管理有关问题的通知》（2021）	"职务科技成果转化后，科技成果完成单位按规定对完成、转化该项科技成果做出重要贡献人员给予的现金奖励，不作为人力资源社会保障、财政部门核定单位下一年度绩效工资总量的基数，不作为社会保险缴费基数"

（五）专项资金支持

部分省市为发挥企业转化科技成果的主体作用，在 2020 年以后，采取多级政府联动、社会资本与政府先导资金共同支持，激励各类市场主体牵头一些重大科技成果的产业化实施，作为多元参与的重要组成部分，各级政府创新创业专项资金、科技创新券等新模式亦参与其中。例如，四川省政府牵头于 2021 年建立了国内首个跨高校中试研发平台，以数亿元政府国有资本投入带动更多社会资本，为高校共性技术中试①和产业化实施提供助力，形成"政府－高校"之间协同合作的成果转化模式；浙江在开放型中试基地与平台建设上，以 PPP 等形式大力鼓励企业和社

---

① 指产品或技术正式投产或大规模量产前的较小规模试验。

会资本介入，为一般科研机构、中小企业提供技术试验与集成、熟化与培育、工程化样机试验服务等。河北省按照提供科技成果转化服务合同金额的最高50%兑付创新券，促使企业向高校、科研院所、科技中介服务机构等购买促进科技成果转化的中试、检验检测、成果评估等服务。

（六）分类评价

2021年7月16日国务院办公厅印发的《关于完善科技成果评价机制的指导意见》提出强化侧重科技成果转化在人才评价中的作用，"充分发挥科技成果评价的'指挥棒'作用，全面准确反映成果创新水平、转化应用绩效和对经济社会发展的实际贡献，着力强化成果高质量供给与转化应用""通过深化项目评审、人才评价和机构评估改革，转变重大科技专项、重点研发计划项目立项和组织方式，从过程管理转为目标导向。并且将成果转化列为人才评价和绩效评价的重要依据"，"破除'五唯'，并在科技成果的相关奖励中优化奖励的评价、力度、标准，建立健全以创新代表性、显示度、质量和社会贡献为导向的绩效和职称评价体系"，除这一体系外，"形成对科技成果的科学价值、技术价值、经济价值、社会价值、环境价值的综合多维度评价体系，突出科技成果转化和对社会的贡献度在人才评价中的作用"。

（七）打通全链条

多数省市通过发展技术中介、技术转移、无形资产评估、知识产权综合服务等专业化支撑，重点培育一批具有品牌影响力的专业科技服务机构，支持各级各类孵化器、产研院、大学科技园等，打造覆盖创新创业全链条的科技发展体系，打通成果转化的产业链，为科技成果转化提供了良好的平台基础。其中，较有代表性的有陕西省的"秦创原"平台等。

四、高校典型案例

继早期西南交通大学按照约定原则进行高校和成果完成人"三七"比例进行职务科技成果"混合所有制"改革之后，我们也梳理了一些代表性高校出台的职务科技成果确权分割改革措施。

（一）四川大学

1. 政策措施

为促进学校科技成果转化，四川大学《科技成果转化行动计划（试行）》（2017）构建了以此为统领性政策文件的"1+N"成果转化政策体系如图6-2所示。

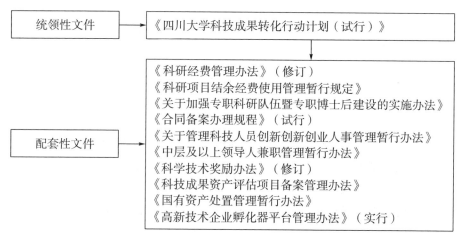

图6-2 四川大学职务科技成果所有权改革配套政策组合

这一系列配套政策，涵盖横向课题科研经费与合同管理、成果转化专职队伍建设、科技人员创新创业、科技成果转化评价考核体系、成果转化交易定价、成果转化中国有资产处置、创新孵化平台规范等内容，并自2014年以来制定了100余项内控管理制度。

2. 改革做法

在所有权改革方面，该校提出"科学确权，早期分割，权益共享，责任共担"，承认科研人员个人的智力投入、发明灵感、实现能力在形成的最终成果中应有的知识产权权属份额比例，在重视和尊重个人智力劳动的基础上实施科技成果所有权确权改革。四川大学在确权分割方面，形成了一套较为完善的比例认定程序（图6-3）。

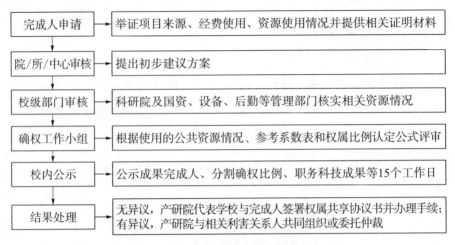

图6-3 四川大学职务科技成果确权分割程序

在四川大学的分权体系下，根据所使用的公共资源和个人贡献，职务发明人通过确权工作小组的认定可享有50%～90%的所有权比例，并由此享受相应的权益。

四川大学职务科技成果完成人的所有权权属比例的认定公式：

$$I = 50\% + 50\%(1 - R) \qquad (式6-1)$$

$$R = 70\%F + 20\%A + 10\%B \qquad (式6-2)$$

其中,I为职务科技成果完成人的所有权权属比例,R为职务科技成果的资源占比系数,F为成果研发过程中使用国家、地方各级政府等的财政支持经费占总研发经费的比例,A为成果研发过程中使用学校试验场地及设备情况,B为成果研发过程中使用学校图书、数据库及信息服务等其他公共资源情况。其中,A和B的值是按照使用程度高(0.7～0.9)、中(0.5～0.7)、低(0.3～0.5),由确权工作小组确定具体系数。

并且，四川大学以分期付款的方式鼓励教师买断所有权进行入股和转化。且确权后的成果以作价投资方式在蓉在川转化产生显著经济和社会效益，最高可再奖励给成果完成人学校权益部分的30%。以四川大学生物材料专业教授Z教授的成果转化为例：

材料专业Z教授研发了一种可用于人脸微整形的新材料，具有较好的市场前景，该技术研发投入主要依托下游企业提供的横向研发经费资助，属于校企合作研发，同时也有财政资金投入，政府财政资金投入占比30%，重要参数"财政资金投入占比"确定。接下来，这个医用新材料项目研究开发过程对学校资源的使用情况评级为"中等",参数"资源使用系数"量化赋值为 0.5,通过四川大学评估所有权比例的计算方法,Z 团队可获得 82% 的知识产权权属份额。通过第三方评估,该成果作价 200 万元与企业合作转化落地,企业、Z 个人及其团队、学校所占公司股比依次为 80%、16.4%、3.6%。

3. 本校改革特色

四川大学率先在国内提出了确权分割的特定算法,兼顾了职务科技成果转化需求与程序、结果正当的关系,在确权分割的核心比例问题上,结合了校方、学院和相关部门等的评估认定,将财政经费使用和校内公共资源使用的程度纳入了主要考量范围内,有效应对了职务科技成果使用了公共资源而最终转为个人所有的争议,为权属分割结果认定的公平性和科学性提出了新的解决方案。

(二)上海交通大学

1. 政策措施

上海交通大学印发《关于完善知识产权管理体系落实〈促进科技成果转化法〉的实施意见》(简称《实施意见》)(2018)系列文件,形成了成果转化的系列配套措施(图 6-4)。

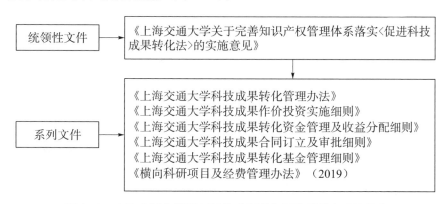

图 6-4 上海交通大学职务科技成果所有权改革配套政策组合

2. 改革做法

在上海交通大学知识产权管理的系列文件中,《实施意见》提出职务发明的专利申请权和专利权归学校所有,但"可以通过签订协议方式,授予职务科技成果完成团队或个人对该成果进行自行转化",即《上海交通大学科技成果转化管理办法》中提出"学校科技成果转化类型包括科技成果的实施许可、转让、作价投资、完成人实施、专利直通车等"中的"完成人实施"模式,这一模式也被称为"自行实施"。

"完成人实施"模式的决策权在于上海交通大学,学校允许科技成果完成人利用已经获得的职务科技成果创办企业,开展与该科技成果相关的创业活动,这一举措本质上是"长期使用权""成果转化权"或转让条件下的"所有权权属变更",与最早在西南交通大学实施的"高校+完成人"的所有权模式有一定区别。"完成人实施"模式的实现机制一是该校与发明人签订协议,允许使用成果用于转化;二是上海交通大学在许可、转让、作价投资等模式基础上,"在同等条件下优先将科技成果向完成人转让",由完成人完全拥有成果。

当前,上海交通大学执行"完成人模式"的做法总结见(表6-11)。

表6-11　上海交通大学职务科技成果确权分割模式

类别	含义
先转后投	学校将职务发明创造的知识产权(主要指专利权和专利申请权)100%让渡给成果完成人及其团队,由科研人员自行以科技成果作价投资等方式,与合作方共同创办创业公司,实现盈利后,按照约定的比例向学校返还一部分收益
分割转让+成果评估	通过合同约定,将知识产权按"1元"名义价格进行分割转让,确定学校和科研人员共同持有成果知识产权,在具备转化时机时,再委托评估确定转化时可参考的价值

上海交通大学"先转后投"的首例实施案例是该校的"生物活性肽的制备与应用"成果转化项目:

> 学校将职务发明创造的知识产权(主要指专利权和专利申请权)事前让渡给科研人员及其团队,由科研人员自行寻找合作方,校方、合作方、科研人员及其团队共同签订合作协议书,以科技成果作价投资的方式与合作方共同创办创业公司(由投资方和科研人员各持有公司50%股份),在企业实现盈利后,按照约定比例向学校支付收益的40%。

在该案例中,大学通过转化过程中提前"100%"赋予科研人员职务科技成果所有权,避免了多个权利人下权属交叠带来的潜在交易成本,真正赋予了科研人员成果的完全转化权和自主权。一方面,这种以科研人员为主体、以自主实施为主要方式的科技成果转化模式,学校保障了科研人员对职务科技成果知识产权的优先受让权。这个案例所反映的更深层次问题是，中国高校所有权下的科技成果转化并非一个理性经济人选择，其驱动力既包括科研人员通过其自主智力劳动获得回报的主观动力，也包括大学国有资产管理、绩效考核等客观制约，大学本身并没有科技成果转化的源动力，基于这一点，现行法律规定的"不改变权属前提下开展科技成果转化"就存在自相矛盾之处，科研人员的优先受让权刺激了职务科技成果转化的源头驱动力，这符合市场经济的基本规律。

"分割转让＋成果评估"的做法是在科技成果转化行为发生时，将知识产权的一部分所有权以一元名义价格转让给科研人员。上海交通大学"1元名义价格"的权属分割部分产权给完成人作为过渡性的转让流程，使科研人员获得部分权属，在通过专家评议、尽职调查或第三方成果评估后，再按照挂牌交易价格由发明人在5年时间内支付剩余部分权属的转让费给学校。以"智能手术系统"成果转化项目为例：

> 首先，1元转让，科技成果（主要指知识产权形式下的成果）以1元的象征性价格，按70％比例转让给上海交大机械与动力工程学院X教授团队，并在国家知识产权局作权属变更登记；其次，价值评估，学校和X教授委托第三方评估机构评估科技成果的潜在价值，作为交易的参考值；第三，挂牌交易，学校通过在有一定资质和公信力的交易机构挂牌交易，进一步向X团队转让剩余30％所有权，至此，X团队获得科技成果的完全所有权，科研团队将其作价入股给北京一家公司，协议约定科研团队在5年内向学校分期按照30％的收益比例支付转化收益，实现收益在学校和科研人员之间共享。

值得一提的是，"1元名义价格"过渡性转让实际上承认了科技成果的知识产权在为转化之前不具备现实的资产价值，只具备预期的资产价值，成果转化前的知识产权价值评估意义并不大。参考《上海交通大学科技成果转化管理办法》中具体规定的"采用完成人实施方式转让的科技成果，其转让价格不得低于评估价格"，这一做法在财务上得以成立的前提是上海交通大学财计处根据科研院确定的无形资产入账清单，以每项科技成果1元的价格进行名义记账，价值评估环节放在了学校与科研人员签订合同、实施权属变更以后。在"完成人实施"模式下的利益分配机制是"学校不再向科技成果完成人进行奖励，学校和所属单位应当分配的收益，由完成人在约定时间内向学校支付"。总体上，上海交通大学的所有权改革模式为当前各地和各实践主体探索赋予科研人员所有权和长期使用权开阔思维，提供了多种模式参与。

（三）江苏大学

根据《江苏大学科技成果转化管理办法》（2018）和《江苏大学专利分割确权管理办法（试行）》（2019），为激励职务发明人积极转化科技成果，江苏大学允许在职务科技成果专利申请、专利转让、专利许可、作价投资等情形下，完成人按照程序先提出分割确权的申请，由校方单独所有的职务科技成果，完成人与学校以 9∶1 比例共享专利成果权，职务发明人与学校就专利成果权签订确权协议，确权分割包括既有科技成果的共有专利权、专利申请权或申请专利的权利，收益及作价入股股份份额按此比例共享；非校方独有的职务科技成果，则由多方进行协商。

図 6-5　江苏大学职务科技成果权属分割流程

（四）成都中医药大学

成都中医药大学发布制定了《成都中医药大学职务科技成果混合所有制改革试点工作推进方案》和《成都中医药大学激励科技创新十二条政策》（2017）等政策，规定"学校与职务发明人就职务科技成果知识产权的归属和申请知识产权的权利签订奖励协议，可约定按不低于 2∶8 的比例共享知识产权"。学校职务科技成果混合所有制改革采取三种模式：对既有职务科技成果知识产权，学校与职务发明人（团队）通过约定权属或出资比例变更知识产权人的方式，对既有职务科技成果知识产权进行分割确权；对正在申请中的职务科技成果知识产权，学校与职务发明人（团队）之间约定权属或出资比例变更知识产权申请人的方式，对正在申请中的职务科技成果知识产权进行分割确权；对新产生的职务科技成果，学校与职务发明人（团队）之间，通过共同申请知识产权的方式，对新产生的职务科技成果知识产权进行分割确权。

综合当前国内几个典型高校的所有权改革，对国内探索赋予科研人员所有权或长期使用权已有的多种实施方式小结如下（表6-12）。

表6-12 国内几个典型高校职务科技成果确权分割模式

改革高校	确权条件	确权对象范围	确权比例依据
四川大学	肯定科研人员对成果的智力投入、发明灵感、价值实现的作用	既有专利成果	依据对资源利用程度，按确权公式和系数评估比例
上海交通大学	需通过专家评议、尽职调查或第三方评估	既有专利成果	依据相关方约定比例，可全部转让给发明人
上海大学	横向课题三方协议约定	横向课题的既有专利成果	依据相关方约定比例
东南大学	作为作价投资的一个补充实现方式	既有校方允许转化的专利成果	固定比例7∶3
江苏大学	专利申请、转让、许可或作价投资时	新申请专利、既有校方允许转化的专利成果	校方拥有的职务科技成果，按照固定比例9∶1
成都中医药大学	将确权分割分为"三种模式"	既有专利成果、正在申请专利的技术成果，以及新产生还未申请专利的职务科技成果	固定比例8∶2

通过上述案例分析可知，目前各地方各单位探索赋予科研人员职务科技成果所有权改革从提出探索思路，到明确开展局部实践，再到加入省级或中央层面政策试点，已经形成事前和事中确权两类方式，具体有三种分割确权方案：一是以西南交通大学为典型代表的一刀切式"混合所有制"改革，由发明人和高校以确定比例共有知识产权；二是以四川大学为典型案例的明确分割确权认定比例依据和计算方法，一事一议地执行先混合所有、后鼓励全部买断的产权激励模式；三是以上海交通大学为典型代表的允许向发明人转让全部知识产权所有权的极限激励模式。

五、对改革中复杂政策因果机制的剖析

寻找政策的进路，需要回归本源问题。科技成果产权配置的终极目

标是实现对科研人员的有效激励，其本质是如何有效激励"人"的问题，进而从源头上为中国新发展格局提供源源不断的高质量创新成果。在这一领域已有的改革实践中，由于涉及人才激励、知识产权权属配置、科技成果转化等复杂治理情境，治理"碎片化"现象随即产生：一是治理主体间转嫁风险，出于不同部门利益考虑，相关主体往往会在规避自身风险的同时让其他主体承担责任，在财政资助科技成果权属再配置中，中央各部门之间就具有各自不同的考量，科研人员、高校院所、地方政府、中央政府在科技成果权属配置中的职责关系、政策诉求与利益平衡尚未理顺，基层主体依然顾虑政策风险；二是政策缺乏沟通，相关政策在中央和地方之间、不同地方区域之间缺乏有效沟通渠道与信息共享，政策动机与行动之间出现不一致、不协调；三是政策认知差异，不同区域地方政府、不同部门和单位对政策的反应与执行存在差异，各自为政，造成改革意志和聚焦力度不足。如何有效追踪、识别这一复杂政策过程中的多元因果机制，就成为持续协同推进人才激励与科技创新体制机制改革的理论和实践关键议题。

（一）政策因果机制框架的建构

产权理论是新制度经济学的重要内容，产权如何配置将对激励与效率产生深刻影响，产权激励以利益最大化为出发点，通过赋予个体所有权，实现资源配置的帕累托最优效果。人才激励制度是新时代创新驱动发展的重要环节，通过构建具有全球竞争力的人才激励制度体系，对于充分调动人才积极性、主动性、创造性将产生深远影响。

科技成果是中国语境下对创新主体研究开发活动所取得智力成果的总称，这一智力成果经知识产权行政管理部门确权后形成法定意义上的知识产权[①]，经《专利法》法定确权后，形成知识产权意义上的"职务发明创造"。自 20 世纪 80 年代美国实施《拜杜法案》，将政府资助形成科技成果的知识产权权属从联邦政府下放至科研院所，科研院所技术商业化就此成为全球关注的热点。随着中国 2016 年实施新的《促进科技成果转化法》以来，公立高校和科研院所的职务科技成果转化激励政策、路径模式、知识产权权属等议题引发学者关注。加之国际上"教授特权"

---

① 依据现行《促进科技成果转化法》的规定，职务科技成果是指"执行研究开发机构、高等院校和企业等单位的工作任务，或者主要是利用上述单位的物质技术条件所完成的科技成果"。

(Professor Privilege) 制度的变迁影响，以中国四川省和西南交通大学为代表的"科技小岗村"区域知识产权激励政策实践，即最先提出职务科技成果"混合所有制"理论与实践范式，进一步引发学术界对知识产权权属与职务科技成果转化关系的热议，但还缺乏对这一问题从机理层面的深入剖析。

在本书选定的研究情境下，科研人员产权激励即科技成果的知识产权权属激励模式，作为产权激励理论在新形势下的衍生形态，其核心是将公立科研机构由国家财政资助形成的职务科技成果知识产权，由原来的"单位所有"转变为"单位与科研人员共有"或"科研人员单独所有"，通过"产权下放"进而实现科研人员"产权激励"，加速科技成果向现实生产力转化，提升科研人员在成果转化过程中的主动性和收益。然而调研分析发现，在现有科研人员产权激励政策试点的治理过程中，治理"碎片化"问题凸显，主要涉及政策相关利益主体利益平衡、政策沟通与信息共享、政策认知与行动等方面，亟需厘清和识别其中各种困境产生的因果缘由，并建构整体性治理框架。

1. 复杂政策体系的整体性治理

政策体系一般是指通过政策优化构建一个科学合理、逻辑清晰、实践有效的政策框架，进而引导政策理解、政策制定和冲突议题的解决。在治理实践中，传统的单一政策体系框架有时很难解释分析复杂的政策情境问题，在这种复杂情境中，往往涉及政策交叠、主体共生、目标价值多元、过程结果难以评价等困境，复杂政策体系由此生成并有了更强的解释力。复杂政策体系是从政策相关利益主体、治理目标、政策认知、信息分布、治理结构等方面突破传统政策体系的更为交互复杂的系统性政策框架，往往涉及跨部门、跨区域、跨层级的多因果链条的复杂治理情境。由于政策需求的复杂多样，加之由其带来的治理目标的定制性高和清晰程度低等特点，不同部门、不同区域、不同层级的利益主体产生差异性政策认知，并且政策认知的差异性进一步导致重要的基础信息分散，难以划归为明确的目标，增加政府信息搜寻成本。此外，复杂政策体系在治理结构上打破了传统政策体系自上而下的一体化推进，强调"顶层设计"与"地方转译"的协同治理模式。

"整体性治理"由英国学者安德鲁·邓西尔于1990年最先提出，旨在形成一种从社会整体视角分析与解决政策问题的范式。佩里·希克斯在其基础上对整体性治理的理论概念进行进一步深化，他认为整体性治理旨在建立有效的协调与整合机制，帮助政府组织和机构间进行交流与合作，运用强有力的政策手段使政府组织和机构间的政策目标一致且连续，并最终实现无缝隙合作的治理模式，已被广泛应用在公共事务研究的多个领域。整体性治理能够在复杂政策治理中颇有成效的根本原因是其在破解复杂政策体系运行过程中产生的治理"碎片化"问题方面独具优势，即从整体的视角提供一种协作与整合的全新治理模式，弥补复杂政策体系中的主体碎片化、政策内容碎片化、目标价值碎片化等缺陷。整体性治理对解决复杂政策体系问题的契合性主要体现在：一是"碎片化"问题相通，复杂政策体系改革中的"碎片化"问题主要表现为政策对象的多元化需求、政策内容交叉重叠、难以归类等；二是"碎片化"问题治理理念一致，整体性治理与复杂政策体系均以满足政策受众需求为导向，将"自下而上"与"自上而下"的治理理念相耦合；三是"碎片化"问题治理方式一致，整体性治理与复杂政策体系在破解"碎片化"问题时均依赖信息技术，突破信息不完全、不对称以及不透明的壁垒。

2. 科研人员产权激励涉及复杂政策因果机制建构

产权激励根植于产权理论，经济学家科斯他认为产权理论旨在明确劳动成果的归属，并通过界定产权边界，降低交易成本，提升资源配置效率。在知识经济时代，智力劳动逐步取代体力劳动，知识、技术、信息等生产要素逐步提高。马克思早在其劳动价值论中就将复杂脑力劳动视为一种创造价值的重要途径，这与科研人员在智力劳动中创造科技成果、实现知识增值、提升国家整体科技创新水平有异曲同工之处。科研人员产权激励的预设机制是面向"人"的激励，人的激励与需求过程是极其复杂的，也是最为基础性的。科研人员作为知识型人才，以政策干预实现对科研人员系统行为与反应的调试和改造不是单一部门、层级或政策能够完成的，加之科技成果的知识产权作为一种无形财产较之于有形财产的不可预见性与不确定性，科研人员产权配置与创新激励的政策过程和效应就产生了以下多链条的复杂因果关系，须加以解释。

一是政策相关利益主体目标多元和诉求冲突与政策执行难之间的因果关系。科研人员产权激励涉及科研人员及其团队、高校院所等多方利益主体，其关系需求的多元性特征带来政策目标的差异性。改革实践中，科研人员与单位可作为科技成果知识产权共有人，依法均享有科技成果的处置权，根据中国现行科技制度对科技成果共有人行使权利的相关规定，在没有约定的情况下，共有人应当首先取得全体共有人的同意，再对科技成果进行转让或实施独占许可，现有科研人员"产权激励"实践中，由于单位与个人的价值取向存在差异，即个人追求利益最大化，单位还需考虑管理实际和政策风险，缺乏对科技成果共有人行使权利出现分歧时的有效磋商和管理机制，单位与科研人员之间缺乏制度化的利益平衡机制。此外，单位和个人对于拥有科技成果知识产权而产生的政策感知与激励效应还可能存在学科区分、单位属性、技术特征、个体特征等差异。

二是政策信息的沟通不充分与政策学习有效性低之间的因果关系。科研人员产权激励以地方试点形式推广，其重要信息分散在推行试点的高校院所和地方政府，尚未形成统一的政策信息平台与执行情况综合信息，进而增加了各地各单位需求信息的搜寻成本，以及开展政策实践的学习成本。目前中国科研人员产权激励政策条例呈现"遍地开花"的态势，仅 2019 年以来，就有二十多个省市相继出台政策。各省市在科技成果所有权比例、激励措施、确权分割程序、分类实施对象等方面还处于探索阶段，政策工具多元但未能形成合力。"地方主义"造成不同试点区域间难以获取精准政策信息、深度分享改革经验、开展政策学习，造成政策学习仅停留在理念、原则的简单复制而少有操作层面的政策创新。

三是政策反应、执行差异与政策落地效果欠佳之间的因果关系。不同区域、不同部门、不同层级的相关政策主体在对科研人员产权激励政策的反应和执行差异，各主体在制定政策时以自身利益作为出发点，导致政策治理主体间"集体行动失灵"，增大了试点效果的偶然性和随机性。例如，从中央政府各部门政策行动看，科技部侧重关注科技成果转化促进，教育部侧重优化高校科研管理模式，财政部主要针对国有资产"放权"管理，人社部主要针对人才激励政策配套，国家知识产权局侧重行政司法条例的解释与修改，改革的政策系统政出多门，"部门主义"可能制约改革推进，政策行动协调一致是关键。此外，中央各部门之间在政策实践中的积极性和部门利益考量有较大分歧，上述政策集体行动失灵的"自变量"潜移默化地导致政策落地效果不佳，高校院所科技成果知识产权权属分割确权与成果转化活动却并未如预期的"雨后春笋"般展开，多停留在顾虑和观望状态。

基于以上讨论，本章构建了科研人员产权激励政策过程的基本因果机制框架，将主自变项"科研人员科技成果产权配置"与主因变项"科研人员创新激励效应"之间的主因果机制，根据治理碎片化的三种表征划分为三条子因果链（如图 6-6），并在后文分析中逐一展开分析，以期为主因果机制中变项的关系建立提供证据。

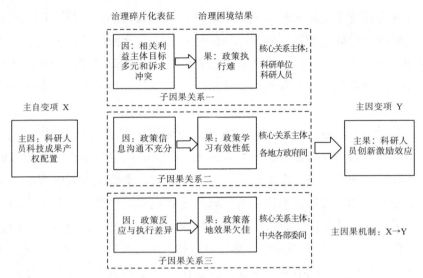

图6-6　科研人员产权激励治理碎片化的因果机制框架

（二）科研人员产权激励的复杂政策因果机制识别

因果机制是社会科学研究主要探讨的核心议题，Glennan 在 1996 年将其定义为通过某些组成部件之间的相互作用产生某一结果的复杂系统。传统的因果关系研究多基于实证数据的分析归纳，即 X 和 Y 是否相关、如何相关，但有时往往不可避免地忽略因果关系中的一些关键机制，且多是面向"一般性"开展的研究。我们引入基于特殊个案内推的过程追踪法（Process-tracing method），试图研究探讨将复杂因果变量联系在一起的"机制"。Gerring 认为，探讨复杂因果机制有助于我们在研究因果关系时更进一步，以得到隐藏于各种结构关系原因背后的中介因素。社会科学中的过程追踪被界定为致力于描摹这种因果机制，即 X 与 Y 之间的因果链是如何形成的，因此，过程追踪法是个案内推情境中复杂因果机制的优选研究方法，符合本研究的基本情境。

过程追踪法已经形成了理论检验型、理论建构型、解释结果型三种主要路径体系。理论检验型过程追踪是从现有文献中演绎出理论，然后在给定的个案中检验是否有证据表明假设的因果机制部件在案例中出现，进而考察理论在案例中的适用性；理论建构型过程追踪寻求从经验证据中建构一般化的理论解释，可以提高我们对理论的认知水平并发展出新的理论；解释结果型过程追踪试图在某一特定个案的结果中给出"最低限度"的合理解释，化观察为证据，"就事论事"地提出一套充分解释，即采取折中立场将因果力量概念化、理论化。解释结果型过程追踪的机制中包含经验和理论两个层面，经验层面是集中对案例中经验表现的收集和整理，一般多为事件形式，理论层面为经验表现的概念合成物。过程追踪进程往往包含了非系统性机制和系统性机制，这些非系统性机制虽然可能随个案变化，使我们能够捕捉遍布历史事件中的行动者的选择，但是，对系统性机制的提取是主因果机制关注的焦点（如图6-7）。过程追踪是当前中国政策议题迫切需要的研究方法，也呼应了更多学者的研究目的。本研究就是基于解释结果型过程追踪对科研人员产权激励个案中的复杂政策因果机制开展研究考察，并基于研究发现，提出破解治理碎片化的整体性治理策略。

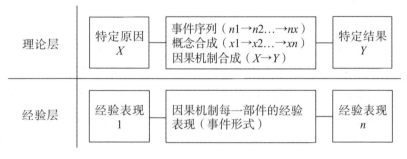

图6-7 解释结果型过程追踪中的机制呈现

（三）科研人员产权激励政策过程的因果机制追踪

1. 子因果关系的追踪

在子因果关系一中，自变项的相关利益主体之间目标多元与诉求冲突是如何导致政策执行难的，应加以研究分析。职务科技成果的产生大多是科研人员依托财政经费资助和单位的物质技术条件（如实验设备、办公场所、行政管理服务等），在定向探索过程中形成的无形智力资产，但在传统制度模式下，科研人员却不享有职务科技成果的知识产权，而仅有署名权和获得奖励报酬的权利，职务科技成果的知识产权归单位所有。中国的基本经济制度决定了公立高校和科研院所科技成果最终归属于国家，非市场化改革下的高校和科研院所主要使命是科学研究和人才培养，并不具备足够的动力推动科技成果向现实生产力转化，同时，公立高校和科研院所还要避免因无形资产的不合理交易造成国有资产流失。而科研人员是科技成果的直接创造者，个人的逐利动机即成果商业化动机较之于单位更强，对于科技成果的市场化前景最有发言权但却没有决定权，在这种制度导向下，科研人员取得科技成果并申请知识产权反而会弱化知识产权本身的潜在市场化应用潜力，而仅以获得一纸证书为目标，也就是说，传统的产权配置削弱了单位和个人的"主体功能"并引发"功能错位"。

科研人员"产权激励"改革为打破这种"错位"提供了全新的政策逻辑与改良空间，但在2016年至今的区域政策试点实践中，以四川省和西南交通大学为改革试点调研发现，科研人员对这种模式赞成度高但执行度低，科研机构主动参与政策试点态度呈现两极化，即引领先河者有之，拒绝跟风者有之，一方面由于政策试点本身与中国现行《专利法》《促进科技成果转化法》等有所冲突，对政策的制度风险顾虑较大，担心"秋后算账"，另一方面，已有的一些单位和个人确权分割案例的非制度化规范化流程以及在科技成果实际转化运用中产生的"单位－个人"间利益分享纠纷，导致科研人员为"避免麻烦"而产生政策投机行为，即或是选择不向所在单位披露职务发明而暗地自行成立公司转化相关成果，或是在职务科技成果完成并申请知识产权时有意无意隐去一些技术方案关键细节，虽不影响成果授权但却使单位代国家持有的科技成果降低或失去市场价值。科研人员忽视、逃避或投机的政策"负激励效应"和科研领域的"公地悲剧"，最终导致政策"热"而行动"冷"的局面。

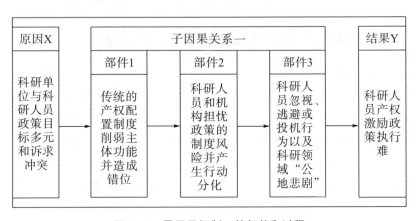

图6-8 子因果机制一的部件和过程

子因果关系二连接了各地方政府间政策信息沟通不充分与政策学习有效性低之间的因果链。科技成果所有权改革作为中国科技和人才制度完善发展的重要突破口，近年呈现出政策多点扩散和激增态势，中央已有超过十个政策文件明确提出"赋予科研人员职务科技成果所有权或长期使用权"，截至2020年底，全国已有二十余个省、自治区、直辖市出台了职务科技成果所有权的改革政策，但 2020 年之前真正开展区域内政策试验的仅有四川、湖北等少数几个省区，未有全面系统的政策试点效果评估和公布。为了评估各地政策学习的有效性，政策学习程度和有无政策创新的二维评价体系得以建立。彼特·霍尔将政策学习定义为根据过往政策结果和经验信息，不断调整政策目标或政策实施方式，引入新的意识或技术手段，以更好实现政府治理社会的目标。基于此，我们将政策学习的程度分为完全学习和部分学习两种类型，政策是否有创新与政策学习程度组成二维坐标系，综合衡量政策学习的有效性，即把产生基于学习的政策创新视为有效的政策学习过程（见表 6－13）。基于该框架，通过对各地政策文本的阅读分析发现，完全学习（即政策内容要点与四川省一致）的比重占到 48％，部分学习（即政策内容要点有所删减）占比 52％，基于政策学习的政策创新（即有效学习）仅有北京、广东和海南三省，占比不到 15％。访谈调研发现，产生这一结果的最主要原因是地方政府一方面要响应中央政策号召，开展科研人员"放权赋能"改革并加快科技创新推动高质量发展，另一方面由于缺乏前期改革基础和其他地区改革政策经验，在制定本地改革措施时多以参考借鉴其他地方政策文本的形式，多为原则性移植，较少进行深化拓展和有效学习，对本地区实际情况和原先改革地区经验教训的结合和体现不多，表明地方政府间政策信息沟通不充分。

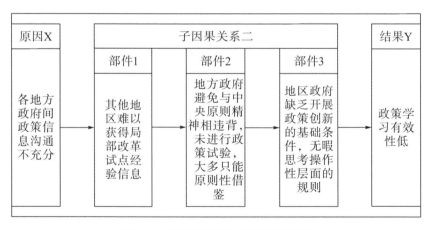

图 6－9 子因果机制二的部件和过程

表 6-13　中国各省区科技成果权属改革的政策学习有效性（截至 2020 年 9 月）

政策学习有效性评判的四种类型	学习有效性等级（与首个改革试点省份四川相比）	地区名称（政策出台时间）
完全学习，无创新	低	辽宁（2016.12）、湖北（2017.8）、浙江（2018.11）、陕西（2019.8）、福建（2019.9）、江西（2019.9）、山西（2019.11）、贵州（2020.2）
部分学习，无创新	较低	江苏（2018.8）、安徽（2018.12）、河北（2019.3）、上海（2019.3）、甘肃（2019.3）、重庆（2019.4）、天津（2019.5）、山东（2019.7）、青海（2019.8）
完全学习，有创新	较高	广东（2018.12）
部分学习，有创新	高	北京（2019.12）、海南（2020.1）

　　子因果关系三揭示了中央各部委在改革试点初期的政策反应和执行差异与政策落地效果欠佳之间的因果机制。科研人员产权激励改革涉及跨多部门协同治理，包含科技、教育、财政、人社、知识产权、税务等多部门，政策协同问题凸显。结合经验材料和调研发现，在改革试点初期即 2015 年底到 2016 年初，中央各部委政策态度分化明显，科技部、财政部、教育部等直管部门对此持审慎态度，中央各部委针对四川方案函复了意见。面对复杂的制度实践问题，中央不同部门之间出于对已有制度的惯性依赖或是部门利益对试点的态度存有分歧，导致重大改革缺乏中央层面的部际领导统筹协调机制，这使得地方或基层在推动改革初期面对诸多阻力，同时导致地方在推动改革时也缺乏指导和配套政策支持，第一阶段改革方案操作性不强，改革探索举步维艰。为使试点路径不偏离目标主线，中央各部委需要协同以顶层制度框架的形式予以合理把控，并确保形成一套打通各个制约堵点的政策工具组合。

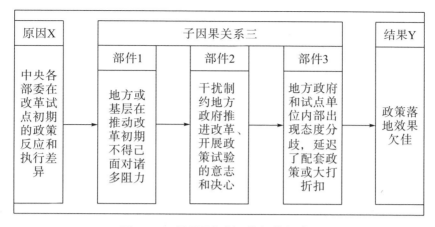

图 6—10　子因果机制三的部件和过程

2. 主因果机制的形成

从科研人员产权配置和创新激励之间三个子因果关系的实然分析，有助于进一步厘清、提取主变项与主因项之间应然的因果机制，寻找关键环节，为改革下阶段政策完善与优化提供着力点。在上述三条子因果关系链的分析中，我们将主变项 X 即科研人员科技成果产权配置的改革举措视为因，将科研人员的创新激励效果视为果。在改革实践中，试点政策精神虽将科技成果权属配置给科研人员个人或其团队，力求实现让科研人员"名利双收"，但从目前的改革实践效果和已有相关研究结论来看，科研人员创新激励的积极效果并未充分显现。经过上述分析可知，治理碎片化是连接因果之间的逻辑主线。通过对子因果关系中的各部件概括发现，治理主体即个人与单位、不同区域地方政府、中央各部委之间的利益平衡造成了政策执行推进难，而当优先试点的区域难以广泛执行政策时，也很难从中充分汲取改革经验，其他区域在政策学习时则大多只能简单复制原则精神或选取个别条款表述，政策创新空间和机会被挤压，政策学习有效性因此大大降低。政策学习难度加大后，改革在较短时间难以通过自上而下的"政治势能"和自下而上的"首创精神"全面推进，无法以可操作的形式落地，也很难及时有效评估改革效果，不能形成政策过程的闭环反馈与优化机制。总结而言，以科技成果产权配置破解科研人员产权激励的改革难题应着重从破解治理碎片化问题着手，重点监控和评估政策可执行性、政策学习过程是否顺畅以及政策落地和效果如何三个重要环节，将治理难题分解为因果机制中的一个个部件，逐一检视并以有力的政策工具加以回应和克服（见图 6—11），这也是本研究基于过程追踪法对研究议题进行解构分析并产生的重要理论意义和实践价值，检验了过程追踪法在复杂政策问题因果机制研究中的独特优势。

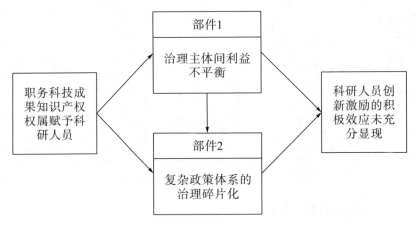

图 6-11　科研人员产权激励主因果机制的部件和过程

本章小结

1. 政策差异

当前，各个省市、高校院所出台的关于赋予科研人员成果所有权的改革政策差异性如下。

第一，政策对象范围不同。各个地点省市相继出台关于地方赋予科研人员职务科技成果所有权或长期使用权的名单。在试点单位改革范围上，北京、安徽、江西、黑龙江、吉林、山东、福建、海南、内蒙古、宁夏、广西、山西、甘肃等省市仅仅包含高校、科研院所，未将企业纳入考虑。仅四川、辽宁、陕西将省份将企业纳入考虑。

第二，激励方式不同。部分省份如宁夏、河南省考虑到科研人员的意愿，将是否进行权属分割的权利交由成果完成人，可以采取转化前赋予职务科技成果所有权（先赋权后转化）或转化后奖励现金和股权的不同激励方式。将转化的自主权交由科研人员，是制度上的创新与突破。黑龙江鼓励试点单位优先采取独占许可、排他许可等方式赋予科研人员不低于10年的职务科技成果长期使用权。

第三，配套政策不同。部分地区改革起步晚，并未出台相对应的配套政策。部分地区如四川、北京、天津、重庆、甘肃等省份已出台了关于实施细则、配套资金、国有资产、评价机制的政策，为职务科技成果权属改革提供了良好的政策执行空间。

2. 政策突破

对赋予科研人员成果所有权的改革，在省市层面已有部分突破。

第一，明确或扩大成果所有权的改革范围。如广东省提出，对利用财政资金资助研究开发形成的职务科技成果，应秉持一个基本原则，即按照有利于提高成果转化率的原则，高校院所可以与科技人员共同申请知识产权，通过产权配置，赋予科研人员及其团队科技成果的部分所有权，广东省较早从既有专利"赋权"扩展至新申请专利的"申请权赋权"。

第二，将所有权试点方案具体化。除了四川省已采取了两批试点外，海南省还提出了政策试点的两种模式，给试点对象提供结合自身情况的不同选项，参与试点的单位可选择以下"混改"模式：一是单位通过和科研人员（团队）约定，将职务科技成果知识产权的全部给予发明人；二是单位和科研人员（团队）约定，将知识产权5年以上的使用权赋予职务发明人。海南省是国内首个提出赋予全部所有权和长期使用权的地区。深圳市在国内首次以立法形式规定"应当赋予科技成果完成人或者团队科技成果所有权或者长期使用权"，将国家"允许"或"探索"赋权率先升级为"应当"赋权。

第三，开通了成果转化人才评价激励机制。支持高校院所等设立成果转化专门岗位，对于主导或主要参与完成了科技成果转化、直接转化收益达到相应规定要求的，可以不受学历、专业技术职务任职年限、任职资格限制，通过绿色通道，直接申报评审高级职称。对科技成果转化取得实效的科研人员，可以破格评聘相关职称、取得相关待遇并不受限于岗位和职数，这一激励举措对于高校院所科研人员具有较大吸引力。西南交大已落实相关政策，晋升了一批科技成果转化类高级职称，其中不乏对于有重大贡献的人员予以快速和破格职称晋升。

3. 政策不足

通过上述政策呈现与分析可知，各省市出台的政策仍然存在一些不足之处。

第一，多数区域未出台可操作方案。从时间上看，在2015年之后就立刻同步推出改革方案的省市较少，各省市的政策出台内容与中央的一致性较高，积极探索进行所有权改革的省市较多，但推出可落地实施方案的较少。总体上，多数新推出政策赋予科研人员所有权的省市都仍然仅采取积极态度支持，却将执行的自主权和责任下移，并未将科技成果所有权改革视为自身责任。这种责任的剥离和政策出台的亦步亦趋，是当前中国职务科技成果所有权改革在省市层面所遭遇的难题之一。从科研人员的角度出发，在当前多数省市出台的政策鼓励下，如果所在高校尚未及时修订本部门、本地方和本单位的科研管理相关制度规定，科技成果转化就还受到相关规定的约束，科研人员很难走通程序，实现成果的价值。

第二，认识不足导致改革政策缺乏风险评估。由于高校职务发明权属改革的政策效果未知，而权属改革的系列风险尚未被充分讨论，因而，除了四川省外，在操作层面多数省市既不反对也不明确改革试点。多数省市仅将职务科技成果所有权的改革视为促进创新创业的一种补充方式和可能的实现方式进行鼓励尝试，多地预防其风险的主要方式还是通过限定高校转化科技成果的类型，不得危害国家社会利益的前提等较为笼统的表述，对成果权属确定的比例多地并未提出较为科学的明确依据。鼓励高校专利成果通过赋予个人产权的方式进行转化，其中的风险挑战为何，如何预防和克服，尚未能成为各省市的政策议题。

第三，改革试点的对象范围限于高校院所。当前中国职务发明权属改革的政策实施主体主要为高校、科研院所等国家设立的科学研究机构。但是，其他国有性质单位的科研人员同样亟待物质奖励与激励，国家层面虽然同样对国有企业、其他事业单位的成果转化采取鼓励态度，但绝大多数省市并未尝试拓展应用范围至国有企业和其他事业单位。对于赋予科研人员所有权政策的可适用范围，多数区域并未尝试突破。

科研人员产权激励这一复杂政策体系运行中的治理碎片化问题包括相关利益主体目标与诉求相冲突、政策缺乏沟通、政策认知差异以及治理主体间转嫁风险，但其中的因果机制还有待探究。本部分旨在运用过程追踪方法逻辑针对科研人员产权激励政策过程中的复杂因果机制进行识别与分析，并基于因果机制的发现建构一个破解治理碎片化问题的整体性治理框架策略。结合因果机制的识别与分析，我们遵循"治理目标—治理主体—治理手段—治理平台—治理结构"这一整体性治理执行范式，建构复杂政策系统的整体性治理策略性框架（见图6-12）。

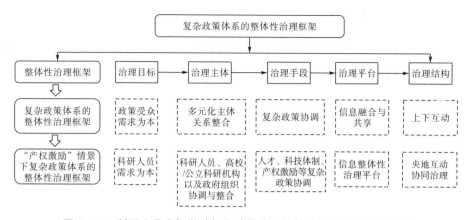

图6—12 科研人员产权激励复杂政策体系的整体性治理策略性框架

　　具体而言，第一，整体性治理视域下科研人员产权激励的治理目标旨在通过科技成果权属改革使知识产权权属下放，激发科研人员创新创业积极性，在中观治理目标上树立科技成果只有转化才能真正实现创新价值、不转化是最大损失的理念，以要素市场化配置手段促进科技成果转化效率提升；在宏观治理目标上，使政策转化为制度，尽快破除制度之间的不一致不协调，优化职务科技成果所有权改革的制度环境。第二，从治理主体上看，应努力实现复杂政策体系中多元主体关系整合。依据改革试点的主体和对象不同，分类、细化、规范推进改革，制定改革试点分类推进的实施细则、规范性指南与差异化行动方案。第三，治理手段应通过政策工具合理有效运用，保障产权激励相关政策在相关利益主体中的顺利执行。"产权激励"模式是人才制度与科技体制机制改革的融合衍生物，应强调以知识产权权属市场化配置为牵引，实现人才制度改革与科技体制机制改革融合统一，从供给面、需求面和环境面三个方面选取合适的政策工具实现协同治理，例如，培育和建设依托于高校院所并市场化运作的科技成果转化主体机构，完善知识产权运用税收政策和政府采购政策，以更为灵活高效的管理体制和激励机制调动技术转移人才积极性。第四，有必要建立重大改革事项信息共享平台，信息平台为相关利益主体提供试点过程中跨层级、跨部门、跨区域的整合性信息，探索建立高校院所职务科技成果转化数据库，形成事实导向的政策试点追踪和风险评估机制。第五，科研人员"产权"激励这一复杂政策体系的整体性治理框架在治理结构上强调顶层"产权"激励涉及与地方"产权"激励转译之间的互动，加快形成"自下而上"的可复制、可推广的地方经验和做法，然后将地方试点经验上传至中央政府，"自上而下"地指导地方实践，最终实现"央地互动"的协同治理模式。

第七章

地方和中央改革试点的初效评估

引言

　　对一项改革政策的评估，往往需要用数据说话，从海量的大数据中一探政策真相，因此，"数据之眼"是一双体察政策输出、评估政策效用、从表象看本质、聚焦政策细节的"放大镜"。在 1980 年《拜杜法案》实施之后的多年，持续吸引了全球聚焦美国高校专利技术转移的数据统计研究，产生了一系列高水平研究成果，但基于中国版"拜杜法案"影响的量化研究似乎还没有形成一个潮流，本书试图在这方面做些工作。将海量的专利统计数据用于"赋权"改革的后评估，我们的团队做了大量工作，也是本书较为有价值的贡献之一。2015 年，中国修订了《促进科技成果转化法》，被誉为中国版"拜杜法案"，配合出台《实施〈中华人民共和国促进科技成果转化法〉的若干规定》《促进科技成果转移转化行动方案》等政策组合。2016 年，四川省就以西南交通大学等 20 所高校和科研院所为试点开展职务发明知识产权归属和利益分享制度改革，这一改革在职务发明专利分割确权和经济效益上取得了一定成效。2020 年，伴随中央"赋权"改革试点政策的出台，正式开启了改革"下半场"。2020 年成为这项改革的一个重要分水岭，也就自然形成了两个刻画改革过程的重要时间阶段，即 2020 年之前和 2020 年之后。

　　然而在赋予科研人员职务科技成果所有权改革背景下，四川和全国高校的专利发展状况如何还有待确证。过去多年的实践证明，改革一定程度上推进了高校职务专利成果的分割确权，取得了初步进展，形成了一些初期经验。然而，在改革试点推进过程中，改革试点的初衷是否达成？四川和全国的情况分别如何？试点政策的干预带来了哪些变与不变？有没有什么反常情况出现？这些疑问都有待回答。为客观反映在川和全国试点高校专利发展状况，探究改革试点的初期效果，本章一方面对 2008—2019 年以来四川省内普通高等学校（下文简称在川普通高校）的专利总体发展状况进行基于数据的统计分析①；另一方面，对 2019—2022 年全国范围内的全部中央试点高校和非试点高校进行了海量专利统计数据的多维度演化比较和全方位综合对比分析，相关数据在国内尚属首次发布②。本章将用"数据之眼"揭示四川省和中央两个层面改革试点政策对高校专利活动的综合影响③，研判改革初效。

---

① 总体分析对象：以在川高校为分析对象，而在川高校中包含大专院校、科研院所等，但鉴于各校的性质和职能差异，以及专利数据的可获取性，仅选取四川省本科层次的公办普通高等学校作为样本进行数据采集，这些样本对在川高校总体具有一定的代表性。

② 数据来源：Incopat 专利数据库。在采集中，限定以样本院校作为申请人采集 2008 年至 2018 年间的专利数据。数据采集时间为 2019 年 4 月 2 日至 4 月 14 日。基于专利申请共采集总体分析数据（过滤外观设计）85996 条；采集改革与未改革高校数据发明专利（包括申请和授权，删除申请专利中已被授权的重复专利）37961 条。

③ 在川普通高校专利数据的检索式为：（（AP＝（四川大学 OR 西南交通大学 OR 四川农业大学 OR 成都理工大学 OR 成都中医药大学 OR 西南科技大学 OR 成都信息工程大学 OR 四川理工学院 OR 成都信息工程学院 OR 成都大学 OR 成都学院 OR 攀枝花学院 OR 中国民用航空飞行学院 OR 西南财经大学 OR 西南民族大学 OR 西南石油大学 OR 西华大学 OR 西昌学院 OR 西南医科大学 OR 川北医学院 OR 四川师范大学 OR 西华师范大学 OR 绵阳师范学院 OR 内江师范学院 OR 宜宾学院 OR 四川文理学院 OR 阿坝师范学院 OR 乐山师范学院 OR 成都体育学院 OR 四川音乐学院 OR 成都工业学院 OR 四川旅游学院 OR 四川民族学院 OR 四川警察学院 OR 成都医学院 OR 成都师范学院 OR（电子科技大学 NOT 桂林电子科技大学 NOT 杭州电子科技大学 NOT 西安电子科技大学）））AND（AD＝［20080101 to 20181231］））。数据检索日期为 2019 年 4 月 14 日，数据共 89311 条；过滤掉外观设计专利，得到 85996 条数据；2008 年至 2013 年的数据，将检索日期改为（AD＝［20080101 to 20131231］）），得到数据 26104 条，过滤外观设计专利，得到 25048 条数据；2014 年至 2018 年的数据，将检索日期改为（AD＝［20140101 to 20181231］）），得到 63207 条数据，过滤外观设计专利，得到 60948 条数据。

一、在川高校专利发展总体趋势（2008—2018年）

（一）专利申请与公开数量

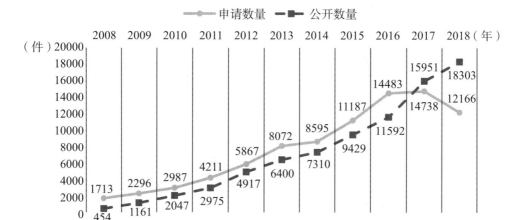

图 7-1 四川省普通高校专利申请与公开数量

　　2008 年中国颁布《知识产权战略纲要》，四川省于次年启动省级知识产权战略。四川省高校数量增长趋势显著，专利成果披露数量逐年增多。2008 年以来，四川省普通高校申请专利（含外观设计）89311 件[①]，专利申请数量和公开数量呈平行增长趋势。数据显示，2016 年后，四川省高校专利申请和公开数量趋势形态开始分化，四川省专利申请数量在 2016 年增长趋势放缓，2017 年达到顶峰 14738 件后呈下降趋势；而专利公开数量在 2016 年后仍持续呈现线性增长形态，自 2015 年后在川普通高校披露现有科研成果数量增速加快。2017 年，四川省专利公开数量在 10 年间首次超过申请数量。2016 年以后，在川高校职务发明专利成果的披露数量快速增加，高校职务发明人趋于以更加积极的态度向所在单位披露自己的专利研发成果。

---

　　① 一般发明专利在申请后 3—18 个月公开，实用新型专利和外观设计专利在申请后 6 个月左右公开。部分专利至 2019 年才公开。

（二）专利类型与技术结构。

1. 专利类型及占比

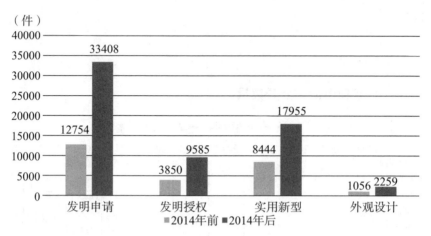

图 7-2　四川省高校公开专利类型

基于过去十年前后两个阶段的对比发现，四川高校发明专利申请、发明授权以及实用新型授权数量增加明显，高校高质量创新活动趋强。2014—2018 年，四川省普通高校的专利申请数量与实用新型数量较前五年剧增，2014—2018 年的发明申请数量是 2008—2013 年的 2.6 倍，发明授权数量为 2.4 倍，实用新型和外观设计均为 2.1 倍。发明专利代表的创新程度最高，这在一定程度上说明了政策对四川省普通高校的影响高质量创新动力较足。总体而言，高校专利主要集中于发明专利，类型分布较为合理。

2. 技术结构变化

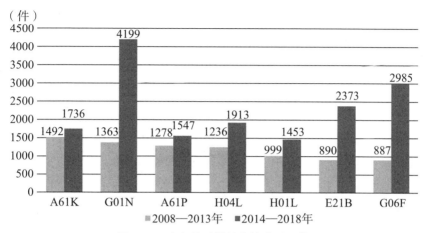

（件）

图7-3 十年前后期技术构成对比①

基于2008—2018年前后两个阶段的对比发现，在川高校的技术构成变化较大，创新方向日益多元化，技术优势领域显现。四川省内高等学校近十年专利技术领域分布以有机化学（A61K）、测量技术（G01N）、制药（A61P）、数字通信技术（H04L）、半导体技术（H01L）、土木工程（E21B）、计算机技术（G06F）等为主，其中，测量技术、土木工程和计算机技术等领域的专利数量增势显著，四川高等学校专利技术结构有所分化、技术优势领域逐步显现。

———————

① 考虑到专利类型的技术复杂度及其对创新的贡献，除上文的总体分析，本节中的技术分析及以后分析对象均排除外观设计专利。

3. 专利转化趋势

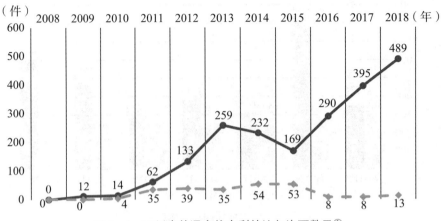

图7-4 四川省普通高校专利转让与许可数量①

数据显示，2015年后，高校职务科技成果转让数量明显增长。自2015年起，在川普通高校专利转让数量激增，这与2015年中国新修订的《促进科技成果转化法》出台时间较为吻合。此外，四川省出台系列支持政策，对高校专利转让产生正向刺激影响。与之相对比，高校专利许可数量十年来较少，且在2015年后呈下降趋势，这与各高校的专利许可支持政策体系不完善有关。进一步分析得出转化数量前十的单位如图7-5所示。

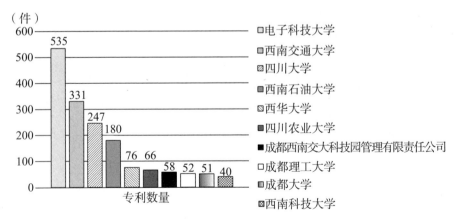

图7-5 四川省普通高校专利转让数量前十排行

2015年后，在川部属高校的科技成果转化数量显著，试点高校是科

---

① 本章中的"专利转化"主要是指专利转让与许可。

技成果转化的主力军。电子科技大学、西南交通大学、四川大学三所部署高校的专利转让数量最多，占十年专利转让数量的 54.16%。在专利转化数量前十的高校中，西南交通大学、四川大学、四川农业大学、成都理工大学、成都大学（学院）、西南科技大学为 2016 年四川省职务发明权属混合所有制改革试点高校，而成都交大科技园管理有限公司为西南交通大学校办企业①。结合四川省普通高校专利转让趋势可见，试点高校作为四川省的职务科技发明权属混合所有制改革主体，具备科技成果转化的可能和能力。

（三）高校专利发展现状的对比分析

为进一步分析 2016 年试点改革对试点高校的影响，本书将在川普通高等学校分为改革试点组和对照组，试点组参与了 2016 年的改革②，而对照组非 2016 年四川省相关改革试点。由于四川省内普通高等学校之间的专利数量差距较大，基于各高校 2008—2018 年的专利数据，按专利公开数量排名前 10 分别选取改革高校与未改革高校③作为分析样本。为考察十年间这 20 所专利数量最多、代表性最强的高校的专利发展情况，对试点组和对照组高校专利的研究时间段为 2008 年至 2018 年④。在川高等院校的专利公开与转让趋势对比如下（图 7-6、图 7-7）。

---

① 2016 年《四川省职务科技成果权属混合所有制改革试点实施方案》试点高校为四川大学、西南交通大学、四川农业大学、成都中医药大学、西南科技大学、成都理工大学、成都信息工程大学（学院）、成都大学（学院）、四川理工学院、攀枝花学院。

② 2016 年四川省进行职务发明权属改革试点的主体还有科研院所，然而由于科研院所的研究职能决定其不以专利的产出为科研成果的主要表征，科研院所与高等学校的情况大相径庭，且参与改革的 10 个院所专利数量有限，故不对科研院所进行讨论。

③ 对照组高校选取专利数量最多的十所高校，分别为电子科技大学、西南石油大学、西华大学、四川师范大学、乐山师范学院、西南民族大学、成都工业学院、西昌学院、西华师范大学、内江师范学院。

④ 试点组数据检索式：（（AP=（四川大学 OR 西南交通大学 OR 成都理工大学 OR 西南科技大学 OR 成都信息工程大学 OR 成都信息工程学院 OR 四川理工学院 OR 四川农业大学 OR 成都中医药大学 OR 成都大学 OR 成都学院 OR 攀枝花学院））AND（AD=［20080101 to 20181231］）），共检索 50031 条，过滤外观设计得到 47330 条数据。

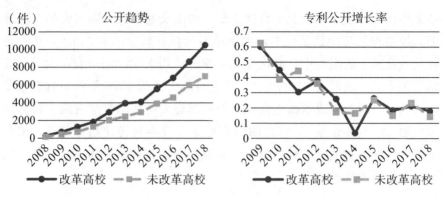

图7-6　部分试点改革高校与未改革高校专利公开趋势

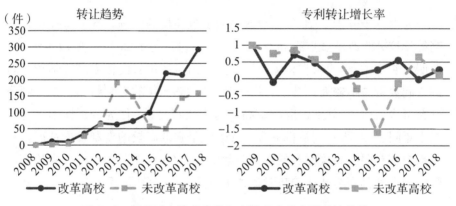

图7-7　部分试点改革高校与未改革高校专利转让趋势

数据显示，自2008年以来，在川高校的成果公开和转让数量持续增长，增长率逐年下降而总数逐年上升。在公开数量上，试点组和对照组趋势基本一致；在转让数量上，试点的改革高校和作为对照组的未改革高校在近五年间呈现较大差异甚至相反趋势。从数量上看，试点组和对照组在2012年以前专利转让趋势大体一致，专利转让数量均较少。在2012—2017年间，改革高校与未改革高校的转让趋势以2015年为界形成强烈反差：在2015年以前试点组转让数量远低于对照组，对照组的专利转让具有数量优势；2015年时两组转让数量差距缩小；2016—2017年间，试点组转让数量远超对照组；随后在2017—2018年又呈现平行趋近的增长趋势。从增长率来看，2015年以前，改革高校和未改革高校的增长趋势基本平行，但2016年出现了转折点，又在2018年节点交汇。2015—2018年间，在川高校的专利转化存在重大变化。

　　基于两组高校的区别在于试点高校接受了2016年四川省职务发明权属改革的政策干预，且四川省改革高校的专利转让增长发生在2016年后，这与四川省推进高校职务发明权属改革在时间上基本吻合。而对照组在 2013 至 2017 年间专利转让数量的"V"型变化原因还有待进一步探明。

二、在川高校专利质量发展评估（2008—2018 年）

为进一步研究 2008—2018 年四川省高校专利的发展趋势，探究职务科技发明权属改革对高校专利质量的影响，本书选取部分具有代表性的专利质量指标（选取《高价值专利筛选》《安徽省专利质量评价规范》）[①]，对四川高校专利质量进行初步评估和浅层分析，以引出专利质量在四川省专利发展和赋予科研人员职务科技成果所有权改革效果评价中的重要意义。

（一）发明专利总体质量对比

1. 专利质量评价指标体系

表 7-1 专利质量评价指标体系

编码	维度	编码	分维度	评价指标	指标内涵
A	技术维度	A1	技术应用长度	被引用数量	总共被引用次数，表征对专利技术的影响程度
		A2	技术应用广度	分类号跨度	分类号跨 IPC 分类，跨度越大技术应用越广
		A3	技术成熟度	说明书页数	专利技术越成熟，其专利说明书越详尽
		A4	技术领域影响	专利同族数	专利同族数能够一定程度上反映该项专利的领域和技术影响

---

① 本书中专利质量的分析以申请、在审、授权等有效专利发明专利为分析对象，分类号跨度和专利存活期由笔者统计得出。其中权利已终止的专利采用 Incopat 数据库中专利寿命作为专利存活期，权利未终止的专利采用自申请之日起至 2019 年 4 月 1 日为止，统计月份作为专利存活期；本章中并未对专利质量指标进行赋权。

编码	维度	编码	分维度	评价指标	指标内涵
B	法律维度	B1	权利保护范围	权利要求数	权利要求数量代表保护全面程度
		B2	时间保护范围	专利存活期	专利授权存活期越长，时间保护范围越长

既有研究常常以技术、法律和经济三个维度衡量专利的质量，然而专利质量与专利价值的内涵实则不同，专利质量一般与技术高低、保护强弱和应用领域广度等相关，而专利价值包含市场与经济因素，涵盖技术、法律、市场、经济等多重要素，且专利质量不因转化与否以及经济价值可否实现而改变。"专利技术的客观价值无论交易或司法判决等外部行为是否发生，其本身质量都可衡量；而专利技术的主观价值则依赖于权利人和相对人的博弈，对于专利技术主观价值判断会极大地影响其交易价格。"（马天旗，2018）因此，本书仅基于技术先进性和文本撰写质量的专利质量选取技术与法律两个维度的对应指标展开研究。

2. 改革试点前后专利质量对比

借鉴既有专利质量判断方法，分别运用极值法和功效系数法对比高校无量纲化处理，在数据分析过程中，由于专利申请和专利授权之间存在巨大时间差异，将专利寿命纳入分析时结果有显著偏差，故将专利存活期指标剔除，以被引用数量、分类号跨度、说明书页数、专利同族数、权利要求数为指标。

3. 数据处理结果

本书指标等权化，采取 $\dfrac{X \cdot j - Xmin}{Xmax - Xmin}$ 极差标准化，保留数据中的差异性，对采集到的专利指标数据进行线性变换实现无量纲化，使结果落在 [0，1] 区间，并以均值作为每项专利综合得分得到 2008 年至 2018 年间四川省 20 所高校的质量发展趋势图如下（图7-8）。

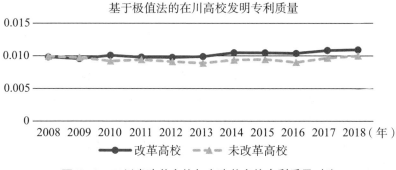

图 7-8　四川省改革高校与未改革高校专利质量对比

如图 7-8 所示，从计量统计视角看，高校专利质量变化及差异不明显。在 2008—2018 年，四川省高校发明专利质量缓慢上升，与数量的增长相比，质量提升较为缓慢。四川省高校职务科技成果权属"混合所有制"改革究竟怎样影响专利质量，还有待进一步检验。

（二）发明专利数量与质量的校际对比

为进一步深入考察 20 大学发明专利质量情况，对各高校纳入本次分析中的有效发明专利数量质量进行分析。

1. 数量趋势对比

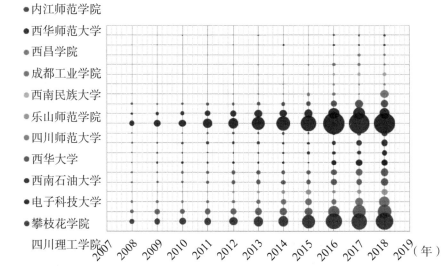

图 7-9　2008—2018 年在川高校有效发明专利数量趋势

2008—2018 年间，在川高校间的有效发明专利数量相差悬殊，高校间及川内不同区域间普通高校创新实力差异较大。在川高校有效发明专利数量，电子科技大学居于榜首，其次为四川大学及西南交通大学。此外，数据显示自2012年以后，在川高校专利数量剧增。

2. 质量趋势对比

2008—2018年间，川内高校专利质量校与校之间略有不同，但并未出现极其悬殊的差别。为进一步对比高校间专利质量的差异情形，由于调和曲线图能够通过拟合各高校在不同时间点上的质量并形成曲线，能很好地呈现聚类效果，运用调和曲线图对试点组高校和对照组高校分别进行分析（图7−10、图7−11）。

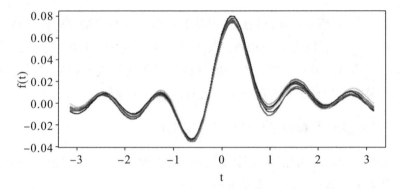

图7−10　2008—2018年试点组高校调和曲线图趋势

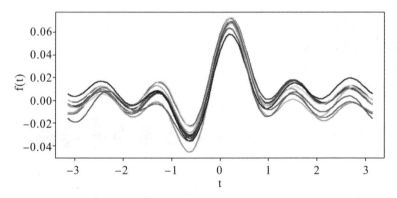

图7−11　2008—2018年对照组高校调和曲线图趋势

图7−10、图7−11显示，试点组高校和对照组高校间的总体水平呈现一定差异：试点组高校的专利质量较为稳定，聚类效果明显；而对照组高校的专利质量则呈现一定的分散形态。在对照组高校中，发明专利数量较少的普通高校，其专利质量各年份波动较大。结合纳入本次分析中的高校类型和高校实际情况分析聚类效果，本书认为，川内各校的高校专利质量管控和把关程度不一，虽然专利质量总体并未呈现重大差异，

但是高校间的专利质量管理水平不一，尤其以创新资源少、专利数量不多的高校专利波动较为明显。

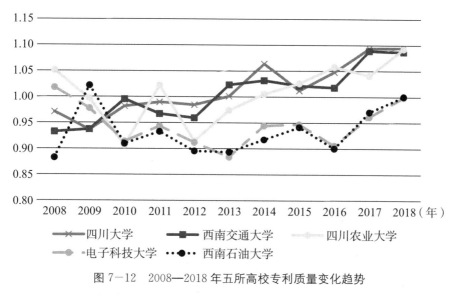

图 7-12 2008—2018 年五所高校专利质量变化趋势

进而，本研究选取试点组高校和对照组高校中专利数量最多的四川大学、西南交通大学、电子科技大学、四川农业大学、西南石油大学进行分析，将这些高校的专利质量指数放大 100 倍以呈现高校间的细微发展趋势，如图 7-12 显示：2008—2018 年间，2013 年、2016 年分别是这几所高校专利质量上升基准点，专利质量总体有微弱上升趋势。

三、西南交通大学的专利发展状况评估（2008—2018 年）

为深入探析 2016 年赋予科研人员职务科技成果所有权改革对高校的作用及影响机制，本研究以西南交通大学作为四川省职务科技发明权属改革的典型案例，分析西南交通大学在此期间专利数量质量发展状况。

（一）西南交大专利的数量与质量发展

1. 专利数量发展趋势

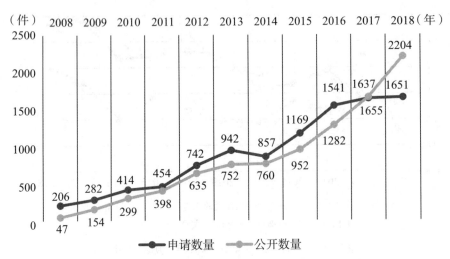

图 7-13 2008—2018 年西南交通大学专利数量趋势①

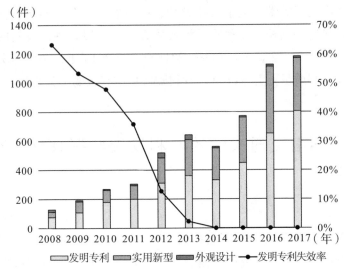

图 7-14 2008—2018 年西南交通大学专利（申请）结构与失效率变化

除专利申请的数量逐年增加外，2017 年西南交通大学发明专利申请

---

① 由于高校间发明专利数量相差悬殊，将当年有效发明专利数量为 0 的高校专利质量统一调整为在川高校 20 所高校有效发明专利当年质量最低水平，当年有效发明专利数量小于 5 但高于平均值的调整为平均水平，以消除不符合实际情况的极值。

占比达到最高值，结构优化明显，同时，改革试点前后的专利失效率大幅下降，接近 0 值。

2. 专利质量发展趋势

图 7-15 2008—2018 年西南交通大学专利质量趋势①

基于前述高校间专利质量对比数据和方法，在此部分单独呈现西南交通大学的专利质量变化情况。2008 年至今，西南交通大学专利申请与公开数量持续增长，与四川省的整体发展趋势基本一致。西南交通大学的专利质量发展趋势呈波折上升趋势，分别在 2009 年、2013 年、2017年出现专利质量上升点。

（二）西南交大职务科技成果的转化实践

1. 职务科技成果的转化机制

四川省内以发明人、高校、孵化机构和企业为主体的科技成果转化共同体正在形成，并将在孵化和转化完成后形成一定的示范效应。在高校赋予科研人员职务科技成果所有权的推进过程中，西南交大等进行试点改革的高校正致力于推进高校职务科技成果转化的配套机制完善，这一进程将在整体上推动在川高校科技成果孵化转化形成体系。以西南交通大学为例，西南交通大学自 2010 年自主探索至 2016 年四川省正式推行职务科技发明成果混合所有制改革试点，已逐步探索出一套成果转化和技术入股的转化机制，且不断在川内外产生重要影响。

---

① 为充分展现西南交通大学专利质量变化情况，将极值化后的专利质量指数放大 100 倍。

2. 职务科技成果的转化成效

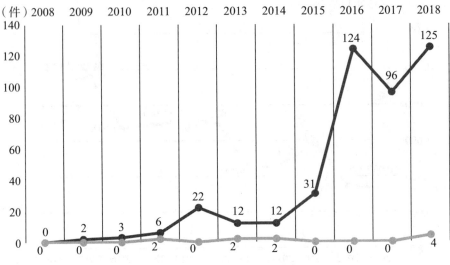

图 7—16　西南交通大学科技成果转化趋势

在正式政策出台前的 2010—2015 年间，西南交通大学的专利转让、许可职务发明成果共 14 项，收入 158 万元。2015 年新《科技成果转化法》出台以及 2016 年 1 月实施"西南交通大学九条"后，学校的专利转化数量激增。值得注意的是，2016 年是西南交大知识产权变更的高峰期间，随后骤然回落。一方面表明政策对该校科技成果转化的"松绑"效果较为显著；另一方面预示知识产权变更后科技成果进入转化和孵化阶段。截至 2019 年 2 月，西南交通大学已经完成了 222 项知识产权的确权，其中专利 185 项，学校与职务发明人共同申请了 20 多项职务发明专利，通过科技成果分割确权、作价入股注册成立高科技创业公司 24 家，知识产权评估作价入股总值超过 1.3 亿元，带动社会投资近 8 亿元。与之相对的，2010—2015 年期间，西南交大转让、许可职务发明成果 14 项，收入 158 万元，申请费、维持费和专利奖金支出 900 万元。同相供电、磁浮二代、新能源空铁等一批具有较大市场价值的科技成果得到了迅速转化。专利许可数量低迷，与技术市场环境不佳、技术可实施性不强、学校技术许可规定有待完善等因素有关。改革政策效应仅通过统计视角是很难客观挖掘的，还有待进一步通过政策定量评价的方法予以深入验证。

四、地方试点高校专利发展分析结论（2008—2018 年）

第一，权属改革前后，高校专利创造的数量快速增长，但改革高校专利质量提升尚不明显。2008—2018 年，四川高校的发明申请数量呈倍数增长，但高校专利质量增长仍然缓慢。科技创新领域不断发展，专利数量也不断增多，然而四川省高校的发明授权仍然维持着与五年前相当水平。虽然在川高校的专利发明质量总体而言不高，但改革高校专利质量提升明显，垃圾专利"泡沫"挤出效应显现。未来一个时期，专利质量将逐步提高，随着科技人才和科技成果评价体系日益完善，专利质量取胜将会取代数量取胜。为此，在推进知识产权战略实施过程中，在鼓励发明创造的同时应进一步加强专利审查制度；应持续推进高校人才评价机制的完善，基础型研究与应用型研究并重，发挥人才在专利质量提升中的决定作用。

第二，样本高校的总体专利结构良好，高校创新的优势领域逐步显现。高校专利主要集中于发明专利，分布较为合理；在研究领域上，在川高校的创新方向日益分化并有所转型。在川高校专利分布结构良好发展，能够较好推动地方发展，在四川省建设全国重要科技中心过程中具有重要作用，高校科技成果的转化应用，预期将会有益于产业结构调整、经济社会效益提高。应不断完善政策，引导高校科技成果转化孵化与地方产业发展相融合，推进高校科技成果转化应用于经济社会发展，助力产业发展和区域高质量发展。

第三，"赋权"改革之下，高校专利转化活动正逐年增多。专利审查制度更加严格的情境下，四川省专利的申请量将会有所收缩，而四川省职务科技成果权属"混合所有制"改革的推进，将会进一步促进高校和发明人对已有专利进行转化和开发，发明披露预期将会有所上升，今后一个时期专利转化将会成为高校和高新企业的重要活动之一。因此，应不断完善高校科技成果转化机制，理顺配套政策，基于既有改革成效及时研判，持续推进高校科技成果转化制度优化和创新。

第四，校与校之间创新基础与能力以及专利质量把控差异明显，持续推动职务科技成果"混改"应关注高校个体差异。在川高校的专利数量差异较大，总体上部属高校的创新实力远超地方高校，当前的赋予科研人员职务科技成果所有权改革成效将会在专利数量较多、创新实力较强的部属和部分省属高校率先出现，这部分有可能实现职务科技成果孵化转化的高校将会在创新发展过程中发挥主力军作用。在支持几所专利质量高、创新基础、转化资源好的高校持续发挥在高校创新发展中的重要作用同时，应对专利数量少、基础较为薄弱的地方高校进一步激励创新创造，推动各高校创新平台的合作交流，从专利数量和质量双层次提升高校成果水平，以期在未来的一个时期提升高校创新发展的平均水平。

表 7-2　本部分数据统计工作研究涉及的样本高校列表

类型	序	院校	区域	主管部门
试点高校	1	四川大学	成都	部委属
	2	西南交通大学	成都	部委属
	3	成都理工大学	成都	
	4	西南科技大学	绵阳	
	5	成都信息工程大学	成都	
	6	四川理工学院	自贡	
	7	四川农业大学	雅安	
	8	成都中医药大学	成都	
	9	成都学院（大学）	成都	
	10	攀枝花学院	攀枝花	

续表7-2

类型	序	院校	区域	主管部门
未试点高校	11	电子科技大学	成都	部委属
	12	中国民用航空飞行学院	德阳	部委属
	13	西南财经大学	成都	部委属
	14	西南民族大学	成都	部委属
	15	西南石油大学	成都	
	16	西华大学	成都	
	17	西昌学院	凉山州	
	18	西南医科大学	泸州	
	19	川北医学院	南充	
	20	四川师范大学	成都	
	21	西华师范大学	南充	
	22	绵阳师范学院	绵阳	
	23	内江师范学院	内江	
	24	宜宾学院	宜宾	
	25	四川文理学院	达州	
	26	阿坝师范学院	阿坝州	
	27	乐山师范学院	乐山	
	28	成都体育学院	成都	
	29	四川音乐学院	成都	
	30	成都工业学院	成都	
	31	四川旅游学院	成都	
	32	四川民族学院	甘孜州	
	33	四川警察学院	泸州	
	34	成都医学院	成都	
	35	成都师范学院	成都	

来源：整理自四川省教育厅、四川省科技厅、Incopat专利数据库。

五、地方"赋权"改革试点的政策效用评估
（2014—2018 年）

公共政策的效用评估不同于对改革数据的简单描述统计分析，政策效用也不等同于政策输出，需要对繁荣的"数据增长"背后的信息从主客观两个方面加以挖掘和提炼，找到数据因果之间真正的联系，明确政策干预的直接效果。当然，由于政策环境的复杂性，这并不是一件易事，但我们希望尽量接近改革"数据之眼"背后的客观事实。

四川省职务科技成果权属"混合所有制"改革，因推动成果转化的成功案例而备受关注，也因这一改革中高校与发明人共同拥有职务科技成果知识产权的模式"触动"了现行法律制度体系而受到争议。职务科技成果权属"混合所有制"在知识产权制度范畴意指当前中国高校院所探索的部分变更或转让专利申请权和专利权属，将知识产权从纯粹的单位所有转向单位与发明人共有，这与现行专利法第六条关于职务发明所有权制度有所抵触①。职务发明是在专利法范畴下的一种职务科技成果形式，即执行本单位的任务或者主要是利用本单位的物质技术条件所完成的发明创造为职务发明创造，本书所称职务科技成果是指在专利法框架下的职务发明。随着高校职务发明权属改革不断扩散，继而国家层面鼓励开展赋予科研人员职务科技成果的所有权或长期使用权试点，然而，地方的高校"赋权"改革是否真的有效呢？从公共政策评估的实践，需要对数据背后的事实进行进一步探究。

（一）知识产权权属与创新激励

知识产权权属政策在很大程度上影响着高校职务科技成果转化的进程和方向，同时不同的制度政策对其商业化具有重要影响。一方面，在大学所有权下，学者得出了不同结论。如 Crespi 和 Geuna 等（2010）使用六个欧洲国家的专利数据，认为大学专利的个人所有会降低知识转移效率，相反，大学所有权下的专利商业化率更高。然而也有学者研究认

---

① 根据《促进科技成果转化法》第二条规定，职务科技成果是指执行研究开发机构、高等院校和企业等单位的工作任务，或者主要是利用上述单位的物质技术条件所完成的科技成果。

为大学所有权无益于发明，如 Lissoni 等（2010）使用前向引证，展示了在其他条件一致情况下，在丹麦、法国、意大利、荷兰、瑞典等国家，相较于公司拥有专利，大学拥有发明专利使得专利质量变低了。

另一方面，在"教授特权"制度下，学者的研究结论也各有差异。Kenney 和 Patton（2011）对不同所有制体制鼓励科技成果商业化的能力进行了实证检验，对美国 5 个大学和加拿大 1 个大学的下属人员就科技确权分割数据进行描述分析，他们对 6 所大学的所有确权分割检验的结果显示，发明人所有权对创业行为有正向作用，发明者所有权体制显著比大学所有权有更多资金；Ejermo 和 Källström（2016）研究瑞典大学不同学科专利对研发的响应性，发现瑞典大学的响应性总体要高于美国，由此他们讨论不同所有权对专利活动和学术创业的影响，认为瑞典学术研究对发明活动有很大贡献，并认为这支持了教授特权制度是其中一个促成因素的观点。

（二）知识产权权属变迁是否会促进成果转化?

职务发明所有权改革的政策效应在各国呈现出不同的实证结果。一类研究表明权属政策的改变激励了发明创造和商业化行为。Siegel 和 Veugelers 等（2007）采用 1970—2006 年间的专利数据计量分析研究了美国《拜杜法案》《技术创新法》和 1986 年《联邦科技转移法》会否促使联邦实验室专利化倾向，认为《技术创新法》明显影响了专利化倾向，《联邦科技转移法》促进了商业化，这些法律政策为发明者提供了外部经济激励。另一类研究表明权属政策转向使发明创造和学术创业活动受损。Hvide 等（2018）将大学发明人与其他发明人进行对比，研究他们在改革政策影响下的行为，发现挪威政策改革将大学研究人员享有的三分之二收入权转移给雇主，使得初创企业和大学研究人员的数量大幅下降了约 50%，并且初创企业和专利的质量指标也在下降。此外，还有学者认为，发明人创新创业活动并非受所有权的影响。然而，中国也有研究指出，现代西方社会的资源使用权和所有权普遍分离，并不注重资源的所有权。上述研究表明，高校职务发明权属改革的实际效果具有制度情境依赖性，有必要结合中国的改革实际，对职务发明权属"混合所有制"改革的政策效果进行实证检验。

就中国从 2000 年开始的单位所有制以及不同激励方式进行的实证研究相对较少，已有研究如张军荣和袁晓东（2014）对"中国版拜杜法案"对专利产出的影响进行了检验，认为 2000 年以来"单位所有"的转向并未促进国内和高校的专利产出。国内对高校科技成果转化的相关研究多在于增量比较与模式辨析，而对于促进科技成果转化的使用权、处置权和收益权等多种激励政策的效果鲜有实证研究。就高校职务发明的所有权改革政策而言，国内已有研究主要集中于实施逻辑、转化机制、政策法律、权属问题研究上，如吴寿仁（2017）、陈柏强（2017）、曹爱红（2018）等，但总体上，对高校职务发明权属改革实施效果评估尚处于空白阶段。随着国家和地方层面相应的政策文件出台，职务发明权属的改革日渐展开，对这一改革的实践进程进行追踪和效果评估，也成为指导当前和今后一个时期中国高校科技成果转化与科技体制改革的必然要求。

（三）部分科研人员对初期"赋权"改革的态度调查

作为最直接的利益相关者，科研人员对"赋权"改革试点的态度和意见关系着试点推行的效果以及下一步应该如何完善的问题。为获得一手意见资料反映客观情况，本研究针对西南交通大学理工科教师进行了问卷调查。问卷建构的理想与否关系着问卷调查能否全面反映被访问者的感受、意见和态度倾向，是进行调查的基本前提。通过查阅科技成果转化、科研人员知识创造行为、知识产权等相关文献资料，以西南交大局部的职务科技成果权属"混合所有制"试点为基础，构建出符合本研究的问卷。问卷主体分为三部分：第一部分包括科研教师所属学院、职称及其他人口统计学特征；第二部分包括科研教师对学校局部的"混合所有制"政策的了解及基本看法；第三部分包括教师对于高校科技成果转化的问题及看法。在问卷的最后设计开放式问题，请受访教师填写自己对学校"混合所有制"改革的意见和建议。

1. 抽样调查设计与问卷回收

西南交通大学存在基础应用研究和科技成果产出的二级学院及国家重点实验室有 11 个。考虑到西南交通大学理工科各学院科研发展水平和教师数量的差异，问卷采取立意抽样的方式（立意抽样又称判断抽样，purposive judgmental sampling），即根据相关经验判断总体构成要素，主观介入样本的选取过程以完成调查的方法，属于非概率抽样。改革推行之前的 2013—2015 年西南交通大学发明专利授权量 436 件，根据发明专利第一完成人所属二级单位，计算得到各个学院专利数量及所占比例，如图 7-17 所示。参阅近五年各学院在国家和省部级科学技术奖励和获奖成果数，综合以上信息形成各个学院问卷抽样数。在确定各个学院问卷抽样数的情况下，进行简单随机抽样。本调查在各学院抽样问卷数确定上采取利益判断的形式，其后在各个学院具体抽样操作上采取随机的形式进行。调查问卷的总体结构主要包括科研人员对政策的了解和认同、对"产权"奖励及相关问题的看法、职务发明人与成果转化的关系、成果转化决策主导权的取向、成果转化方式的选择、职务科技成果转化存在的问题六个部分，题项之间具有相对独立性。

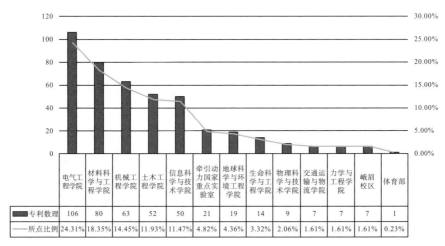

	电气工程学院	材料科学与工程学院	机械工程学院	土木工程学院	信息科学与技术学院	牵引动力国家重点实验室	地球科学与环境工程学院	生命科学与工程学院	物理科学与技术学院	交通运输与物流学院	力学与工程学院	峨眉校区	体育部
▮ 专利数量	106	80	63	52	50	21	19	14	9	7	7	7	1
—— 所点比例	24.31%	18.35%	14.45%	11.93%	11.47%	4.82%	4.36%	3.32%	2.06%	1.61%	1.61%	1.61%	0.23%

图 7-17 西南交通大学 2013-2015 年二级单位发明专利授权数

表 7-3 问卷回收情况表

二级学院	回收数量	发放数量	有效问卷比例
1. 土木工程学院	35	55	63.64％
2. 机械工程学院	28	48	58.33％
3. 电气工程学院	32	49	65.31％
4. 信息科学与技术学院	14	21	66.67％
5. 交通运输与物流学院	4	6	66.67％
6. 材料科学与工程学院	24	42	57.14％
7. 地球科学与环境工程学院	23	35	65.71％
8. 建筑与设计学院	1	3	33.33％
9. 生命科学与工程学院	19	35	54.29％
10. 物理科学与技术学院	9	14	64.29％
11. 力学与工程学院	8	12	66.67％
12. 牵引动力国家重点实验室	19	30	63.33％
合计	216	350	61.71％

2. 信度与效度

于2019年2月至4月，向西南交大教师和科研人员派发问卷共计350份，回收221份，回收率为63.1%，排除信息填写不完整、受访老师不属调查范围的情况，有效问卷216份，有效率为97.7%，问卷调查及回收详情见表7-3。科研人员对"赋权"改革的主观态度问卷调研的验证方式分为信度和效度，信度代表有关问卷的可靠性，用于问卷条目与元素间的关系；效度代表有关系统的有效性，用于问卷条目与元素间的关系，以及元素与指标系统的关系。问卷的信度方面，采用传统Cronbach's Alpha信度分析，效度方面则采用验证性因素分析。

信度是检验量表是否具有可靠性或稳定性的重要参照指标，满足一致性要求的量表是获取有效数据分析结果的前提，通常采用Cronbach's Alpha系数来衡量信度。Cronbach's Alpha系数介于0-1之间，越接近于1表明量表的可靠性与一致性程度越高，当Cronbach's Alpha系数<0.7时则说明量表可信度不足，需要予以重新编制。本电子问卷的Cronbach's Alpha系数值高于0.8（表7-4），说明研究数据适合提取信息，从侧面反映出效度良好。

表7-4　电子问卷-总体可靠性分析

Cronbach's Alpha 系数	项数（个）	样本量（份）
0.852	45	216

效度用来检验测量题项对变量的反映程度，量表的效度达标才能保证所获得的样本数据能够充分反映出要研究的问题，效度越高表明调查结果对研究问题的反映程度越显著。通常判定一个量表能否展开探索性因子分析的依据是检验KMO值是否达标，以及能否通过Bartlett球形检验。KMO值的合理范围在0.5-1之间，越靠近1表明越适合进行因子分析。Bartlett球形检验用于验证变量间是否相互独立，当sig.<0.05时表明量表具有一定的结构效度，可以进一步展开因子分析。本文运用SPSS 26软件对问卷进行探索性因子分析的检验结果如表7-5所示，KMO值为0.727>0.7，Bartlett球形检验显著性<0.001，两项指标均符合统计学的一般要求，表明该问卷结构维度划分合理，适合进行因子分析。对问卷量表的部分维度进行验证性因子分析，探究题项与维度之间的相关性，针对共不同纬度的因子及其分析项进行验证性因子分析（CFA）分析，由于篇幅所限该部分有所省略。

表 7-5　问卷的效度分析

KMO 和巴特利特检验		
KMO 值		0.727
巴特利特球形度检验	近似卡方	4021.523
	自由度	1014
	显著性	0.000

3. 科研人员的态度和意见

（1）受访教师基本特征。

表 7-6　受访人口统计学特征

类别		人数	百分比
性别	男	199	92.13%
	女	17	7.87%
年龄	1. 18～29 岁	2	0.93%
	2. 30～39 岁	77	35.65%
	3. 40～49 岁	75	34.72%
	4. 50～59 岁	57	26.39%
	5. 60 岁以上	5	2.31%
职称	1. 助教、初级	1	0.46%
	2. 讲师、中级	30	13.89%
	3. 副教授、副高	91	42.13%
	4. 教授、正高	94	43.52%
合计		216	100%

　　如表 7-6 所示，受访人员当中超过 85% 具有教授或副教授级别的职称，是学校科研工作的中坚力量，近 14% 拥有中级或讲师职称，属于科教工作起步的年轻教研人员。不同职称、年龄的教师具有异质性，可以较全面地反映总体对于改革试点的意见情况，图 7-18 反映了不同年龄段科研老师的职称情况。

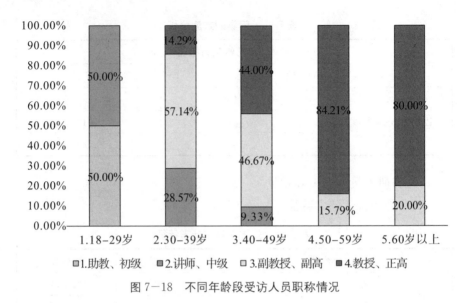

图7-18　不同年龄段受访人员职称情况

（2）科研人员对政策的了解和认同。

通过题设"学校及您所在学院对《西南交通大学专利管理规定》《职务科技成果转化实施细则》等校内规定做过宣传告知吗?"（见表7-7），了解到有69.9%的受访人员表示学校及所在学院对规定有过宣传，说明学校对于科技成果转化新规宣传力度仍有待加强，否则会影响政策执行的效果。表7-8显示仅有30%左右的受访老师对规定中的混合所有制的了解程度在"一般"之上，这同相关规定学校宣传力度、自身利益相关程度有关，对于成果的转化而言受到成果的成熟程度、自身工作精力、外界需求等多方面因素影响。所以大部分受访者对于成果共同所有只是一般了解，没有特别关注。这种情况在随后的提问中得到某种程度的验证，对"近五年您有科技成果分割确权或转化吗?"回答中，仅有15%左右的受访者表示有，同时也说明了成果转化率低的现状。对于这种给予科研人员前置"产权"奖励的新做法，超过70%的受访教师表示赞成或非常赞成，相比于以前规定不明确、转化通道窄、收益低、审批难的情况，新规的出台代表着很大的进步，内容规定给予团队知识产权激励更是如此。

表 7-7　学校政策宣传及职务发明人成果转化情况

题目	无		有	
	人数	比例	人数	比例
学校及您所在学院对《西南交大专利管理规定》《职务科技成果转化实施细则》等校内规定做过宣传告知吗？	65	30.1%	151	69.9%
近五年您有科技成果分割确权或转化吗？	183	84.7%	33	15.3%

表 7-8　职务发明人对于"混改"政策了解及支持程度

题目	根本不了解/非常不赞成		不了解/不赞成		一般		了解/赞成		非常了解/非常赞成		1-5平均分
	人数	比例	人数	比例	人数	比例	人数	比例	人数	比例	
您对学校职务科技成果转化混合所有制了解程度？	12	5.56%	48	22.22%	89	41.20%	61	28.24%	6	2.78%	3.00
您赞成学校职务科技成果混合所有制这项改革吗？	2	0.93%	5	2.31%	49	22.69%	123	56.94%	37	17.13%	3.87

（3）对"产权"奖励及相关问题的看法。

职务发明人的获得感对于其推动科技成果转化的积极性具有重要影响，对于"给予完成人科技成果权的情况下转化的积极性会提升"的说法 70% 的科研教师表示同意（见表 7-9），表明"混改"政策具有一定激励作用。对于奖励所有权份额的多少影响着激励的强度，对于"七成"所有权奖励的看法显示科研教师比较认同，但更多表示应该根据具体成果而定（见图 7-19）。因为每项科技成果的产出占用的社会资源多少是不一样的，脑力劳动在成果中的贡献程度应有更为客观合理的评价。

表 7-9　"产权"奖励下成果转化积极性会提高观点的同意度

题目	非常不同意		不同意		一般		同意		非常同意		1-5平均分
	人数	比例	人数	比例	人数	比例	人数	比例	人数	比例	
在拥有 70% 科技成果权的情况下，完成人及团队会比之前更积极推动成果转化。这个说法您同意吗？	0	0%	14	6.48%	50	23.19%	110	50.93%	42	19.4%	3.83

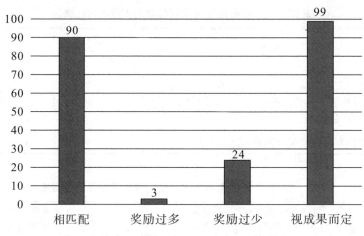

图 7-19　对 70% "产权"奖励的看法

科研工作一般以团队的形式开展，科技成果的创造需要团队成员的共同努力。对于自己所在团队获得七成所有权内部有无分配方案或协商机制，仅有 35.1% 的科研教师表示"有"（表 7-10），因此大部分科研团队对于成果权益如何分配有待制定具体的分配方案。事前成果产权奖励在如何推动成果转化的方式选择上需要统一团队意见，存在一个协调成员意见的过程。对于科技成果权事前奖励会引发团队在转化决策和收益分配方面的矛盾有 24.07% 的科研教师表示"同意"或"非常同意"（表 7-11），这说明在收益分配和转化决策上团队成员意见的协调是个需要注意的问题，亟需建立相应的内部协调机制。

表 7-10　科研团队有无权益分配具体方案

题目	无		有	
	人数	比例	人数	比例
如果您所在科研团队获得 7 成科技成果权，对于权益的分配有既定的分配方案或协商机制吗？	140	64.9%	76	35.1%

表 7-11 成果"产权"事前奖励可能会产生矛盾的看法

题目	非常不同意		不同意		一般		同意		非常同意		1—5平均分
	人数	比例	人数	比例	人数	比例	人数	比例	人数	比例	
科技成果权事前奖励会引发团队在转化决策和收益分配方面的矛盾。这个说法您同意吗？	5	2.31%	68	31.5%	91	42.12%	45	20.83%	7	3.24%	2.91

4. 关于职务科技成果转化相关问题的调查

（1）职务发明人与成果转化的关系。

关于职务发明人的参与对于成果有效转化具有重要作用的看法（见表 7-12），超过 85% 受访者表示"同意"或"非常同意"。这也验证了此前对于科技人员所具有的隐性知识对成果转化重要作用的看法，此外由于科研工作专业程度高，对于现实转化机构服务能力不足的情况下，完成人的参与显得尤为重要。因此为了提高成果转化率，有针对性地调动职务发明人积极性具有必要性。

表 7-12 职务发明人的参与对于成果转化的影响程度

题目	非常不同意		不同意		一般		同意		非常同意		1—5平均分
	人数	比例	人数	比例	人数	比例	人数	比例	人数	比例	
科技成果完成人的参与对于科技成果的有效转化具有重大影响。这个说法您同意吗？	3	1.39%	4	1.85%	25	11.57%	118	54.63%	66	30.56%	4.11

（2）成果转化决策主导权的取向。

图 7-20 显示对于成果转化的决策主导权的看法，超过一半科研教师认为应该由完成人来主导，除此之外认为学校和科技中介有主导权的也超过 15%。这反映出受访者一方面对自己完成科技成果具有特殊的了解和认识，应由其主导成果转化决策，但小部分对于成果转化这种市场行为并不特别了解，对风险的认知掌控能力小，感觉到转化过程决策能力不足，认为中介机构和学校应发挥作用，主导成果转化。因此对于成果转化如何决策上应该进行群策群力，尊重职务发明人决策参与的权利，同时制定相应的协商机制，保证转化决策的合理性。

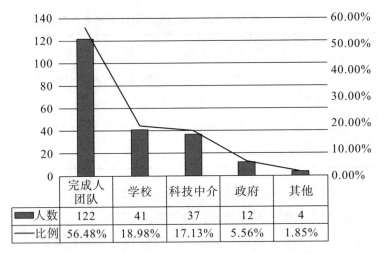

图 7-20　职务科技成果转化过程中对决策主导权的看法

（3）成果转化方式的选择。

关于转化方式的选择（见图 7-21），除视情况而定外，认同技术转让的方式最多，这也一直是高校科技成果转化的最主要的路径。成果实施的风险由企业承担，高校和完成人获得一次性收益，相对风险较低且无需太多精力进行转化管理和经营。但不可忽视的是作价投资和团队自行转化的方式也有相当比例，尤其是作价投资。通过作价投资技术入股的方式，可以解决高校成果转化缺乏经济载体和资金的难题，在完成人参与下转化成功率提升，可以期望获取更高的收益；对于自行转化，则对完成人团队具有较高的经营能力和资金要求，了解产品市场特点，需要引入风险资本。对于高校职务发明人创新创业，同样需要学校具有相应的政策配套。

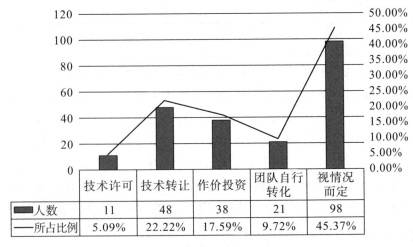

图 7-21　对于科技成果转化方式的态度

（4）职务科技成果转化存在的问题。

对于现阶段高校职务科技成果转化面临主要问题的看法，"成果技术不够成熟""科技成果与市场需求联系不紧密"反映出高校科技成果质量不高、应用性不强的客观事实。这同高校较多地从事基础性和前沿性研究的特征有关，科研项目立项没有考虑市场需求，追求原创性的科研特征。"学校与科技人员自身转化能力欠缺""高校科技成果转化制度不健全"则反映出高校在科技成果转化方面投入资源不够，成果转化在国家政策层面和高校机制层面都存在着一定障碍。

表 7-13　当前高校职务科技成果转化面临的主要问题

题目	选项	人数	所占比例
您认为现阶段高校科技成果转化面临的主要问题是什么？（多选题）	1. 成果技术不够成熟	136	62.96%
	2. 科技成果与市场需求联系不紧密	137	63.43%
	3. 学校与科技人员自身转化能力欠缺	102	47.22%
	4. 成果主体缺乏转化意识	79	36.57%
	5. 高校科技成果转化的法规与政策不健全或不合理	89	41.20%
	6. 经济结构对科技成果的吸纳力不强	46	21.30%
	7. 成果转化的市场机制或中介服务不完善	91	42.13%
	8. 风险过大（主要风险包括：市场风险、政策风险、转化双方的互信风险）	58	26.85%
	9. 其他	4	1.85%

5. 问卷调查发现

（1）科研人员对于"混合所有制"政策存在信息不对称。

职务科技成果知识产权权属"混合所有制"改革涉及的利益主体主要是学校和教师，学校作为试点政策的制定者之一有义务将相关的做法信息告知全体科研教师，让作为政策受众的科研教师对于改革目的和具体做法有清楚的了解。但仅有70%左右的科研教师表示学校及所在学院对相关规定做过宣传，没有达到普及的程度。职务发明人对政策内容的了解程度不够，导致对改革中的风险过分放大，这会影响政策的认同程度，进一步导致科研人员有成果但不主动向学校申请分割确权。在调研的西南交通大学中，试点政策仅覆盖了屈指可数的少数几位教师，无疑削弱了其他广大科研人员参与改革试点工作的积极性。

（2）高校科技成果转化部门作用发挥不足。

高校科学技术发展研究院作为科技成果转化的管理部门，在成果转化的过程中负责对科研教师的转化申请进行审查，但更多是形式审查，并未参与到成果转化的决策当中。现有的高校技术转移部门人员并无专业化背景，具有成果转化实务经验的人员占比不足10%，缺乏相关技术领域的高端人才和知识产权、法律和会计等方面的专业人才，与西方已较为成熟运行的高校技术转移部门相比还存在较大差距。职务发明人在推动成果转化方面的能力存在差异，在其能力不足的情况下，所做的转化决策不一定达到了学校和科研教师收益整体最优。在问卷中"谁应该在成果转化决策过程起主导作用"，有30%左右选择学校或中介，也反映出高校教师对学校科技成果转化部门能力建设具有较大期待。

（3）科研团队内部收益分配和转化决策机制缺乏。

科研活动大都以团队的形式展开，团队内部个体的付出存在如何衡量的疑问。问卷显示大部分科研团队内部对于成果如何分配尚无具体方案，亟需完成人团队制定相应的分配原则平衡内部成员利益。此外，西南交通大学专利管理规定对于成果如何转化需所有完成人的一致同意，如果完成人不能对成果转化达成一致意见或者因某个主要完成人离开无法取得联系的话，就会存在成果无法转化的窘境。加之高校科研团队中的博、硕士生占比较高，这部分群体的流动性强，但如果教师可以获得"赋权"，学生作为科技成果的贡献人又能否以同等条件和平等身份获得相关权利呢？随着个人知识产权意识的增强，成果转化中的权属和收益分配也会产生因团队内部决策和利益分配方面的新问题。因此，还存在团队内部利益主体复杂、贡献测度模糊且内部利益协商机制有待明确的问题。

当然，这部分问卷调查由于只是针对西南交通大学一所高校的部分科研人员进行的，调查范围有限且调查时间处于改革基层探索的早期阶段，相关调查发现只能用来描述和刻画当时情况下的科研人员主观态度，客观呈现改革进程中的阶段性矛盾，作为客观记录改革发展历程中的一个局部历史片段，具有一定的记录和参考价值。

（四）关于改革政策效用的研究假设

"中国特色"是知识产权强国建设的基点，立足中国国情，发挥中国特色社会主义制度优势，是知识产权和科技创新领域深化改革的基准点。四川省实施职务发明权属"混合所有制"改革有着广阔的实践背景和内外动因。四川省作为全国八大创新区之一，积极进行全面创新改革探索。区域创新活跃、政策创新边界空间较大以及中国高校科技成果转化现实难题的长期性、复杂性，成为职务发明权属改革的重要动因与合理性来源。中国现行《专利法》第六条第三款所述"单位与发明人或者设计人订有合同，对申请专利的权利和专利权的归属作出约定的，从其约定"，以及第十五条的"产权激励"原则条款，为此项改革留下了一定的法律实施空间。职务发明权属"混合所有制"改革最初起源于西南交通大学科技园的实践，依循"自下而上"的政策试点路径，四川省开始将这一改革的范围逐步扩大。

1. 产权结构

四川的职务发明权属"混合所有制"改革通过给予发明人一定比例的成果产权，以高校与发明人产权共享的方式激励发明人转化其成果的积极性，推动科技成果转化实施。出于以科技成果转化助推创新发展的目的，四川省的改革试点政策尝试通过政策的松绑实行产权共有，实现对发明人创造性智力劳动价值的认可。此外，高校的产权管理松绑，将有利于成果资源的充分共享，产学研合作的"三螺旋"模式会进一步深化。由此可以推测，在四川省改革试点实施后的一个时期，高校与多元创新主体共享产权的专利数量将会有所上升。由此提出以下假设：

H1a："混合所有制"改革会促使高校与职务发明人共享产权的专利数量提高；

H1b："混合所有制"改革会促使高校与其他创新主体共享产权的专利数量提高。

2. 转化数量

知识产权激励理论认为，将权利优先赋予发明人的制度，可以为知识产品产出提供激励。职务发明权属"混合所有制"的预设机制即产权激励，旨在通过给予发明人一定的成果权属，事前确认转化收益的可获得性，提高发明人成果转化的自主性继而推进成果转化。产权共享推动高校科技成果转化的逻辑在于：一是试点高校将会开放更多专利存量实现转化；二是通过事前虚拟化产权分割的方式，确保发明人在成果转化后的物质激励，与发明人形成利益联结；三是确认发明人对成果的所有，能够使发明人具有一定程度的成果转化自主权，减少成果转化过程中的束缚。然而，知识的迁移尤其是隐性知识的转化有其客观进程，四川省的"混合所有制"改革是否在高校科技成果转化中呈现出正向效应呢？为此，以政策初衷为出发点，提出以下假设：

H2："混合所有制"改革会提升试点高校的成果转让和许可数量。

3. 专利数量

专利数量是科技创新产出的基本指标，具有时间连续性，是检验改革效果的基本要素指征，在中国高校职务发明权属改革过程中同样可以作为一个基本衡量指标。但正如前所述，各国在检验不同所有权下的专利申请数量时所得结果不一而足。基于中国改革的特点，职务发明权属改革的最终目标是实现创新激励，即除了实现既有成果的转化，也将在新增成果产出中有所体现。为此，提出假设：

H3："混合所有制"改革会激励发明人进行创新创造，提高发明专利申请量与公开量。

4. 专利质量

Jiang 等（2019）通过中美对比研究，认为中国在合作申请专利中获得质量收益，而这依赖于将专利所有权分配给发明者相关的激励效应。在职务发明权属改革的政策设计中，产权共享的方式被预期将会促使更多高质量发明创造的披露和公开，同时也会促进高校发明人更加注重自己专利产出的质量和商业化潜力。那么，高校职务发明权属"混合所有制"在实现产权共有的同时，是否也提高了专利质量？在专利质量的衡量中，专利引证、权利要求数量、同族数是专利质量的基本指标，借鉴马天旗（2008）、万小丽（2009）等的研究，提出以下假设：

H4a："混合所有制"改革会提高试点高校的专利应用长度，即专利被引量会提高；

H4b："混合所有制"改革会提高试点高校专利保护范围，即专利数量要求条款增多；

H4c："混合所有制"改革会提高试点高校专利影响范围，即专利同族数会增多。

（五）数据收集与模型建立

专利尤其是发明专利是刻画科技成果的重要载体，为验证始于2016年四川省职务发明权属混合所有制改革试点对高校职务发明产权结构、转化与产出数量以及专利质量的影响，选取2014—2018年作为样本观察期，将四川省2016年进行改革试点的10所试点高校作为实验组，将川内10年间发明专利申请数量大于30的11所未作为改革试点的大学作为对照组，具体样本高校如表7-14所示。

表 7-14 样本高校名单

主管部门	实验组	对照组
教育部	四川大学、西南交通大学	电子科技大学、西南财经大学、中国民用航空飞行学院
四川省	四川农业大学、成都理工大学、成都信息工程（学院）大学、成都大学（学院）、西南科技大学、成都中医药大学、四川轻化工大学（四川理工学院）、攀枝花学院	西南石油大学、四川师范大学、西华大学、西华师范大学、西南医科大学（泸州学院或四川医科大学）、成都医学院、成都师范大学、成都工业学院

通过 Incopat 专利数据库以样本高校为申请人进行检索，收集了 2014 年 1 月 1 日至 2018 年 12 月 31 日间四川省试点高校的全部发明专利申请著录项，数据检索时间为 2019 年 5 月 29 日，共采用有效专利数据 29400 条。

1. 基本变量

为检验提出的假设，构建主要变量如表 7-15 所示。

表 7-15 基本变量及编码

变量类别	变量名称	变量含义	编码	取值
核心解释变量	政策实施	改革前后（前0，后1）	time	(0, 1)
	试点政策	试点政策（无0，有1）	poli	(0, 1)
被解释变量	专利产权结构	高校与个人共同申请专利	app-person	总体
		高校与个人共有申请专利	app-corp	总体
		高校与多元主体共同拥有专利	pat-person	总体
		高校与多元主体共有申请专利	pat-corp	总体
	专利转化数量	发明专利转让及许可数量	transfer	总体
	申请专利数量	发明专利申请数量	apply0	总体
		发明专利公开数量	publish	总体
	发明专利质量	发明专利被引量	cited	单项
		发明专利同族数	family	单项
		发明专利权利要求数量	right	单项
		合享价值度 *	value	单项
控制变量	所在区域	成都市内外（外0，内1）	area	(0, 1)
	隶属部门	省属或央属（省属0，央属1）	domi	(0, 1)

* 注：指标中增加 Incopat 数据库的合享价值度（value）为专利质量提供价值参考。

2. 基本模型

基于自然实验的双重差分法（Difference in Difference，DID）是当前较为科学的前沿政策效应评估方法之一。在满足严格的"准实验"与平行假设前提下，能通过个体与时间固定效应避免内生性问题，较显著地呈现政策实施前后的差别。自周黎安、陈烨（2005）将双重差分法引入改革效果评价后，国内运用此方法进行政策效果评估的研究越来越多。为验证改革试点的政策影响，假设 Y_{it} 是本研究关注的权属改革的直接效果，$poli$ 是职务发明权属改革的虚拟变量，改革产生的因果效应为 E（Y｜$time$＝1）－E（Y｜$time$＝0）。进而，设立模型：

$$Y_{it} = \beta_0 + \beta_1 \cdot time + \beta_2 \cdot poli + \gamma \cdot Treat_{it} + \alpha_i + u_t + \varepsilon_{it}$$

（式 7－1）

其中，β_1 是控制时间对两组的影响，β_2 是控制实验组与对照组的区别，γ 为交叉项系数；$time$ 是时间虚拟变量，$poli$ 是政策虚拟变量，$Treat_{it}$ 是实验交互效果，α_i 是高校固定效应，u_t 是时间固定效应。

3. 数据描述

在数据预处理和变量筛选阶段，在总的 29400 条发明专利著录项数据基础上，将 2014 年至 2018 年间各高校的专利申请均值化，获得 5 年间 21 所高校的 110 个总体面板数据，各主要变量的描述性统计分析如表7－16 所示。

表 7－16　描述性统计

变量	含义	样本量	均值	中位数	标准差	最大值	最小值
time	改革前后	110	0.400	0	0.492	1	0
poli	试点政策	110	0.455	0	0.500	1	0
app－person	高校与个人共同申请专利	110	1.555	0	4.682	42	0
app－corp	高校与个人共有申请专利	110	15.370	4	27.18	175	0
pat－person	高校与多元主体共同拥有专利	110	7.991	0	21.13	142	0
pat－corp	高校与多元主体共有申请专利	110	22.470	9.500	31.85	175	0
transfer	发明专利转让及许可数量	110	3.036	0	5.934	35	0
apply0	发明专利申请数量	110	264.300	83.50	457.9	2440	2
publish	发明专利公开数量	110	244.500	77.50	413.8	2445	1
cited	发明专利被引量	29400	0.533	0	1.655	40	0

续表7-16

变量	含义	样本量	均值	中位数	标准差	最大值	最小值
family	发明专利同族数	29400	1.330	1	0.555	12	0
right	发明专利权利要求数量	29400	6.124	6	3.288	72	0
value	合享价值度	29400	6.151	6	1.527	10	1
area	高校所在地区	110	0.545	1	0.500	1	0
domi	高校隶属部门	110	0.227	0	0.421	1	0

（六）数据结果与研究发现

1. 平行趋势检验

使用双重差分法有着严格的条件限制，其基本前提是满足自然实验所必备的条件。在政策效果评估中，必须存在具有试点性质的政策冲击以区分实验组和对照组，其次必须有政策实施前后的相应面板数据，而最为重要和关键的前提条件是实验组和对照组在政策实施之前必须具有相同的发展趋势。为此，作出如下平行趋势检验。

第一是总体类数据：

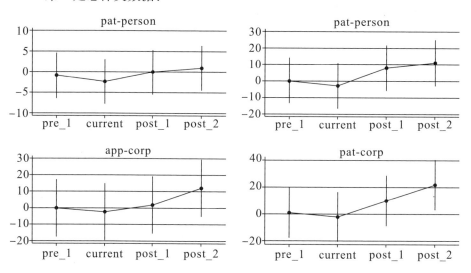

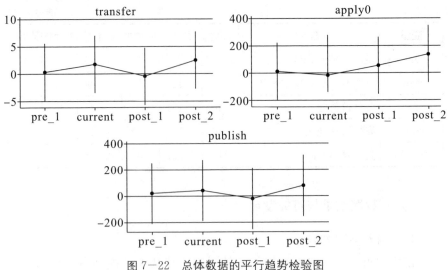

图7—22　总体数据的平行趋势检验图

在总体数量的变量中，既有专利的个人共享（pat-person）、合作共享（pat-corp）、新专利申请（apply0）在政策试点发生的年份之后整个置信区间大于0，表明2016年之后变量显著增大，满足平行趋势假设。而其他变量大多在2017年后体现，或可能是受专利公开的时滞性影响。

第二是个体类数据：

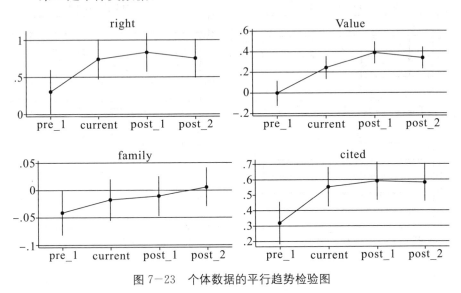

图7—23　个体数据的平行趋势检验图

在专利个体数量的变量中，在政策试点发生的年份之后，在置信区间内大于0的数据较少，不能认为满足平行趋势，但值得注意的是，被引量和专利价值从2015年开始置信区间内大于0。

2. 双重差分运用

对符合平行趋势的变量，运用 DID 对高校分别与个人、企业共同申请和共同拥有专利情况进行分析，结果如下。

第一是总体类数据：

表 7-17　总体类数据双重差分检验

变量	app-person	pat-person	app-corp	pat-corp	transfer	apply	publish
Treat	1.461	10.406**	7.767	16.358***	0.358	94.194	8.236
	−0.84	−2.36	−1.39	−2.71	−0.21	−1.37	−0.11
poli	−0.986	−4.735	2.149	−1.603	−2.145	−23.828	34.259
	(−0.34)	(−0.64)	−0.23	(−0.16)	(−0.75)	(−0.21)	−0.27
time	0.109	4.816	11.833**	15.883***	6.973***	230.730***	277.893***
	−0.07	−1.22	−2.37	−2.94	−4.58	−3.75	−4.16
domi	−2.067	70.267***	−6.4	65.733***	7.533	404.867*	309.667
	(−0.38)	−5.06	(−0.36)	−3.46	−1.41	−1.87	−1.32
area	1.267	1.133	−12.6	−11.533	1.467	16.733	56.533
	−0.31	−0.11	(−0.96)	(−0.81)	−0.37	−0.1	−0.32
faculty	0.002	0.002	0.002	0.003	0.002	0.091	0.105
	−1	−0.36	−0.27	−0.47	−1.02	−1.23	−1.31
Constant	−4.031	−5.967	7.272	2.678	−4.249	−187.767	−282.571
	(−0.66)	(−0.39)	−0.37	−0.13	(−0.71)	(−0.78)	(−1.08)
Observations	110	110	110	110	110	110	110
R−squared	0.317	0.782	0.79	0.821	0.59	0.888	0.838
YEAR FE	YES	YES	YES	YES	YES	YES	YES
CODE	YES	YES	YES	YES	YES	YES	YES
Adj_R2	0.104	0.714	0.724	0.765	0.462	0.853	0.787

t−statistics in parentheses

*** $p<0.01$, ** $p<0.05$, * $p<0.1$

结果显示，在控制时间和高校个体固定效应后，从专利著录项的当前专利权人角度来看，在 5% 的显著性水平下，试点政策对高校与个体、与企业共同拥有专利的数量显示正向影响。这说明 2016 年起四川省实施的职务发明权属"混合所有制"改革，对四川省内高校改变既有专利的权属分配有促进作用。高校与企业、发明人和其他机构等主体共享产权的专利数量增多，部分高校的职务发明人因试点政策获得职务发明的专利权，由此H1a、H1b得到验证。然而，从新专利申请角度来看，高校与职务发明人以及其他主体共同申请专利的数量并未因试点而显著增长。此外，在专利转让数量（$transfer$）、新申请专利（$apply$）、专利公开数量（$publish$）为样本的回归结果中，变量Treat的系数为正，但由于双重差分结果并不显著，因此虽然专利转让数量、新申请专利、专利公开数量呈现正向增长趋势，但不能判定是由试点政策实施引起的，因此，H2和H3均未能验证。

第二是个体类数据：

表7-18　个体类数据双重差分检验

变量	cited	right	family	value
$Treat$	0.231***	0.098	0.002	0.187***
	(6.75)	(1.31)	(0.17)	(6.16)
$poli$	−0.214***	1.279***	−0.002	0.035
	(−8.20)	(22.35)	(−0.22)	(1.52)
$time$	−2.524***	0.756***	−0.967***	−2.034***
	(−71.26)	(9.74)	(−91.50)	(−64.66)
$domi$	0.108***	−0.398***	0.010	0.158***
	(5.42)	(−9.13)	(1.61)	(8.92)
$area$	0.077***	−0.332***	0.070***	0.018
	(2.65)	(−5.22)	(8.12)	(0.69)
$Constant$	2.381***	5.556***	1.898***	7.161***
	(61.89)	(65.91)	(165.34)	(209.55)
$Observations$	29,399	29,399	29,399	29,399
$R-squared$	0.229	0.063	0.391	0.286
YEAR FE	YES	YES	YES	YES
$Adj\text{-}R2$	0.229	0.0624	0.391	0.286

t−statistics in parentheses
*** $p<0.01$, ** $p<0.05$, * $p<0.1$

在忽略平行趋势条件下对个体类数据进行双重差分结果显示，2016

年混合所有制改革实施以后，在 5% 的显著性水平下，专利引用数量和专利价值度有所上升，因此 H4a 结果得到了验证。但由于专利被引量会随时间而增长，并未排除时间的影响。虽然权利要求数量（right）和同族数量（family）为样本的回归结果中，变量 Treat 的系数符号为正但并不显著，说明试点政策的实施（Treat）对四川省专利质量的提高影响并不明显，因此 H4b、H4c 并未验证。总体而言，过去五年间，四川省各高校的专利质量有所变化，但由该项政策试点带来的质量变化并不显著。

（七）地方政策效用阶段性评估发现

一是四川省早期的政策试点对高校知识产权结构产生实质影响，政策效应主要体现在"存量"专利上。具体而言，四川省试点政策主要提升了当前专利权人共有专利的数量，但专利申请人的共有现象并不显著，由此可见，试点政策主要作用于既有专利而非新申请专利。

二是四川省早期的政策试点虽改变了高校的产权结构，但并未明显带动高校专利数量与质量的提升。"混合所有制"未如预期在高校专利申请上呈现出正向效应。而专利质量作为成果转化的重要基础，在试点政策实施后未见显著提升的原因，一则当前政策试点的执行仍停留在"混合所有"的概念性上，二则专利质量的提升并非一日之功，有必要持续跟踪。

三是四川省早期的职务发明权属"混合所有制"改革对高校转化专利成果的数量并未呈现显著正向作用。早期的"混改"政策还停留在促进分割确权这一初级阶段，高校专利产权分割与成果转化之间形成"断裂带"，高校科技成果的专利许可仍然有限，校与校之间的成果资源和转化能力相差悬殊。究其原因，与试点政策的时滞效应、成果转化的客观进程与实践难度等不无关系。

六、中央"赋权"改革试点效果的数据呈现

（一）中央"赋权"试点高校的面板数据呈现（2009.01—2022.07）

2020 年，科技部等 9 部门联合印发《赋予科研人员职务科技成果所有权或长期使用权试点实施方案》的通知，分领域选择了 40 家高等院校

和科研机构作为试点单位，探索建立赋予科研人员职务科技成果所有权或长期使用权的机制和模式。本研究聚焦于其中的 28 所高等院校进行，并将其设置为"实验组"。

为充分分析和检验"赋权"改革的实际输出效果，除对试点单位样本进行纵向对比外，选择部分非试点单位建立"对照组"样本，与中央试点单位形成对照试验，进行横向对比。由于中国高等院校数量庞大，层次多样，难以全面兼顾，因此，以中央试点的 28 所单位为基准，依据相关标准选择 28 所综合实力相当的非试点单位形成对照实验。非试点单位选择得恰当与否关乎职务科技成果权属改革效果的分析与判断，综合多种标准以提高非试点单位选择的质量，主要包括高校排名、学科性质、学科建设、地域分布、专利水平、地方试点政策等。

具体而言，第一，选择高校排名靠近的高校。国内大学排行榜较为权威的有中软科、CNUR、武书连、校友会四项。例如，中国大学校友会排行榜是基于思政教育、杰出校友、教学质量、高层次人才、优势学科专业、科研成果、科研基地、科研项目、社会服务、办学层次、社会声誉、国际影响力一级指标进行综合分析，以服务国家"双一流"发展战略和提升高校服务国家地方经济社会发展能力为导向，涵盖了中国高校核心职能的具有代表性、标志性的多项评测，涵盖国内外其他大学排名的高端质量指标。综合四项大学排名，从排名相似（上下浮动不超过20 名）的学校中选择非试点单位。第二，选择学校性质相同的高校。若中央试点单位为理工类，则非试点单位同样选择理工类院校。第三，优先选择学科建设相当的高校。基于《全国第四轮学科评估结果》与《第二轮"双一流"建设高校及建设学科名单》，针对专门院校选择学科实力相近的非试点单位。第四，选择专利水平相当的高校。通过查询 2021 年高校发明专利申请数量以判断高校的专利水平。除此之外，本研究还剔除了财经、政法、文体类院校，剔除参与地方职务科技成果权属改革的院校，以及兼顾高校是否参与 211 工程、985 工程、"双一流"建设工程等。综上，非试点高校的选择优先考虑与试点单位排名相近、性质相同、综合实力相当的高校。在无法兼顾的情况下，加入学科建设等其他参考因素，如北京航空航天大学与南京航空航天大学。

表7-19　中央试点高校与本研究遴选的非试点高校名单

实验组：28所中央试点高校 （校友会排名）	对照组：28所非试点高校 （校友会排名）
北京工业大学（72）	北京科技大学（33）
沈阳化工大学（243）	辽宁石油化工大学（273）
辽宁科技大学（255）	北京信息科技大学（237）
上海大学（61）	深圳大学（56）
上海理工大学（76）	华东理工大学（43）
上海海事大学（177）	宁波大学（66）
南京工业大学（88）	河北工业大学（99）
苏州大学（44）	扬州大学（68）
浙江工业大学（78）	北京化工大学（65）
杭州电子科技大学（142）	南京邮电大学（131）
湖北工业大学（197）	青岛理工大学（183）
暨南大学（39）	华南师范大学（57）
广东工业大学（125）	浙江理工大学（120）
海南大学（143）	广州大学（145）
成都中医药大学（209）	河南中医药大学（211）
成都理工（138）	中国地质大学（北京）（114）
复旦大学（6）	中山大学（15）
上海交通大学（3）	武汉理工大学（35）
南京大学（6）	西北大学（52）
浙江大学（4）	华中科技大学（9）
四川大学（19）	武汉大学（5）
西南交通大学（50）	北京交通大学（41）
西安交通大学（12）	郑州大学（53）
哈尔滨工业大学（17）	合肥工业大学（49）
北京航空航天大学（18）	南京航空航天大学（46）
北京理工大学（22）	南京理工大学（35）
西北工业大学（26）	华南理工大学（24）
中国科学技术大学（8）	天津大学（10）

1. 数据来源与数据处理

我们构建了 2009 年至 2022 年 56 所高校共计 14 年的平衡面板专利数据，以描述性统计分析呈现全国范围内赋予科研人员职务科技成果所有权改革对高校专利产出的影响，为推进"赋权"改革决策提供较为全面的数据参考。所用近百万条专利数据主要从 Incopat 专利数据库下载，辅以使用中国国家知识产权局检索分析数据库，为研究提供原始数据支持①。在数据清洗的过程中，针对高校专利的基本情况以及混合所有制改革的专利进行了详细的统计，具体统计指标含义如下。

第一是高校专利基本情况：借助 EXCEL 工具，本研究基于高校和年份两维度汇总了发明申请、发明授权、实用新型、外观设计四类专利的数据。

第二是"混合所有制"改革专利：通过对专利数据和混合所有制改革政策文件的分析，本研究认为职务科技成果权属混合所有制改革引起的专利变化主要体现在四个方面：高校和教师本人共同授权的专利；高校和教师名下企业共同授权的专利；通过专利转让，使得专利权属让渡给教师的专利；通过专利许可，使得专利部分权利让渡给教师的专利。因此，在数据整理过程中，科研团队通过人工检索的方式，一一确认教师的个人身份，确认教师名下企业与教师个人的信息的准确性，并按照不同高校和年份分布进行分类统计。

第三是高校专利转化：利用 EXCEL 工具，统计出高校在特定年份发生转让与许可活动的专利数量。

第四是高校专利质量：本研究基于国内外顶级期刊的文献调研，总结出专利质量的测度方式。主要包含发明专利知识宽度、发明专利权利要求数量、发明专利海外同族专利数、发明专利文献页数、发明专利首项权利要求字数、发明专利合享价值度 6 个权威度高且操作性强的指标。基于 6 项指标，本研究综合分析中央试点单位改革前后以及试点与非试点单位之间专利质量的变化和差别。

第五是高校专利寿命：对于已经失效的授权专利，研究采用 Incopat 数据库整理的专利寿命数据；对于尚未失效的授权专利，本研究以 2022 年 7 月 31 日作为时间节点，计算自授权日至 2022 年 7 月 31 日的专利历

---

① 通过 Incopat 数据库获取中央试点单位（实验组）和非试点单位（对照组）2009 年 1 月 1 日至 2022 年 7 月 31 日的全部专利信息，并以完整的著录项信息进行数据库存储。专利信息包含技术、分类号、名称地址、引证、同族、法律、其他等 7 个大类 106 个指标小项。

时月数。依据此计算方法，本研究分别统计出了发明专利、实用新型、外观设计三种类型专利的平均维持时长。

第六是高校分类：为了更加清晰地从不同维度展现高校专利的情况，对高校进行了多样的分类，例如省份、城市、管理单位的层次、区域、学校性质、学科建设等方面。

本节的描述性统计锁定了与高校知识产权管理和科技成果转化直接相关的四个关键时间节点，分别是国家知识产权战略纲要实施的首年2009年、新修订的《促进科技成果转化》颁布实施的2016年、中央"赋权"改革试点方案实施的2020年以及数据统计截止日期2022年7月31日。依据这些时间节点划分，将时间轴划分为三个关键时域，每个特定时域的高校专利发展情况受到当时主要政策干预的影响，由此从总体上判断相关宏观政策的作用效果。

2. 统计图表与数据发现

第一是专利申请与授权。

将2020年中央公布的28所试点高校以及对应选取的28所非试点高校作为样本高校进行分析，中央试点高校为实验组，非试点高校为对照组。基于Incopat专利库的数据，以专利数据代表、刻画和反映高校科技成果总体情况。图7-24所示，样本高校总体发明专利申请数量持续增高，发明专利申请增长率在2010年至2018年维持高位，样本高校专利申请增长态势良好。2018年过后，国家愈加关注知识产权领域高质量发展，通过多种手段提升专利质量，严格专利审查条件，对专利申请行为构成反向约束，到2020年样本高校的发明申请增长率下降至最低点。

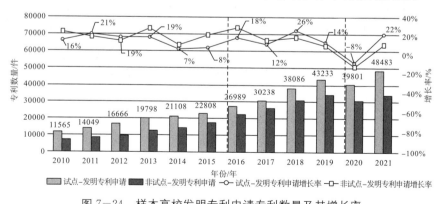

图7-24　样本高校发明专利申请专利数量及其增长率

图7-25所示，专利授权增长率中在2011年达到最高，专利授权增长率在2012年开始大幅度下降，从2015年起基本保持平稳增长。中央

235

在 2020 年进入知识产权强国建设新阶段，专利授权增长率再次上升。2020 年实验组高校增长率达到 33％，达到过去 7 年内最高。由于授权专利较之于专利申请的滞后性，因此授权数在 2020 年达到最大。2020 年中央《赋予科研人员职务科技成果所有权或长期使用权试点实施方案》的颁布给予实验组高校先行先试的权利，实验组高校专利授权增多。

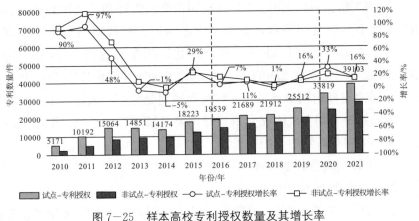

图 7-25 样本高校专利授权数量及其增长率

注：专利授权＝发明专利授权＋实用新型授权＋外观设计授权。

第二是专利转化。

高校专利转化主要包含转让和许可两种形式。如图 7-26、图 7-27 所示，样本高校专利转让数量逐年递增，专利转让增长率在 2016 年后保持高位平稳增长。实验组高校倾向于以转让专利权属的方式进行成果转化，对照组高校更倾向以许可的方式进行转化。样本高校在 2016 年之后许可数大幅降低，多倾向以转让的方式进行成果转化，对照组高校 2019 年起许可数量大幅增加，倾向于使用权的探索。实验组高校的许可增长率 2020 年后大幅增加，2021 年达到 126％。受政策叠加效应的影响和高校自身知识产权管理能力的提升，越来越多地开始选择以许可的方式进行成果转化。

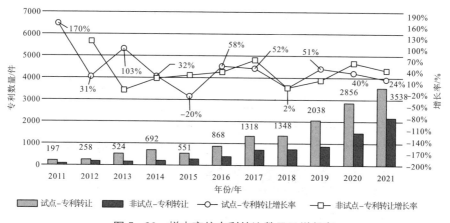

图 7-26　样本高校专利转让数量及增长率

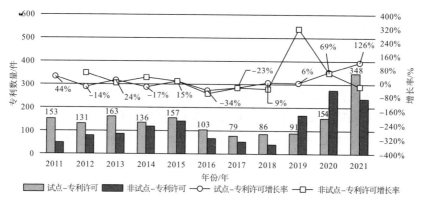

图 7-27　样本高校专利许可数量及其增长率

　　注：专利许可数据来自 Incopat 数据库，因高校许可项目保密行为，可能存在数据不完整问题。

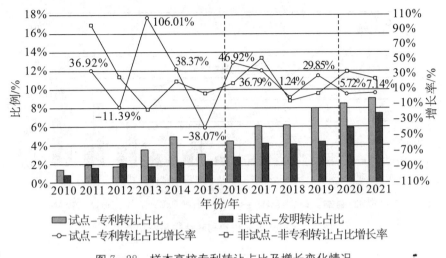

图 7-28　样本高校专利转让占比及增长变化情况

注：高校专利转让占比＝当年转让专利数/当年专利授权数。

第三是专利质量。

专利质量衡量指标包括发明专利知识宽度、权利要求数量、合享价值度、海外同族数四个指标。此外，我们还选择了发明专利文献字数、首权字数两个维度对专利质量指标进行补充。具体而言：基于中国国家知识产权局专利文件中的专利 IPC 分类号数量测度专利的知识宽度。IPC 分类号表明发明专利中涉及的技术领域，分类号数量越多，表明该专利涉及的技术领域越广，宽度越大，专利质量更高；文献页数和首项权利要求字数，两者都是对专利申请定量指标的描述，可以一定程度反应专利的质量水平；权利要求的数量同样能明显且持续地表明专利价值；海外同族专利数量表明专利在海外市场建立专利权利保护，但是由于海外专利申请的流程和成本都更高，因此对专利质量提出了更高的标准，也是专利质量的一个侧面指标。如图 7-29 所示，基于 5 个维度刻画专利质量，实验组高校以及对照组高校专利质量均逐年增加，实验组和对照组的专利质量得分不断接近。可以看出，受到国家严格专利审查，抑制非质量专利申请，提升专利质量等一系列举措的影响，以及高校对专利质量的把控的严格，专利质量无论在实验组高校还是对照组高校均得到较大幅度提升，且实验组高校质量优于对照组高校。

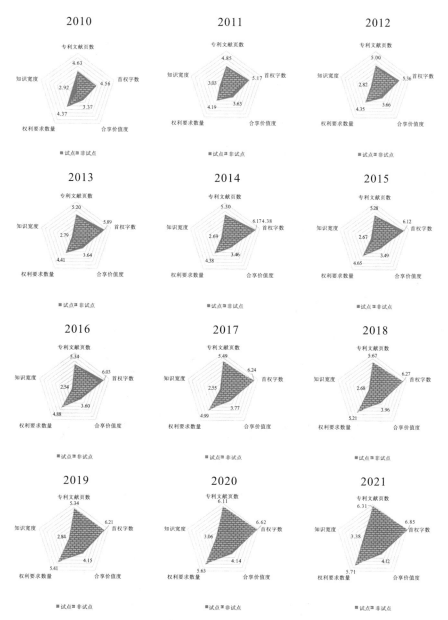

图 7—29 样本高校专利质量综合指标雷达图

注：授权字数单位为百字；合享价值度的基础单位为 2，文献页数的单位为双页。

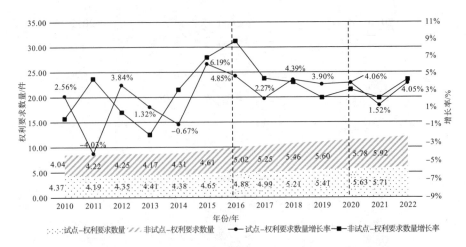

图 7-30　样本高校发明专利权利要求数量及其增长率

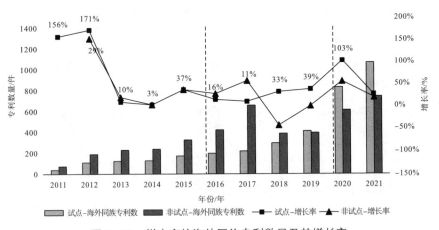

图 7-31　样本高校海外同族专利数量及其增长率

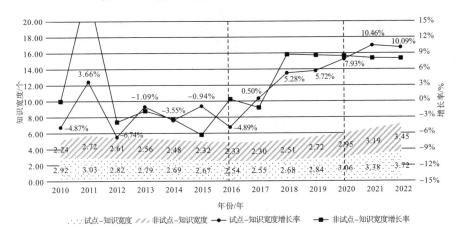

图 7-32　样本高校发明专利知识宽度及其增长率

专利质量分化指标是试点高校某指标专利质量与非试点高校同指标专利质量的比值，比值越大说明实验组高校的专利质量比对照组高校越高。由图 7－33 可知，在知识宽度、权利要求数量以及海外同族专利数量等几个核心指标中，实验组高校专利质量均优于对照组高校。尤其海外同族数方面，质量分化从 2017 年开始显现，在 2021 年达到最高值 1.44，一定程度上显示出试点高校在疫情和国际环境不确定性影响下持续拓展海外专利布局。

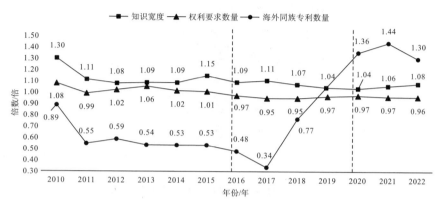

图 7－33　样本高校专利质量主要指标分化情况

注：质量分化指标＝试点高校某指标专利质量/非试点高校同指标专利质量。

作为一个刻画专利价值的重要指标，高校平均维持时长是计算专利自申请之日到专利失效日之间的维持年限。维持时长越长代表专利权人对专利价值的预期越强，因此愿意付出时间、经费维持专利有效，侧面反映出机构专利整体价值的高低。由图 7－34 可知，自 2009 年起，样本高校专利平均维持时长逐年增加，实验组高校维持时常明显高于对照组高校，样本高校专利维持时常的差距逐渐缩小。

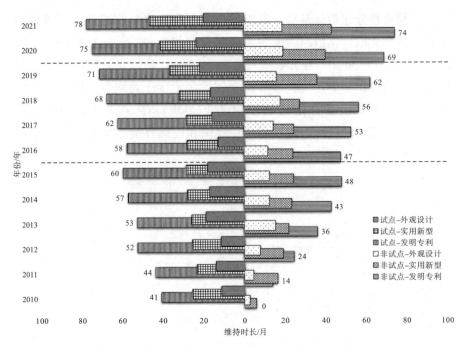

图 7-34 样本高校授权专利平均维持时长

第四是"混合所有制"改革专利。

"混合所有制"改革专利指专利权由学校和高校教师共有以及原来由高校所有，后权利变更给教师和高校共有的专利（暂时不包含老师关联公司和高校共有的数据），下文统称为"高校－教师"共有专利。首先，法律出台前高校已经开始了"高校－教师"共有专利的实践，2009 年至2015 年，样本高校"高校－教师"共有专利数量、占比整体呈上涨趋势。实验组高校的"高校－教师"共有专利在 2015 年出现井喷式增长，"高校－教师"共有专利增长率在 2015 年达到最高 122%。2016 年四川省以西南交通大学为代表的局部示范效应促进了各高校混合所有的职务科技成果的产生，2017 年"高校－教师"共有专利数量陡增，特别是实验组的"高校－教师"共有专利占比在 2017 年达到最高。两组高校的"高校－教师"共有专利数量以及增长率在 2017 年至 2020 年整体呈下降趋势。

2020 年《专利法》修订以及中央试点实施方案文件等的颁布，某种程度上刺激了实验组"高校－教师"的共有专利数量再次上升，但是对照组高校基于"合法性"的考虑，对职务科技成果混合所有制改革持观望的态度，共有专利数量并未提高。

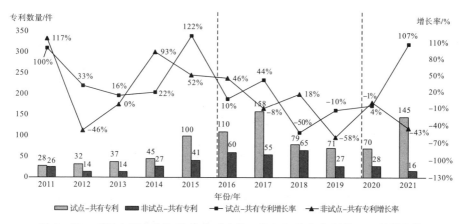

图 7-35 "混合所有制"改革中"高校-教师"共有专利数量及其增长率

"高校-教师"共有专利占比是指"高校-教师"共有专利占当年授权专利数量的比例。样本高校的共有专利占比整体都比较低,不超过0.8%。2012年后实验组高校的"高校-教师"共有专利占比大于对照组高校。尤其是在2021年,达到了9.06倍,达到历史最高。

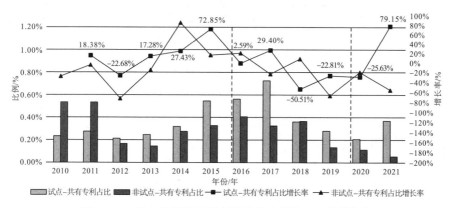

图 7-36 样本高校混合所有制改革专利数量及其增长率

注:"高校-教师"共有专利占比＝当年"高校-教师"共有专利数/当年专利授权数。

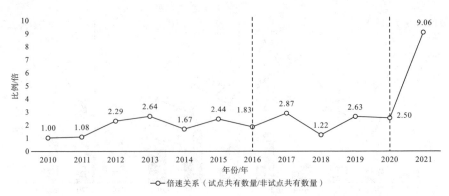

图7-37   "混合所有制"改革中"高校-教师"共有专利数量分化情况

备注：不包含高校和教师关联公司共同申请或持有的专利（统计中）。

第五是按照隶属关系和区域划分的试点高校专利情况。

表7-20   试点高校隶属关系情况

试点单位名称	管理单位层次	试点单位名称	管理单位层次
北京工业大学	省属	北京航空航天大学	中央直属
成都理工大学	省属	北京理工大学	中央直属
成都中医药大学	省属	复旦大学	中央直属
广东工业大学	省属	哈尔滨工业大学	中央直属
海南大学	省属	暨南大学	中央直属
杭州电子科技大学	省属	南京大学	中央直属
湖北工业大学	省属	上海交通大学	中央直属
辽宁科技大学	省属	四川大学	中央直属
南京工业大学	省属	西安交通大学	中央直属
上海大学	省属	西北工业大学	中央直属
上海海事大学	省属	西南交通大学	中央直属
上海理工大学	省属	浙江大学	中央直属
沈阳化工大学	省属	中国科学技术大学	中央直属
苏州大学	省属	—	—
浙江工业大学	省属	—	—

高校不同的隶属关系反映出不同政策干预和叠加效应。根据中央试点文件中确定的试点高校名单，按照隶属关系的不同划分为中央直属高校（主要受中央政策影响）和省属高校（主要受中央和地方政策的叠加

影响)。中央直属高校的发明申请专利数、专利授权数、发明专利知识宽度、海外同族数以及权利要求数量等指标均是中央直属高校优于省属高校。试点高校的发明申请增长率受政策和疫情的影响均在 2020 年达到最低点 11.5%,但专利授权增长率在 2020 年达到最高的 38.1%,这一降一升反映出试点高校专利的整体质量在不断提升,对专利泡沫形成一定的挤出效应。其中,中央直属高校的专利质量普遍优于省属高校。

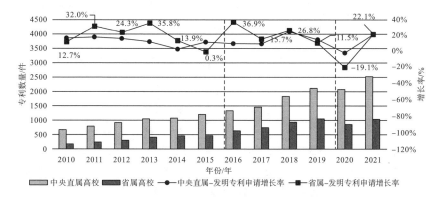

图 7-38 不同隶属关系下试点高校发明申请及其增长率

图 7-39 不同隶属关系下试点高校专利授权数及其增长率

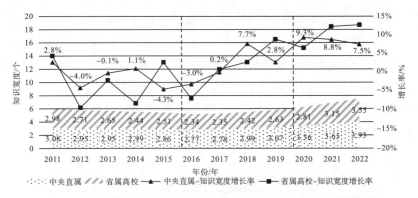

图 7-40 不同隶属关系下试点高校发明专利知识宽度及其增长率

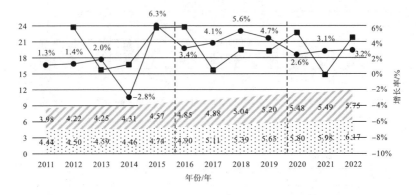

图 7-41 不同隶属关系下试点高校发明专利权利要求数量及其增长率

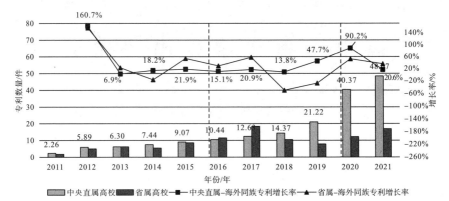

图 7-42 不同隶属关系下试点高校海外同族专利数量及其增长率

四川省是最早开始职务科技成果混合所有制探索的地区，受到四川省的地方试点以及西南交通大学的示范影响，西南区域"高校－教师"共有专利的数量最多，占比最大为 27%。

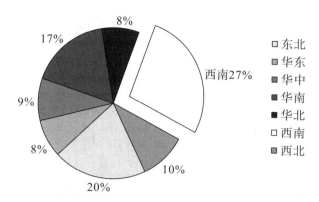

图 7-43　不同区域试点高校"高校-教师"共有专利平均数量占总体的比例情况

第六是试点高校"高校-教师"共有专利排行榜。

图 7-44 将统计周期划分为三个时段，即 2009—2015 年、2016—2019 年、2020—2022 年，分别可以反映出试点高校在不同时间段内的"高校-教师"共有专利数量变化。试点高校中西南交通大学、上海交通大学、哈尔滨工业大学以及北京工业大学等高校"高校-教师"共有专利数多，改革效果好。试点高校以及非试点高校（对照组高校）普遍都在 2016 年至 2019 年间共有专利数最多，占比最大。中央试点高校在 2020 年至 2022 年共有专利数量持续在增加，但是非试点单位在 2020 年后共有专利数量甚微，试点高校和非试点高校对"赋权"改革的态度呈现更加明显的极化效应。

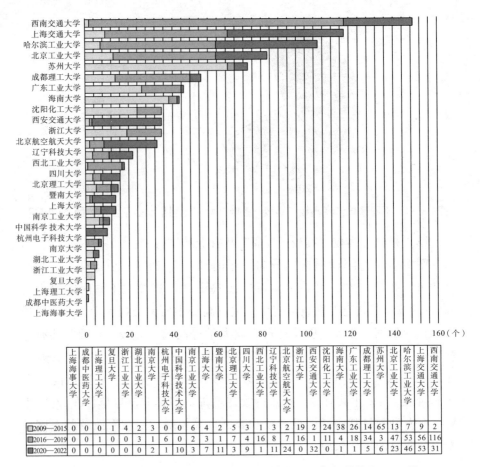

	上海海事大学	成都中医药大学	上海理工大学	复旦大学	浙江工业大学	湖北工业大学	南京大学	杭州电子科技大学	中国科学技术大学	南京工业大学	上海大学	暨南大学	北京理工大学	四川大学	西北工业大学	辽宁科技大学	北京航空航天大学	浙江大学	西安交通大学	沈阳化工大学	海南大学	广东工业大学	成都理工大学	苏州大学	北京工业大学	哈尔滨工业大学	上海交通大学	西南交通大学
2009—2015	0	0	0	1	4	2	3	0	0	6	4	2	5	3	1	3	2	19	2	24	38	26	14	65	13	7	9	2
2016—2019	0	0	1	0	0	3	1	6	0	2	3	1	7	4	16	8	7	16	1	11	4	18	34	3	47	53	56	116
2020—2022	0	0	0	0	0	0	2	1	10	3	7	11	3	9	1	11	24	0	32	0	1	1	5	6	23	46	53	31

图 7-44 实验组（试点）高校"高校-教师"共有专利数量 TOP 榜

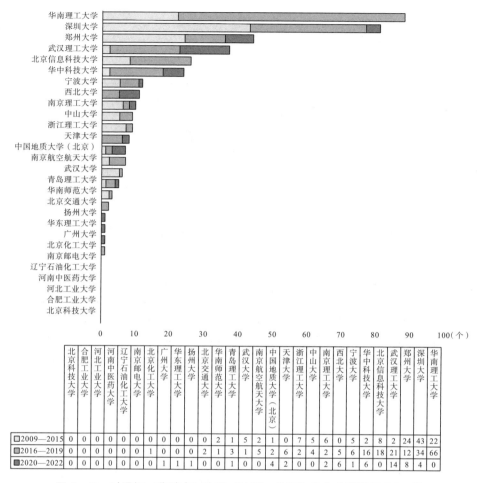

	北京科技大学	合肥工业大学	河北工业大学	河南中医药大学	辽宁石油化工大学	南京邮电大学	北京化工大学	广州大学	华东理工大学	扬州大学	北京交通大学	华南师范大学	青岛理工大学	武汉大学	南京航空航天大学	中国地质大学（北京）	天津大学	浙江理工大学	中山大学	南京理工大学	西北大学	宁波大学	华中科技大学	北京信息科技大学	武汉理工大学	郑州大学	深圳大学	华南理工大学
2009—2015	0	0	0	0	0	0	0	0	0	0	0	2	1	5	2	1	0	7	5	6	0	5	2	8	2	24	43	22
2016—2019	0	0	0	0	0	0	1	0	0	0	2	1	3	1	5	2	6	2	4	2	5	6	16	18	21	12	34	66
2020—2022	0	0	0	0	0	0	0	1	1	1	0	0	1	0	0	4	2	0	0	2	6	1	6	0	14	8	4	0

图 7—45 对照组（非试点）高校"高校－教师"共有专利数量 TOP 榜

第七是西南交通大学"高校－教师"共有专利情况。

2015 年西南交通大学被四川省确定为省内首个职务科技成果权属"混合所有制"改革试点单位。作为权属改革的"领头羊"和"排头兵"，西南交大"高校－教师"共有专利数量从 2016 年起大幅增加，但此后逐年递减，2019 年后又开始回升。西南交通大学发明专利知识宽度在 2016 年以后逐年上升，说明专利质量逐年提高。"高校－教师"共有专利的知识宽度、合享价值度大于由高校单独所有的专利，"混合所有制"一定程度上改革促进了西南交大专利质量的提升。

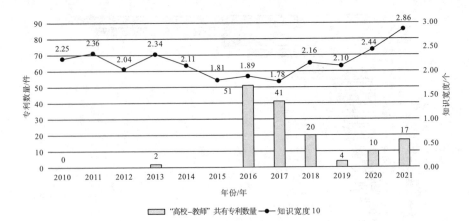

图7-46 西南交通大学"高校-教师"共有专利数量与发明专利知识宽度

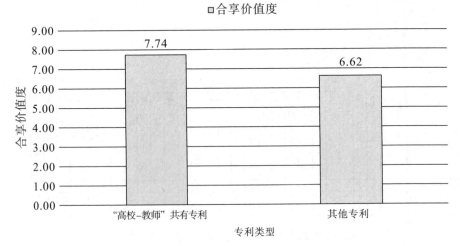

图7-47 西南交通大学"高校-教师"共有专利与其他专利的质量差异

（二）基于全国抽样的"赋权"改革切片数据呈现（2021）

本书作者参与了国家知识产权局官方组织的2022年中国专利调查的问卷设计工作，并负责拟制、分析与职务知识产权"赋权"改革相关的问题。作为一种国内较为权威的官方专利成果转化数据搜集渠道，在2022年的中国专利调查工作中，为了响应中央深改委"赋权"改革试点方案与《专利法》修订，专门设置并优化了高校职务知识产权"赋权"改革相关的题项，对于在更大范围内掌握改革进展情况、优化政策方向具有启示意义①。由此也可提供给读者两种不同的研判"赋权"改革进展与效果的视角，即官方数据来源与上一节中的非官方数据来源（课题组自行整理）所反映出的共性与差异，以供读者自行客观审视。若与官方公布数据有差异，请以官方数据为准。

1. 高校专利问卷

第一是数据总体情况。

高校专利问卷是以专利为抽样对象，关注高校专利个体差异。该问卷采用抽样调查的方式，在全国范围内，以 2021 年全国当年有效专利中的高校专利为总体抽样对象，由抽样出的专利权利人填答这份问卷。该问卷的调查对象涉及重点高校（985、211、"双一流"建设校），发放问卷数量和填答数量分别为 1582 份和 1407 份，问卷的回收率为 88.9％；其他本科院校的发放问卷数量和填答数量分别为 3901 份和 2959 份，问卷的回收率为 75.9％；专科（职校）的发放问卷数量和填答数量分别为 1074 份和 787 份，问卷的回收率为 73.9％。2022 年全国专利调查问卷（高校、科研单位）总计发放 6557 份，总计填答数量为 5153。问卷中有三道题与"赋权"改革直接相关。

表 7-21　2022 年高校专利问卷抽样及回收情况

高校分类	专利问卷数量	回收问卷数量	回收率
重点高校 （985、211、双一流建设校）	1582	1407	88.9％
其他本科	3901	2959	75.9％
专科（职校）	1074	787	73.9％
总计	6557	5153	78.6％

第二是问题设置与结果统计。

问题一：关于赋予科研人员职务科技成果（含专利权）所有权或长期使用权，贵单位是否有相关规定或实际做法？

（单选）是 01 否 02

---

① 经由相关方面同意，本部分初步呈现了全国范围内的高校专利问卷和高校专利权人问卷两种类型的数据结果。

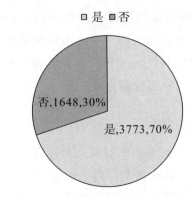

图7-48 所在高校是否对"赋权"改革有所规定

调查显示，在高校专利权人中，关于赋予科研人员职务科技成果所有权（含专利权）或长期使用权有相关规定或实际做法的比例达到70%，无相关规定或实际做法的比例仅为30%。改革覆盖面与2021公布的数据相比（63.7%，36.3%）有明显上升。

问题二：该专利的职务发明人是否同时也是该专利的权利人？
（单选）是01 否02

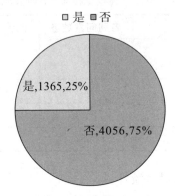

图7-49 该件专利的职务发明人是否同时也是专利权人

调查显示，在高校专利中，发明人同时也是权利人的情况约占总体专利数量比重的25%，反映出赋予科研人员职务科技成果所有权的情况正在成为一种趋势。

问题三："赋权"改革中，您对职务专利成果转化各环节存在担心和顾虑的程度，见表7-22。

表7-22　科研人员对职务专利成果转化各环节的顾虑

序号	描述	1=很低，2=较低，3=中等，4=较高，5=很高				
1	产权界定不明晰导致各主体之间的纠纷与诉讼问题	1	2	3	4	5
2	专利成果完成人（团队）内部收益分配不公平、不透明	1	2	3	4	5
3	专利成果完成人（团队）与所在单位之间收益分配不公平	1	2	3	4	5
4	专利成果转化过程中决策失误导致的法律和纪律责任	1	2	3	4	5
5	转化中专利被侵权或得不到有效保护	1	2	3	4	5
6	转化专利成果的价值被低估造成单位和个人利益损失	1	2	3	4	5
7	市场主体（企业）对承接职务专利成果转化的积极性不高	1	2	3	4	5
8	其他可能的风险（请具体说明）	1	2	3	4	5

对于选项1，科研人员对产权界定不明晰导致各主体之间的纠纷与诉讼问题是并不十分担心，非常担心与比较担心的比重仅占18%，完全不担心和不担心的比重占到55%（见图7-50）。

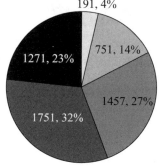

图7-50　科研人员对产权界定不明晰导致各主体之间的纠纷与诉讼问题的担心程度

对于选项2，科研人员对专利成果完成人（团队）内部收益分配不公平、不透明问题，选择完全不担心和不担心的比重占到63%，而选择非常担心和比较担心的比重仅有11%（见图7-51）。

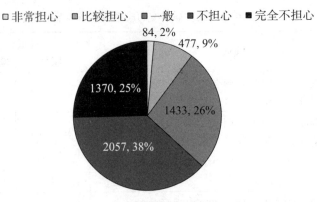

图7-51 科研人员对专利成果完成人（团队）内部收益分配不公平、
不透明问题的担心程度

对于选项3，科研人员对专利成果完成人（团队）与所在单位之间收益分配不公平问题完全不担心和不担心的比重占到61%，而选择非常担心和比较担心的比重仅有13%（见图7-52）。

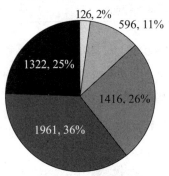

图7-52 科研人员对专利成果完成人（团队）与所在单位
之间收益分配不公平问题的担心程度

对于选项4，科研人员对专利成果转化过程中决策失误导致的法律和纪律责任问题的担心程度较前面几个选项的明显上升，有25%的高校专利权人非常担心或比较担心这个问题的潜在风险。完全不担心和不担心的比重也仅有44%（见图7-53）。

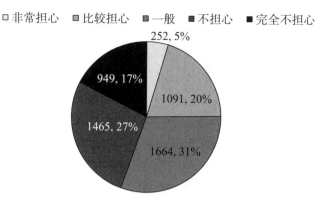

图 7—53　科研人员对专利成果转化过程中决策失误导致
的法律和纪律责任问题的担心程度

对于选项 5，科研人员对转化中专利被侵权或得不到有效保护问题的担心程度较前述选项进一步增大，非常担心和比较担心的比重之和达到 30%（见图 7—54）。

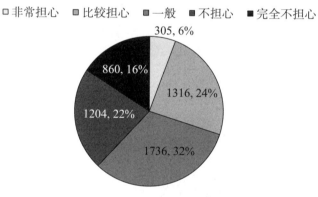

图 7—54　科研人员对转化中专利被侵权或得不到
有效保护问题的担心程度

对于选项 6，科研人员对转化专利成果的价值被低估造成单位和个人利益损失问题总体也是较为担心的，非常担心和比较担心的比重之和达到 31%，与完全不担心和不担心的比重之和的 35% 已较为接近（见图 7—55）。

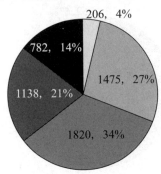

图7-55　科研人员对转化专利成果的价值被低估造成单位
和个人利益损失问题的担心程度

对于选项7，科研人员对市场主体（企业）对承接职务专利成果转化的积极性不高的问题，选择非常担心和比较担心的数量达到33%，超过了选择完全不担心和不担心的32%的比重。可见，这一问题是目前高校对"赋权"改革中涉及职务专利成果转化各环节中担心程度最高的一个环节，也从侧面反映了高校专利目前还存在市场化程度不高、应用前景不好的普遍情况（见图7-56）。

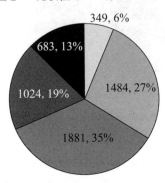

图7-56　科研人员对市场主体（企业）对承接职务专利成果转化
的积极性不高问题的担心程度

对于选项8，填答者对于其他环节的担心还存在于：没有专门的转化机构并且缺乏专业的转化人员，专利技术性不高，专利侵权维权以及仿制等问题，专利被套取了却没有被实际地运用，专利转化奖励制度不完善，转化程序、标准和花费问题等。

2. 高校专利权人问卷

第一是数据总体情况。

高校专利权人是以高校为抽样对象，该问卷的调查对象涉及重点高校（985、211、双一流建设校）142 所，发放问卷数量和填答数量分别为 131 份和 114 份，问卷的回收率为 87.0％；其他本科院校 989 所，发放问卷数量和填答数量分别为 472 份和 347 份，问卷的回收率为 73.5％；专科（职校）1087 所，发放问卷数量和填答数量分别为 237 份和 153 份，问卷的回收率为 64.6％。2022 年总计发放 840 份，总计填答数量为 614 份。填答该问卷的高校占到全国高校数量的 28％。

表 7-23　2022 年高校权利人问卷抽样及其回收情况

高校分类	全国	发放数量	填答数量	回收率
重点高校 （985、211、双一流建设校）	142	131	114	87.0％
其他本科	989	472	347	73.5％
专科（职校）	1087	237	153	64.6％
总计	2218	840	614	73.1％

第二是问题设置与结果统计。

问题一：关于赋予科研人员职务科技成果（含专利权）所有权或长期使用权，贵单位是否有相关规定或实际做法？

（单选）是 01 否 02

调查显示，在高校和科研单位专利权人中，关于赋予科研人员职务科技成果所有权（含专利权）或长期使用权，有相关规定或实际做法的高校比例为 53％，无相关规定或实际做法的比例为 47％。

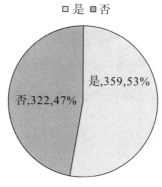

图 7-57　高校是否对"赋权"改革有所规定或实际作为

问题二：贵单位落实执行赋予职务专利成果完成人相关权属的方式是（不定项选择）

赋予成果完成人完全所有权 01　　赋予成果完成人与单位共同共有 02

赋予成果完成人部分所有权（成果完成人与单位按份共有）03

赋予成果完成人长期使用权 04　　上述都没有 05

调查显示，高校执行赋予职务专利成果完成人相关权属的方式大多是赋予成果完成人"所有权"，占比为 65%。高校赋予职务科技成果完成人成果"所有权"的方式和程度有所不同，分为赋予成果完成人完全所有权、单位和完成人共同共有以及按份共有三类，分别占比 6%、31% 和 28%。高校赋予职务科技成果完成人长期使用权的占比为 33%，也有个别高校并没有赋予职务科技成果完成人所有权或长期使用权，占比仅为 2%。这与 2021 年公布的高校激励专利转移转化的方式中的"赋予科研人员部分所有权"做法占比已从 26% 上升到 59%。

□ 赋予成果完成人完全所有权

■ 成果完成人与单位共同共有

■ 赋予成果完成人部分所有权（成果完成人与单位按份共有）

■ 赋予成果完成人长期使用权

■ 上述都没有

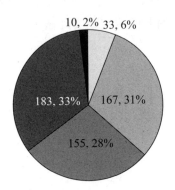

图 7-58　执行赋予职务科技成果成果完成人相关权属的方式

问题三：贵单位在落实执行"赋权"改革中是否进行了下列具体管理和操作事项？（单选）

表 7—24

序号	描述	0＝未落实，1＝已落实
1	赋权之前要求成果完成人团队就内部收益分配比例达成一致	
2	赋权之前要求明确该成果的承接对象	
3	赋权之前要求成果完成人向单位提交成果转化实施方案	
4	赋权之前就分割确权的比例进行科学测算	
5	明确约定赋权后专利的申请、维持和转化费用的承担义务	
6	若成果在赋权后一定期限内未实现转化，单位有权收回赋予成果完成人的权属	
7	单位与成果完成人约定赋权专利衍生开发成果的知识产权权利归属	
8	成果完成人须在一定时期内将其赋权科技成果的转化情况向单位报告	

　　针对描述 1，大部分高校在赋权之前会要求成果完成人团队就内部收益分配比例达成一致，这一比例高达 72％，以此避免科研团队内部产生冲突，不利于专利的创造、运用与保护。

□ 是 ■ 否

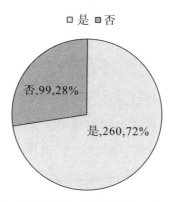

图 7—59　是否在赋权之前要求成果完成人团队
就内部收益分配比例达成一致

　　注：该题有效数据回收量为 359 份，本图因小数取舍而产生的误差均未作配平处理。

　　针对描述 2，大部分高校在赋权之前会要求明确该成果的承接对象，占比达到 82％，以此来确保专利被"赋权"转化的前提条件，提高"赋权"改革的实际成效。

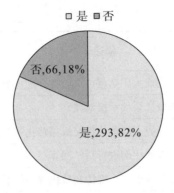

图7-60　是否在赋权之前要求明确该成果的承接对象

针对描述3，有75％的高校在"赋权"前会要求成果完成人向单位提交成果转化实施方案，以此来确保相关专利成果能够被切实有效地转化实施。

图7-61　是否在赋权之前要求成果完成人向单位提交成果转化实施方案

针对描述4，所有填答问卷的高校中，有74％的高校承诺其在赋权前会就分割确权的比例进行科学测算，以合理平衡高校与科研人员之间的利益。

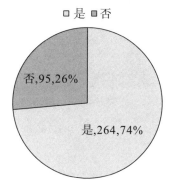

图 7-62 是否在赋权之前就分割确权的比例进行科学测算

针对描述 5，有占比高达 89％的高校有关于明确约定赋权后专利的申请、维持和转化费用的承担义务的事项规定，明确专利赋权后的相关义务，有助于高校与科研人员之间权责相统一。

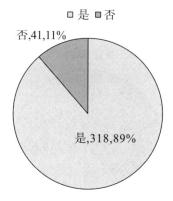

图 7-63 是否明确约定赋权后专利的申请、维持和转化费用的承担义务

针对描述 6，有 78％的高校认为若成果在赋权后一定期限内未实现转化，单位有权收回赋予成果完成人的权属。这一做法有利于督促科研人员在"赋权"后尽快推动专利成果的转化实施，提高专利成果的转化效率。

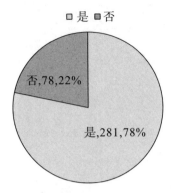

图 7-64　若成果在赋权后一定期限内未实现转化，
高校是否有权收回赋予成果完成人的权属

针对描述 7，仅有 61% 的高校重视与成果完成人约定赋权专利衍生开发成果的知识产权权利归属，在各个题项的横向比较重占比最低。这也提示部分高校可合理考虑对于专利衍生产权权利归属的制度安排，尽量避免与上位法律制度之间的冲突。该题项的填答数量也为各项中最低。

图 7-65　是否与成果完成人约定赋权专利衍生开发成果
的知识产权权利归属

注：该题有效数据回收量仅为 315 份。

针对描述 8，有 80% 的高校认为成果完成人须在一定时期内将其赋权科技成果的转化情况向高校和科研单位报告。这有利于发挥高校对成果转化的监督作用，以提高"赋权"专利成果的转化成功率。

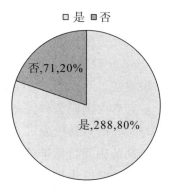

图 7-66　成果完成人是否须在一定时期内将其赋权
科技成果的转化情况向高校报告

本章小结

本章各节分别从四川省、中央试点以及全国性高校调查问卷调查三个层面，以不同时间区间为划分开展了不同范围内的多指标量化统计分析。由于是基于多次调查研究的数据搜集与分析工作，且评估分析的目标、对象和指标也稍有差异，因此，本章各小节之间的数据分析和调查研究具有一定的独立性，但这并不影响读者从量化视角去认识这一改革的复杂效果。例如，本章发现四川省 2008—2018 年的数据显示，赋权改革并未直接促进高校专利数量、质量以及转化情况；再例如，本章构建了 2009—2022 年 56 所高校共计 14 年的平衡面板专利数据，呈现全国范围内"赋权"改革对高校专利产出、专利质量、"高校-教师"共有专利等的影响，初步呈现了 2020 年中央"赋权"试点政策出台后的总体趋势和影响；还例如，本章基于中国专利调查统计数据发现，2022 年已有约70％的调查高校出台了"赋权"改革政策措施，而这一点远远超乎我们的想象。

基于上述已有的数据量化分析，笔者认为，为防止产权分割到成果转化之间出现"只分割、不转化"的情况，就要明确在高校科技成果的部分产权私有化过程中"公有属性"底线和公共利益的实现路径，实现公共利益与个体利益的平衡发展。要动态调试政策和法律形成自洽，推动完善试点政策的 1.0 版本，迭代 2.0、3.0 版本，构建政策试点的系统性。

当前法律和政策正在推动高校院所职务发明权属"混合所有制"在法理上的"正当性"，未来应强化政策"中间目标"的配套执行力度，这里的"中间目标"应具备可观察、可量化、与行动起点直接相关的特性，如专利成果的质量提升。要完善中国职务科技成果评估开发机制，以成果的"存量"开发带动"增量"的可持续发展。专利质量与价值评估是联结政策目标与"混改"行动的中间目标价值，高校无形资产尤其是科技成果资产的质量和价值如何衡量、由谁衡量、衡量的标准如何，尚待进一步理顺。对存量成果的开发可以激励更多成果披露和应用型成果产出，但也应当警惕专利成果商业化倾向中的实用导向对基础研究可能带来的冲击。此外，还应建立高校职务科技成果转化数据库，形成事实导向型的政策试点追踪和风险评估机制。舆论多从成功案例进行探讨，然而政策目标在于通过成果的转化带动整体创新发展，个体案例的成功与整体期望实现的差异性，叩问职务发明权属"混合所有制"改革的普适性。一方面，成果转化的时滞性启发我们要对成果转化的过程予以追踪；另一方面，科技成果转化本身具备不确定性风险，而政策试点亦然，须对基于个体成功案例的改革模式是否具备在各地普遍开展的条件予以充分评估。因此，基于事实数据的"赋权"改革试点跟踪与循证决策，在这一改革乃至中国各领域的改革试点中都是不可或缺的。

第八章

改革试点的政策意涵

引言

　　每一次改革都有其独特的历史深意去加以回味。赋予科研人员职务科技成果所有权改革本质上是一场从地方到中央再到全国范围的政策试点（Policy Pilot）活动，其中蕴藏了来自基层巨大的"政治动能"。如何理解"赋权"改革中的"试点之义"，是总结凝练改革经验的关键切入点。改革规模之大、过程之复杂、影响面之广，尤其在科技领域引发的广泛关注与讨论，在党的十八大以来甚至更长一段时间内都具有代表性。政策试点是中国治理实践中特色鲜明的政策生成、测试与改革机制，也是深入理解中国政策过程与改革开放以来国家经济社会发展经验的重要视角，已进一步成为深化各领域全面创新改革的显性制度工具。因此，我们在总结改革经验、前瞻改革进路之时，不能忽略这个重要的理论意涵拓展之机，且有必要以一种全新的公共管理理论视角对"赋权"改革加以全面再审视。

一、回顾中国特色的政策试点理论

（一）政策试点的功能定位

　　从功能定位上看，政策试点到推动政策创新能够实现突破旧制、内容供给、功能衡量、要素整合。试点被认为是中国最具特色政策决策方式，是中国"土生土长的方法论"。20 世纪 80 年代以"家庭联产承包责任制"为代表的土地改革，就是以安徽小岗村为试点，"试验式"地打破旧的农村土地制度。政策试点能够在中国公共决策中彰显成效的根本原因，在于中国特色社会主义政治制度在"要素整合"方面独具的优势。按照西方公共政策传统理论，政策试验是按照一定的政策目的、方案和程序，在控制某些条件的情况下人为地改变一些社会因素，进而探求自变量和因变量的因果关系。西方往往由于其政治制度中的刚性因素，政策试验及结果推广的制度空间狭小。中国政策试点在突破某领域"旧制"的同时，把发展目标的紧迫性与发展过程的渐进性结合起来，并通过政府在要素整合、资源配置与执行力等方面的强大能力，为政策试验提供应用场域、风险兜底与制度保障，为将政策试验结果由学术理论上升为政策创新依据提供强有力的政治势能。然而政策试点的研究情境还有待持续丰富，其功能定位需要不断在多情境的治理实践中加以完善。

（二）政策试点的过程机理与方向视角

按照政策试点的阶段性特征，可将其划分为"探索－控制""试验－认可""吸纳－辐射"三种模式。"探索－控制"是政策试点的起始阶段，从改革的发起者看，扩大地方政府和基层试点单位的自主决策权能够形成多元协同治理新格局，使得治理"新点子"竞相涌现，但为了试点路径不逾越制度边界，需上级予以合理控制；"试验－认可"是政策试点的检验环节，在集权管理、分权竞争、实事求是的体制文化与政策试点相互耦合之下，优先选择具有典型性和代表性的领域，对具备条件的探索做法进行系统性试验，跟踪评估试验的综合效果和影响，在中央的认可机制下，淘汰并筛选形成初步的可复制可推广经验；"吸纳－辐射"是政策试点到政策创新的关键前提，中央政府通过一系列政策反馈将"认可"升级为"吸纳"，伴随扩大试点、全国试行和全面推进的过程，推动相关制度的创新，并不断强化改革创新的制度化、规范化、合法化。上述从过程视角对政策试点的研究归纳还不足以实现对其微观机理的剖析，方向视角也是政策试点研究应予以关注的，按照政策试点的推动方向，即"自上而下"和"自下而上"，本书将其划分为"顶层设计"和"基层首创"两种模式，能够弥补已有研究中仅对过程特征的关注而忽略对不同方向试点过程的研究。

政策试点的方向性研究实际上整合了两个重要的政策过程理论议题，一是政策试点由谁提出，二是政策试点过程的调试和扩散由谁主导。一种是现有文献已经讨论较多的"自上而下"模式，即在试点中政策的议题创设主要是依托权力精英的战略眼光，借助权力位差进行指定"示范"（刘志鹏等，2022），以高位的"政治势能"向下推动时执行触发各级政策议程响应（贺东航和孔繁斌，2020）。自上而下政策试点的"强"主导权掌握在"高位"一方，试点中政策的调试与扩散取决于上位意志，多以指令性质按部就班地选择"最佳实践"进行试点推广。"自上而下"模式中，试点政策实施的标准方法多为"一刀切"，首先，由中央或上级政府官员与专家一起，根据"最佳实践"来设计政策方案；然后，采用法律、法规或政府文件的形式，向下推行各地区、各部门。在中国政策试点背景下，自上而下模式突出体现为，在各种政府文件中"复制"与"推广"几乎是联系在一起的，要么要求"复制推广"，要么要求"可复制可推广"。当然，这也难免会产生点面分离，导致自上而下政策试点推广后偏离"最佳实践"并产生效果偏离的问题。

转型中国的治理实践表明了集中统一与地方活力是能够"统筹"起来的（郁建兴，2022）。由此引申出另一种政策试点方式即"自下而上"的政策试点。自下而上，顾名思义，是在没有中央授意或顶层设计的情况下由基层自主创设政策试点议程，从识别社会问题到形成局部政策问题再到产生局部政策议程，整个过程都酝酿于基层，而后通过政策试点议程的触发和传导机制以及多方互动过程，逐级突破试点争议、合法性困境和局部效应，使外部接受不是中央最先制定的试点政策，最终达成政策共识并以被正式确认的方式进入国家政策议程序列，形成更大范围、更具影响的全面性试点政策或政策推广。

该模式中，中国的政策试点议题基于基层或地方的自主性"首创"提出，以坚持中国共产党领导为制度基础，优先由基层发挥政治能动性和政策创造力。通过识别社会问题创设政策议题，再在克服集权体制中"控制权悖论"的具体行动中，以"低位"但蕴含能量的"政治动能"主动外推。"自下而上"政策试点模式的主导权掌握在处于低位的基层手中，且主导权以一种弱势和有限的形式存在，基层在试点政策的调试和扩散中需要主动赢得政策注意力，把握政策节奏并应对各种力量博弈，最终突破组织（或府际）边界和科层障碍，并在必要时创设政策同盟，进一步触发外部更大范围和高位的更多政策议程响应。当然，自下而上的政策试点需要克服多个泥泞困境才能完成：一是在缺乏政策高位推动情况下，如何在基层生成政策创造力，并在内部达成充分的政策共识，提出政策倡议；二是如何在基层掌握政策试点"弱"主导权的情况下，使得试点政策议题通过一定的渠道进入中央视野，赢得政策注意力和认同，以面对未知的改革风险；三是如何在缺乏高位势能的情况下建构较为广泛的试点政策同盟，以点带面地完成试点政策的调适性稳定，克服

"最佳实践"的弊端；四是政策试点如何突破部门利益[①]，完成基层试点政策倡议的合法化共识，最终成为驱动制度变革和历史进程的正向力量。

当然，多数政策试点既包含了"自上而下"也包含了"自下而上"，两种方向不断交互与往复，这种双向并存的政策试点模式恰恰刻画了一个高效均衡的民主集中制政策制定架构，是国家-社会关系调试反映在政策试点上的一个重要现象。如黑格尔所说，认识主体与客体之间的辩证和相互转化关系，能够把客体同时理解为主体，此时对事物的认识才更真实。基于此，我们对于政策试点方向性的界定，主要是出于对政策试点由谁提出以及试点过程的调试和扩散由谁主导两方面的判断。

（三）政策试点的中的议程设置

政策试点中政策议程的确立机制复杂多元，需要考虑自上而下和自下而上两种模式的差异性。政策议程设置是政治权利最真实的存在方式（孔繁斌和向玉琼，2019），议程设置模式既是治理体系中一项基本的制度安排，又是实现治理的关键工具（迈克尔·希尔，2004），因此，参与试点的央地不同主体都尽可能希望将有利于自己的方案放入议程或作为议程本身，有意无意地影响最终政策方案的形成。詹姆斯·E. 安德森（2004）提出推动社会问题进入政策议程的四种触发机制包括政治精英介入、危机事件、抗议和媒体。这对于解释自上而下的政策试点过程是非常准确，是对"政治势能"作用下传统政策过程的动因解释。但当我们审视自下而上的议程动因时，似乎又可以找到更为开放和丰富的触发要素，例如制度冲突与变化、基层锦标赛、网络社群或非精英化关键个人的介入等。

价值赋予了政策试点机制灵魂性根基，决定了政策试点作为新时代国家治理工具之一的基本依托与发展方向。从价值理念上看，第一，政策试点通过中央和地方多元主体协同治理以及"准正式""非成文""特事特办"治理机制和工具的参与实现均衡治理，有效均衡了中央与地方、显性制度与隐性制度、原则精神与灵活机制之间的关系；第二，政策试点的参与主体不仅有政府，对政策试点的观察和评估也吸纳了多元社会主体，政策试点从事实上构建了一个"政府-市场-社会"相结合的治理体系，体现了国家治理体系现代化的内在要求；第三，政策试点是一

---

① 石亚军，施正文. 中国行政管理体制改革中的"部门利益"问题［J］. 中国行政管理，2011（5）：7-11.

种重要的治理工具，治理工具和方法的应用创新是简化政策问题识别，破解改革路径曲折，达到现实与理论相结合，进而提高政府治理效能的重要路径。对政策试点从实践到理论的升华，是新时代中国特色社会主义国家治理现代化实现进程中的必然选择，这方面的研究需要继续加以强化，以提升政策试点的价值理性与治理内涵。

（四）政策试点中的央地互动

一般来看，在中国得以成功推动的政策试点往往是央地有效互动的结果。在利益协商一致的基础上形成的"中央－地方"互动关系是政策试点过程的基础型变量，例如，"分级制政策试验"就蕴含了多个政策阶段的央地互动。一方面，中央在顶层战略目标设置上能够考虑基层实际，具备"适当性"，政策试点既需要中央政府的支持，又要考虑地方的发展需求与实际需要，成功的基层试点也往往符合国家当下的战略目标和基层诉求，有研究发现中国政策试点明显受到自上而下的政治权威影响，中央的政策偏好对于政策试点的方向影响较大，但成功的试点往往是央地利益妥协和目标协同的结果，这期间一般要经历央地之间通过多种形式进行反复酝酿沟通。另一方面，缺乏央地间的有效互动或互动程度不足可能造成政策实施要素保障的"不完备"，造成一些试点范围扩大或上升为国家性政策法规，而一些试点却止步首轮甚至不了了之，有研究系统地观察和分析相关试点并提取关键特征认为，缺乏央地互动会造成试点经费来源无法保障，试点实施方案难以具体落地，试点面临制度风险等。但中国特色政策试点过程中的央地互动是如何发生的，还缺乏基于案例实证的实践解释。

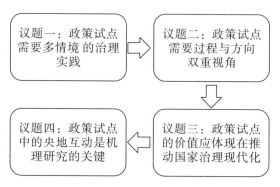

图 8-1 中国特色政策试点研究的四大议题

已有议题构建了中国特色政策试点的基础理论与基本框架，然而，少有研究针对中国政策试点的微观过程机理进行深入分析，并对四大议题加以融合考虑与实证检验，政策试点过程中的央地互动机制还需要更多现实案例加以验证和概括；缺乏对政策试点模式的分类审视，较少关注政策方向性视角下的中央和地方多主体关系及其互动。为了深入政策试点理论研究并提炼治理内涵，一系列机理性问题有待进一步"解剖麻雀"，将政策试点研究的问题层级由"是什么"推进到"为什么""怎么样"：分类区别研究"顶层设计"与"基层首创"两种不同模式主导的政策试点，并尤其加强对后者的关注；厘清政策试点到宏观政策创新的关键因素和各阶段过程机理；探索"基层首创"模式下央地之间的政策互动沟通机制。

二、"赋权"改革治理意涵的提取路径

（一）"赋权"改革与政策试点的关系

科技成果转化机制对于驱动技术商业化应用、优化科技创新治理体系、促进经济高质量发展的意义与日俱增，但在中国实践中仍面临制度性障碍。高校赋予科研人员职务科技成果所有权改革作为"基层首创"的政策试点，在当前中国全面创新改革进程中具有代表性①。高校科技成果转化涉及复杂的政策系统，其中的成果所有权问题突破了《专利法》第六条第一款、《促进科技成果转化法》第十九条第一款、《科技进步法》第二十条第一款、《事业单位国有资产管理暂行办法》第二十条及第三十八条等相关法律法规，因涉及重大改革而引起各方关注。

为持续推进创新改革，激发创新创造活力，四川省通过高校职务科技成果"混合所有制"改革的政策试点推动中国知识产权与科技成果转化相关政策创新：2016年1月，西南交通大学在全国高校率先出台《西南交通大学专利管理规定》（以下简称"交大九条"），规定了学校和发明人共享职务科技成果所有权的知识产权激励模式，即职务科技成果"混

---

① 原中财办副主任杨伟民在2018年中国发展高层论坛专题研讨会上指出，要允许科研人员拥有其应该拥有的科研成果的产权，"科研人员在科技创新中是居于支配地位的生产要素，资本实际上是依附于科研人员的。这项改革推开了，创新才能成为驱动发展的主导力量。"

合所有制",西南交通大学也因此被媒体誉为"科技小岗村";2016 年 11 月,中办国办印发文件指出"探索赋予科研人员科技成果所有权或长期使用权";2019 年起在北京、广东等地出台的文件中明确体现了高校院所实施职务科技成果"混合所有制"的精神。伴随并受到这一进程的影响,中国相关法律法规也有了一些修订动议或已经修订,其间的政策过程机理值得"解剖麻雀"。

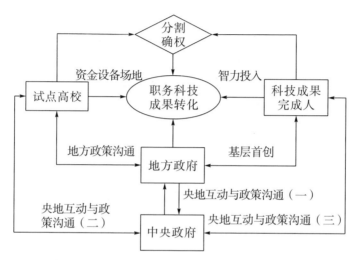

图 8-2 四川省"赋权"改革政策试点探索的经验模式

(二)嵌入式纵向个案研究如何进行

"基层首创"式的政策试点是一种"自下而上"的试点模式,政策试点的原则精神和操作程序均源自基层组织或地方政府,这是新时期中国国家治理结构与治理方式发展进程中的重要表征之一。把政策试点中影响改革进程的参与者视为关键人物,把影响改革进程的节点事件视为关键事件。选取嵌入式纵向个案研究方法并结合事件史分析,主要出于以下三方面原因:第一,本节的核心问题是基层首创的政策试点如何推动政策创新,是典型的过程机理分析,适合从案例到理论的一般归纳分析;第二,本节选取的典型案例包含多个路径线索,是一个复杂、动态的综合改革过程,纵向案例研究有利于识别复杂问题中的因果关系,把握其中央地互动微观机理;第三,嵌入性案例研究的事件史分析,适合探讨多元异质性主体互动的演化,本研究囊括中央政府、地方政府、政策试点单位、改革关键人物,符合行动主体的异质性特征。

我们追踪覆盖了 2010—2019 年四川职务科技成果全书政策试点的议

程积蓄、探索、试验、升华全过程中的关键人物与关键事件。为了进行数据信息准确性进行了交叉验证：一是针对改革推动者、高校发明人、成果转化人、试点高校院所和多级政府相关部门负责人等进行了 28 次、109 人焦点小组关键人物访谈（编码"I"）；二是搜集整理基层试点高校、孵化企业以及市、省、中央多级政府部门的政策文件、新闻报道、公告年报、公开资料、内部刊物等二手资料信息 47 份以还原事实（编码"D"）；三是通过邮件、电话、微信等方式验证面对面访谈和二手资料收集的数据、信息、事件的完整性与准确性。相关资料伴随政策试点全过程，并建立基于首要关键人物推举的关键人物与事件遴选机制。

表 8—1　访谈数据来源与内容编码

访谈数据来源	访谈编号、调研采访时间与访谈形式	
改革推动者	I1：2017.7.29 面对面 I10：2017.12.19 微信 I17：2019.5.18 微信 I21：2019.11.14 面对面	I4：2017.10.10 面对面 I11：2018.3.12 面对面 I20：2019.9.19 微信 I27：2019.12.7 面对面
高校发明人及其团队	I5：2017.10.10 面对面 I19：2019.7.15 邮件	I13：2018.5.4 微信 I23：2019.9.25 邮件
成果转化人	I2：2017.8.15 面对面 I12：2018.3.12 面对面 I18：2019.5.18 微信	I6：2017.10.10 面对面 I14：2018.9.29 微信 I25：2019.11.14 面对面
试点高校科技管理部门	I3：2017.9.10 面对面 I9：2017.11.21 邮件 I16：2018.12.1 面对面	I8：2017.10.10 面对面 I15：2018.12.1 面对面 I22：2019.9.19 电话
央、地相关政府部门	I7：2017.10.10 面对面 I21：2019.9.18 面对面 I26：2019.10.27 面对面	I15：2018.11.12 电话 I24：2019.11.14 面对面 I28：2019.12.7 电话

通过数据编码与分类，构建足够长而完整的考察期以审视制度与非制度因素，识别基层首创政策试点中的央地互动关系。第一，按照政策试点事件史的时间脉络进行政策议程积蓄、基层探索、扩大试验、政策升华与扩散的四阶段划分；第二，根据基层首创动因、央地互动关系、政策创新机理三条线索确定关键人物与关键事件；第三，根据"试点单位-地方政府-中央政府"的分析框架，归纳分析影响"基层首创"政策试点中央地互动因素，运用演化分析思路刻画政策试点不同阶段中"央地"互动特征，结合案例数据反复进行理论穿梭验证，最终实现理论充分展现。

三、"赋权"改革中政策试点的过程机理

根据赋予科研人员职务科技成果所有权改革试点中的央地互动关系，将政策试点阶段划分为央地府际态度分化、央地有限沟通、央地非正式互动、央地互动路径迁移四个阶段，并根据访谈结果提取不同阶段的关键人物与事件如表 8-2。

表 8-2 "赋权"改革中政策试点的阶段划分与分析框架

时间	第一阶段 2010—2014	第二阶段 2015—2017	第三阶段 2018—2019	第四阶段 2019 年以后
政策阶段	政策议程积蓄	基层探索	扩大试验	政策升华与扩散
央地互动关系	央地府际态度分化	央地有限沟通	央地非正式互动	央地互动路径迁移
关键人物与主要贡献者	西南交通大学科技园 K 副总经理、西南交通大学 Q 教授	四川省 61 名全国人大代表、四川省知识产权局 X 局长	中财办原 Y 副主任、国家知识产权局 H 副局长	中央深改委等
政策进程中的关键事件	事件：西南交通大学首个职务科技成果确权分割	事件：《中共四川省委关于全面创新改革驱动创新发展的决定》；《西南交通大学专利管理规定》出台；四川全国人大代表联名提交改革议案	事件：四川省内扩大试点范围；2018 年全国大众创新万众创业周向中央领导汇报；国务院第 33 次常务会议决定推广改革经验	事件：北京、上海、广东等地陆续颁布"混改"政策

（一）基层首创、关键人物与央地府际态度分化

政策议程积蓄是政策目的、方案和程序建立的起点，构建政策的自变量和因变量关系，不断试探因果间的过程机理，以降低议程设置的盲目性与随机性。高校科技成果转化率低是中国科技经济运行中的突出问

题①。由于改革涉及对《专利法》第六条的不同解释，以及《国有资产管理条例》中对科技成果须进行价值评估，对成果转化须进行申请、备案、审批等规定，整套流程走下来耗时数年，致使科技成果错过最佳转化时机，也消磨了科研人员开展成果转化的积极性。西南交通大学直面问题，以科技成果产权为政策"自变量"，以推进科技成果转化为"因变量"，首创了一条自下而上的改革新路。2010 年，西南交通大学赋权科技园将"隧道及地下工程喷墨防水材料"项目作为赋予科研人员职务科技成果所有权试验的第一个方案，将西南交通大学所有的专利变更为教授团队与国家大学科技园共同所有，后经第三方评估作价 500 万元入股某新型防水材料公司，该成果又经过 3 年完成了产品化。西南交通大学科技园作为项目产业化牵头方，与学校签订专利转让协议，由大学科技园向国家知识产权局出具专利权人变更申请文件，实现了多个发明人团队组建的公司与国家大学科技园共同持有专利权，政策变量之间的因果意向通过多个分割确权案例的"刺激－反应"过程得以初步达成，产权是成果转化的重要激励因素。

"基层首创"的关键人物通过政策游说加速政策试点由议程积蓄到目标方案明晰。2010 年，是中国修订《专利法》、实施知识产权战略的第二年。在这一年，Q 教授团队的专利即将过期，也正是这一年，K 某入职西南交通大学科技园。K 某原是西南交通大学教师，数年前以保留教职的方式离岗创业，几年的商场打拼使他积累了丰富的技术市场经验。在担任大学科技园副总经理期间，他发现学校多数有价值的科技成果未得到转化，科技成果的专利维持费用大于成果转化收益情况突出，学校由此产生较大负担而不得已放弃多项专利权。科研成果虽有产出却无转化，科研工作者的热情遭到挫败，政府也得不到真正的新兴科技型企业。K 某结合在科技园的具体工作，积极在校内、省内奔走游说，得到时任校领导的鼓励支持，并向四川省主要领导提出实行职务科技成果"混合所有制"改革建议，呼吁科技成果"与其放久，不如放手"。可见，改革的关键人物具有熟悉改革领域，具有专业性，拥有较强进取精神和政策游说能力等特质，而其所在基层组织的充分"赋权"，为其特质的发挥亦提供了较大的空间和自由度，这成为在西南交通大学的局部政策场域内探索改革新路的触发机制。

---

① 据教育部、国家知识产权局数据，中国高校专利成果转化率一般低于 5%，以 2013 年为例，全国高校拨入科技经费 1170 亿元，产生专利许可转让收入仅 4.34 亿元，占比 0.37%。

科技部、财政部、教育部等直管部门对此持审慎态度，央地互动由于中央政府部门之间、央地之间态度分化明显而并未有效进行，政策试点缺乏制度风险兜底。由于改革存在制度风险，学校决策层除与省级科技部门汇报、沟通、协作酝酿省一级改革方案以外并未出台相关正式文件。这一基层探索的改革模式因备受争议，使得政策试点应用场域在2010—2014年间仅限于学校内部。

在央地府际态度分化下，政策试点议程的形成有三个关键因素并在不同政策阶段发挥作用（见图8-3），即问题意志导向、改革关键人物、风险兜底制度。政策试点初期，自下而上的改革模式建立在破解现实复杂困境的问题意志导向上，一方面，政策议程积蓄初期需要试点单位确定政策试点的因、果变量及其间的"刺激-反应"模式；另一方面，要营造更宽场域的风险兜底制度以持续激发关键人物的政策游说改革决心；此外，强大的政策游说能够缩短政策议程形成的时间进程并为试点争取更广大的应用场域。

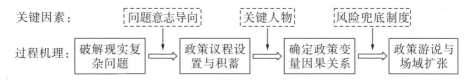

图8-3 央地府际态度分化下的"赋权"政策试点议程形成

（二）地方决心、政策试验与央地有限沟通

当央地之间在改革议题上出现态度分化时，充分赋权能够激发基层治理主体的主动性与创新精神，在赋权中均衡治理理念得以贯彻，并为地方政策决心赋能。2015年8月，新修订的《促进科技成果转化法》颁布，让高校真正拥有了科技成果的使用权、处置权和收益权，对西南交通大学加速政策探索起到了"把握趋势、坚定决心"的作用。同年10月，中共四川省委21号文将西南交大这一试点作为四川省全面创新改革试验区建设的重要内容，"科技小岗村"得到地方政府支持并赋权20个在川高校院所进行探索性试验，中央各部委针对四川方案函复了意见，地方政策决心触发了央地"自上而下"的有限沟通。

国家知识产权局：将第14项中"开展赋予科研人员职务科技成果所有权试点，职务发明人成为与高校院所同等的共同专利人，……将职务发明人目前享有、符合条件的被奖励权升级为知识产权"修改为"开展赋予科研人员职务科技成果所有权试点，职务发明人与高校院所成为共有专利人，……将职务发明人目前享有、符合条件的获得奖励、报酬的权利改为共有知识产权"。

> 教育部："……职务发明人成为与高校院所同等的共同专利权人"与现行《中华人民共和国专利法》第六条的规定不符，建议书面征求国家专利局意见；
>
> 财政部：一是删除"开展职务科技成果权属混合所有制试点"，主要理由：职务科技成果属于单位，权属清晰，职务科技成果完成人按规定享有受物质奖励和署名等权利；二是如果要突破现行法律，需要全国人大的授权；三是已经对科技成果完成人及其团队的权益给予了充分保障，不宜再从权属层面进行混合所有制试点。

为使试点路径不偏离目标主线，需要上级或中央政府以顶层制度框架的形式予以合理控制，并确保形成一条通畅的"探索-控制-试验-认可"互动反馈机制。面对复杂的制度实践问题，中央不同部门之间出于对已有制度的惯性依赖或是部门利益对试点的态度存有分歧，使得地方或基层在推动改革时面对诸多阻力。尽管如此，这项政策试点中的地方决心对改革推进起到了关键作用。2016 年 1 月，西南交通大学全面铺开改革试点，调研发现，对此表示高度认同的西南交通大学高校教师占到 94%，广大科研人员对"交大九条"的出台为之一振。2016 年 5 月 21 日，中央电视台《新闻联播》以头条专题介绍西南交通大学在加速科技成果转化中的新试验，政策试点中强大的舆论势能减弱了政策"控制"，提升了政策"认可"。在西南交通大学与四川省、成都市频繁密集沟通下，成都市政府出台《促进国内外高校院所科技成果在蓉转移转化若干政策措施》，将"赋予科研人员职务科技成果所有权"列为第一条，四川省知识产权局发布并实施《四川省职务科技成果权属混合所有制改革试点实施方案》，将试点措施进一步细化安排，针对改革的政策试验正式在四川省开启，在这一阶段，央地之间开始出现自上而下的有限沟通。反映政策达成区域共识的是，四川省 61 名全国人大代表在 2017 年全国"两会"联名提交一份关于修订《专利法》第六条促进科技成果转化的议案，建议全国人大常委会授权局部试验和推广西南交通大学的做法。作为回应，李克强总理在 2018 年政府工作报告中明确提出"探索赋予科研人员科技成果所有权和长期使用权",为"四川方案"建立了顶层设计遵循。

　　在央地有限沟通下我们发现,围绕改革的舆论势能、区域内主体共识和持续的上下往复沟通是促成改革能量积蓄并由"量变"引发"质变"的关键(见图8-4)。首先,地方政策决心形成于赋权基层和局部试点中基层对改革的认同取向,地方政策决心触发了央地"自上而下"的有限沟通,强大的舆论势能减弱了政策的"中央控制",提升了政策的"中央认可",强化了改革的"地方决心";其次,人大代表制度是中国央地之间重要的政策沟通机制,而这种机制的作用发挥是建立在地方充分酝酿并形成区域共识的基础上,否则,地方政策议题升级的可能和效率会大打折扣,因此,更多元的央地政策沟通机制有待建立;再次,政策试点不是一个单向的政策过程,而是一个包含了"上下"多次循环往复的互动过程,在循环往复中积蓄改革能量。

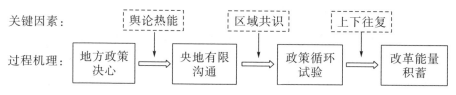

图8-4　央地有限沟通下的"赋权"改革能量积蓄

(三)基层试错、调查研究与央地非正式互动

　　在中国特色政策试点中,中央以适度放权和包容失败的政策态度允许并鼓励地方政府乃至基层试点单位参与或主导改革,并将一系列准正式、非成文治理工具嵌入传统基层组织和常规政策过程。2017年两会后,四川的政策试点就此进入中央决策视野,但关于政策试点合法性的争论一直没有停歇。一所高校的政策措施可以被地方政策支持从而获得合法性,然而地方的政策也要有中央政府的支持才能推行。习近平总书记在中央全面深化改革领导小组第十七次会议中指出,中国的全面深化改革,尤其是基层改革创新,既鼓励创新、表扬先进,也允许试错、宽容失败。中国地方政府政策创新和改革试点得以推行的合法性框架在于,在中央确定的八大试验区推行的全面创新改革,其改革框架的"模糊性"和创新空间边界的"不确定性"赋予了地方政府改革自主性和试错空间。基层试错与模糊性改革框架的目标兼容统一于中央意志在地方落地生根并结合地方特点进行差别化探索,结合大局利益、地方实情,不搞"一

刀切"，才能找到合理有效的具体方案。但基层试错并非没有边界，一般来说，宪法和法律就是基层试错的边界，同时需要建立改革的容错纠错机制，清晰地界定容错纠错的范围，例如，因政策不明确或缺乏经验出现探索性失误的免责，尤其当改革的对象是具有不确定的新事物时，制度化的容错空间应更大，改革空间就因此体现在制度化容错纠错情形之外、宪法法律规定之内。

毛泽东提出"没有调查就没有发言权"，调查研究是解决中国革命与建设问题的钥匙，是制定党的方针政策的依据，也是推进中国特色政策试点的核心方法论。在政策试点的央地互动第三阶段，央地之间就试点议题进行了频繁的非正式互动，即调查研究。在 2018 年 3 月 14 日的《国家知识产权战略纲要》十年评估高校座谈会上，全国人大和国家知识产权局主要领导听取西南交通大学改革及《专利法》第六条修改建议汇报。两个月后，中财办主要负责人、教育部科技司、科技部政策法规与监督司一行到西南交通大学调研，充分肯定四川和西南交通大学的改革探索，央地之间以听取汇报、座谈交流、调研走访等形式完成了有效的"上下往复"非正式互动。此后，以非政策文件指令式的央地非正式互动渠道打通，并继续进行"上下"数次循环往复式政策沟通。2018 年 5 月，西南交通大学赴京拜会全国人大法工委和国务院发展研究中心，汇报基层改革试点进展与政策需求，两个月后国务院常务会议确定进一步扩大科研人员自主权的五条措施，明确开展赋予科研人员职务科技成果所有权或长期使用权"绿色通道"试点，加快形成经验向全国推广，中央政府部门之间的改革意志得以从顶层构架上进行了统一，形成政治势能。

中财办原副主任杨伟民（2018 年 6 月）：

"从调动普通劳动力的积极性到调动创新人才的积极性，在创新发展的今天必须把调动科研人员和企业家等创新人才的积极性放在重要位置，要允许科研人员包括职务方面人有科研成果所有权……西南交通大学做得效果非常好，原来科研成果不能转化，放在抽屉里，现在基本上都能转化了。让他们成为科研成果产业化或者科研成果转化的市场主体。"

国务院发展研究中心原副主任王一鸣（2018 年 9 月）：

　　"科技人员的潜力目前还没有充分释放出来，需要完善科学
创新体制，形成科技成果的产权激励制度……现在有些地方已
经在做分割产权的试点工作……这个就叫产权激励，这个会极
大地解放科研人员的积极性。"

　　除了中央政府多部门加紧形成推进改革意见以外，地方政府和基层
试点单位依然持续为政策试点的推动注入积极因素，形成"央、地、基"
协同发力、多元治理格局。2018 年 7—11 月间，财政部资产管理司、教
育部财务司、国家发改委体改司和高技术产业司、国务院督查组、国家
知识产权局知识产权运用促进司赴西南交通大学的调查研究工作全面铺
开。在同年 10 月的全国大众创新万众创业周（成都）上，受四川省委
托，西南交通大学国家大学科技园向到会的中央领导同志汇报试点经验
做法，并由随行部委和西南交通大学共同向中央深改委起草专报。我们
把这种非政策文件指令式的央地互动模式概括为央地非正式互动，这种
互动模式在中国治理体系中日渐发挥重要作用，得益于其具有形式上灵
活机动、过程上高效广泛实现意见传导、结果上客观真实等特点。央地
非正式互动的动力机制建立在中央部门推进改革的任务绩效和地方进行
基层探索的实际目标相一致的基础上，尽管这种"一致"可能存在"先
后"和"错位"，但从总体上看，只要基层改革服务于发展大局和人民意
志，二者协同的动力机制就会通过多次往复最终实现匹配。应当说，央
地非正式互动是正式互动的基础，二者相互交叉，互为补充，往复循环，
逐层递进，共同构成具有中国特色的央地政策沟通机制体系。

　　在央地非正式频繁互动阶段，调查研究这一传统治理工具加入新的
治理理念与治理目标的应用创新，以及基层主体保持足够积极性持续参
与政策沟通，确保了改革中多元协同治理格局的形成（见图 8-5）。有限
度的容错试错机制给予改革者一定的发挥空间，不但地方政府可以实施
改革试点，推行其自主探索的政策模式，基层主体也可以进行政策探索，
而容错试错机制的制度化、成文化在当前中国行政体制改革中较为迫切；
政策试点中的央地互动需建立在以央地共同意志为前提、以容错试错机
制为保障、以调查研究为互动治理工具、以"央、地、基"协同发力为
直接驱动的基础之上；政策试点中困境和阻力的破除需要更有效、更多
元的央地非正式互动与政策沟通机制。

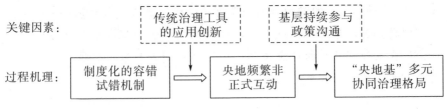

图8-5 央地非正式互动下的"赋权"改革"央—地—基"多元政策沟通机制

（四）政策扩散、政策创新与央地互动路径迁移

试点主体之间的政策学习与扩散很大程度上依赖于上级政府频繁的调节、控制与中介作用。在四川省内的政策试点中，试点单位之间实现了局部政策扩散与渐进式政策创新。四川大学、西南科技大学等高校纷纷出台了职务科技成果转化的相关政策和具体措施；成都理工大学、四川农业大学、四川理工学院等切实开展混改确权工作，并且出现一些进行成果转化的成功案例；成都中医药大学等成立了专门的产业技术研究院和知识产权运营中心，其他学校也相继展开改革，积极搭建平台，并进行确权、权益分配等工作。2018年11月，四川科学技术厅等8个省级部门联合发布《职务科技成果权属混合所有制改革试点实施方案》，将试点范围由单纯的高校院所扩展为中央在川单位、省属高等院校、省属科研院所、医疗卫生机构、科技型企业，不同试点单位在制定自己的试点细则时均结合各自实际，较好地将"混改权属三七开"的经验模式合理转化为可操作的实施方案，在局部政策试点中实现了政策渐进式创新。

政策扩散达到一定程度后，政策创新的机会窗口打开。2018年12月5日国务院常务会议决定，将原先在四川区域试点的改革举措推广到先行先试的全部8个区域。而由政策试点驱动的政策创新也逐渐从局部扩展到更大范围，2018年12月23日，国家知识产权局向第十三届全国人大常委会第7次会议报告《专利法修正案（草案）》，将涉及"混改"实践的《专利法》第六条修订作为第一条汇报。政策联动方面，由于央地互动驱动顶层设计，进而带动中央政府不同部门之间的协同效应逐步显现，财政部《事业单位国有资产管理条例》修订并于2019年3月颁布实施，取消财政部审批备案，简化国有资产产权登记事项，基本解除职务科技成果转化中的国有资产"紧箍咒"。

在充分授权、收集意见、发现问题、扩大共识的基础上，央地互动路径由非正式互动迁移到以政策文件指令为载体的正式互动轨道上，由"鼓励、提倡"式的柔性沟通转变为"应""要"式的刚性沟通。2019年

3—10 月，北京、上海、广东等地陆续明确提出允许高校院所实施职务职务科技成果"混合所有制"改革。结合各地试点推进中所反映出的政策方向与适配性问题，2020 年 2 月 14 日中央深改委第十二次会议审议通过《赋予科研人员职务科技成果所有权或长期使用权试点实施方案》，提出要加强知识产权保护和产权激励，赋予科研人员职务科技成果所有权或长期使用权，健全决策机制，规范操作流程，探索形成赋权形式、成果评价、收益分配等方面的操作层制度设计。

在央地互动路径的变迁中可以发现，从政策扩散到政策创新有赖于央地政府的协同有效调控、政策扩散程度的不断加大和改革中多元治理主体的参与（见图 8-6）。第一，确保政策试点中政策创新的渐进性有利于形成和扩大政策共识，充分的央地柔性互动能够降低刚性互动时的政策阻力；第二，如果缺乏上级政府"一对多"非正式互动环节，平级地方政府之间以及平级政府部门之间的政策学习能力往往较难发挥，如果缺乏全国人大、中央深改委及高层智库等多元治理体系的现代治理与顶层设计，中央不同行政部门之间的固有利益格局也很难在较短时间内破除并快速实现行动一致；第三，政策扩散的广度与程度很大程度上决定了政策创新的深度与力度。

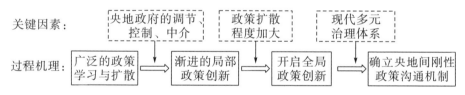

图 8-6 央地互动路径迁移下的"赋权"政策扩散与政策创新

四、"政治动能"：关于"赋权"改革动因的一个概念升华

（一）何为政治动能？

为了更好表达政策过程的历时性、政策执行的复杂性和政策议程确立的策略性，贺东航和孔繁斌（2019）提出了公共政策领域的"政治势能"概念，它揭示了某些公共政策的执行力为何阶段性集中增强的机制，

其根源在于由于位阶不同，进而在政策执行时引发基层和地方多重考量的政策反应。政治势能会产生一系列政策变现，应该进一步思索的是，在中国，是否所有的政策变现都是由政治势能产生的？是否还有其他什么力量？对"政治势能"的建构式设定，丰富了中国特色公共政策理论体系和对国家治理经验的总结，其中凸显了政党引领下政策高位推动与地方灵活响应的集成理念。但是，在试点情境下，政治势能所诠释的过程和方向仍然更多是自上而下的，也并不能描述和解释政策执行之前的各个环节。

在自下而上这种普遍又特殊的政策过程中，基层"气象万千"的活力和创造力得以彰显，基层以"突围"的行动姿态，克服自下而上政策试点中的层层困境，依靠的是一种区别于权力结构位差自然形成的压力型"政治势能"的另一种逆向的政策力量，即一个能够整合自下而上试点政策模式中基层能动性及其动因的概念表达——政治动能。政治—行政互嵌理论认为行政即政治，在公共政策领域，威尔逊、古德诺等的"政治—行政"二分法并不适用，政治最重要的活动就是政策的产出，政策的生成恰恰是一个政治酝酿的过程。地方和基层在被动接受政策的同时，也会时常作出因时因地的自主的政治性决策，包含拟定新的政策议程，这同样也是国家意志的体现。权力结构、层级关系与利益博弈等政治性因素一直是观察中国政策过程的基本视角，理性行动者理论中所强调的基层自利行为、"执行软约束"、情势策略等主张，也为这种基层"突围"行为提供了解释。可见，政治动能建立在政治—行政互嵌与政策活动中的理性行动者理论基础上，是一种由基层主动围绕政治与政策资源、能量的获取和积累过程，统合了广大基层主体助推政策变现而产生的一系列主动作为。政治动能的初始态是政策动能，当把解释更广泛的中国治理经验从公共政策上升为更高层面时，政治动能的解释力就会以更强大的姿态出场。在一定的政治势能所框定的范围内，政治动能能够实现对政策试点议题从基层进行散发式的活力激发、能量积蓄、泥泞前行并反作用于高位政策制定的"突围"目的。

政治动能如同一个"压力泵"，在自下而上的试点政策过程中产生了纵向向上和横向外推两个维度的压力泵效应，政策向度由单向变为多向，充分激发和释放基层活力和创造力，由基层主动开展一系列基于情势与使命的政策助推行为，促使试点政策被更大范围内接纳并最终影响高位正式政策议程的确立。归结来看，政治势能的政策方向多是单一纵向的自上而下，是基于权力位差形成的结构性能量；而政治动能包含了纵向的往上与横向的水平扩散两个方向，主要依托政治动能的"压力泵"效应实现议程确立，是一种能动性能量（见图8-7）。需要强调的是，这种根植于基层的政治动能并非无序和无向的，而是建构在中国共产党集中统一领导的政治势能之下，在必要时候触发隐性的政治势能向显性转化，达成动能与势能的有机结合，共同服务于党领导国家治理进程中的重大改革破题，这是中国基层政治动能得以充分有效发挥的最大体制优势。因而，政治动能是有条件的，若没有政治势能的补充与结合，政治动能就会停止。中国特色政策试点情境中，在"党的领导在场"的政治势能之下，基层政治动能得以持续迸发，书写了浙江诸暨"枫桥经验"、安徽凤阳小岗村"家庭联产承包责任制"、浙江"权力清单"改革等一系列以基层为主体助推改革试点政策形成和落地的经典案例。

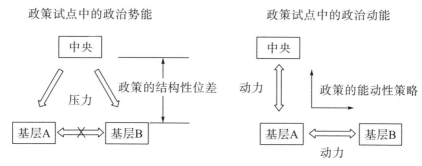

图8-7　政策试点中的政治动能与政治势能的比较

（二）政治动能与政治势能的关系

从"赋权"改革试点切入，分析基层主体如何突破困境，推动基层试点议程进入中央政策议程并最终推动制度创新，这有利于理解中国特色政策试点理论中"自上而下的、能动性的政治动能"与"自下而上的、结构性的政治势能"的联动。通过基层自下而上试点政策议程确立的过程再现，还原政治动能作用发挥的内在机理（如图8-8所示）。首先，政治动能如何生成？政治动能以基层政策能动性为基础打造政策实用合法性，达成改革共识。在基层共识形成阶段，基层在缺乏高位势能情况下通过利益平衡与把握改革大势的策略性活动，以行动合力催生统一的政策能动性，在基层改革行动团体中达成政策共识，拉开基层改革帷幕。这种以政治动能生成进而激发的基层共识是改革持续推进、突破重重困境得以成功的内在动力。其次，政治动能如何积累？基层政治动能以注意力获取和联盟构建为途径先突破政策的道义合法性，再生成局部认知合法性，获得高层关注。基层充分利用媒体报道、政策游说和建言上书的方式主动出击，发挥关键人物作用，构建政策注意力通道和较为广泛多元的政策联盟，实现政治动能在纵向与横向两个维度进行扩散，进而一方面巩固高层注意力，另一方面则以点带面地完成试点政策的调适性稳定和更大范围内的横向政策学习，为获得政治势能的助推奠定基础。再次，政治动能有何运作结果？政治动能触发政治势能，生成政策的普遍认知合法性，确立中央政策议程。基层主体自下而上推动政策即将"登顶"之际，会由于中央各部门利益而遭遇反对意见，试点议程确立受阻。政治动能则激发政治势能由隐性向显性转化，以高位统筹的方式使行政主体服从指令，推动政策试点议程确立。可见，基层应以充分理解高位统筹和部门利益的现实逻辑为前提，运用既有的政治势能与政治动能相结合，主动逐级塑造多层次的试点政策议程合法性，并在具备条件的情况下深度参与和推动立法程序，以扫除政策试点实施的潜在制度性风险为目标。政治动能与政治势能的相互补充效应，既保证中央"全国一盘棋"的顶层谋划与政策贯彻，又保证地方经验能够不断被激活，由此形成符合中国治理场景、体现中国制度优势的公共政策试点机制。

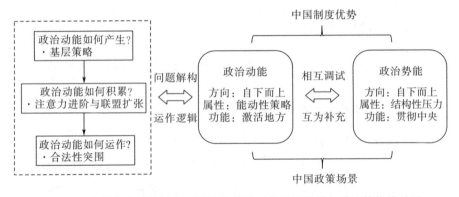

图 8-8　中国特色政策试点中政治动能的运作逻辑及其与政治势能的关系

本章力求打开"赋权"改革试点的过程"黑箱"，从央地互动视角下提炼"基层首创"政策试点的关键因素、过程机理与治理内涵，丰富中国特色政策试点理论。归结来看可以发现：第一，"基层首创"式的政策试点模式是建立在破除现实复杂问题的意志导向上，需要合适的制度氛围不断激发关键人物和地方政府的改革决心；第二，政策试点不是一个单向的政策过程，而是一个包含了"上下"多次循环往复的互动过程，基层试点中困境和阻力的破除迫切需要建立制度化的容错试错机制和更多元的政策沟通机制；第三，确保政策试点中政策创新的渐进性和治理主体的多元化有利于扩大和形成政策共识，政策扩散的广度与程度决定了未来政策创新的深度与力度；第四，"基层首创"式政策试点中的央地互动贯穿于政策全过程，引发了中央政府、地方政府、基层单位（如高校）三级治理主体深入审视政策议程及一定范围内的组织变革与制度变革。高校获得了科技成果产权处置的更大自主权并激发了创新活力，地方争取了改革试错的良性空间，中央则以多种形式实现了治理"下沉"，优化了政策生成与决策过程，促进了各级治理主体在具体政策议题和过程中通过不断自我调适和内部变革实现利益协调，加速了制度创新效率。应当说，"基层首创"政策试点中的央地互动在推动组织变革、治理结构优化、制度再设计和治理效能方面发挥了重要作用，而其背后起决定性作用的力量我们将其概括为"政治动能"。这也是对"赋权"改革试点的一个初步的政治学与政策学概念升华，未来还将继续对这一重要概念加以诠释和丰富。

本章小结

"实践是检验真理的唯一标准"，中国过去 40 多年来的经济社会转型呈现为一个相对连续舒缓的过程，其中的关键就在于政策试点机制在推动创新改革中发挥了重要作用。政策试点通过多层次的决策与央地主体之间的沟通与协同，使改革由基层走向全面、由分散走向集成。试点的过程机制根植于中国国家治理的宏大背景与改革开放实践土壤，是丰富中国话语体系下公共政策理论的重要方面。政策试点一般是指中央或地方政府为寻求新的政策工具，而在一定范围内进行的分权式或局部性决策试验，其目的在于寻求新的政策方案，并通过政策学习与扩散推动政策创新。根据政策试点的发生模式可分为由中央政府提出并主导的"顶层设计"模式，以及由地方或基层提出并主导的"基层首创"模式。政策试点促成政策创新的发生机制是一个复杂情境问题，具有显著的中西差异。

目前，中国的政策试点已形成了较为成熟稳定的程序，然而，对这一问题的研究仍存在亟待持续探索的方面，从而为在实践中开展政策试点与政策创新提供理论与现实参考。第一，深入的纵向案例研究与微观视角研究对政策试点机制的内在逻辑分析有待加强，试点主体从地方政府逐渐下沉至基层主体的趋势有待关注；第二，对政策试点到政策创新过程中的内在逻辑与各关键环节的衔接与触发机制分析需要加强，对于完善中国特色政策试点机制理论与政策创新路径理论话语体系至关重要。本章以赋予科研人员职务科技成果所有权改革为分析场景，围绕中国情境下的基层政策试点到宏观政策创新是如何发生的、其中的关键因素和央地沟通机制如何，开展基于典型案例调查的深入分析，力图从实践揭示中国特色政策试点的事件史过程，提炼其中的内在机理。

第九章

改革经验反思与前路之光

引言

科技与经济"两张皮"的问题在中国存在了数十年。近年相关改革举措推陈出新，国家和地方支持政策不断加码，有的政策甚至对科技人员奖励100％转化收益，但研究显示改革仍未有效提升高校等国资事业单位科技成果转化效率。科技成果从研究创造到转化运用是全链条，需通盘考虑主要因素的影响与引导体系化协调。除科研人员的转化动力外，从调研看，科技成果转化在供应端、管理端、服务端、应用端都还存在显著的问题。比如现实中仍有国资负责人员"不敢转、无能转、没动力转"，单位"没有高质量成果可转、非主要考核职能"，科研人员"没精力、不擅长转"、中介人员"无米下炊"、企业"高价值技术难寻、承接能力不足"问题需待解决。因此，职务科技成果"赋权"改革的关注点需向科技成果转化全生命周期延伸，破除各环节桎梏弊端，形成体系化综合效应，以实现更多高质量的终端转化成果。

一、知识产权归属对高校科技成果转化的影响机制框架

基于本书第三章到第八章中对"赋权"改革的多维度理论探讨与实证分析，依据第二章呈现的知识产权归属的法律制度、创新管理与产学研合作、政策试点等多学科理论，综合高校职务科技成果转化的多方面影响因素，作为对前述各部分研究讨论的总结归纳，我们构建了知识产权权属对于高校科技成果转化的影响机制理论框架（见图9-1）。该框架结合理论与实证研究，提取了知识产权归属对科技成果转化产生影响的各个主要环节和变量，以构念化表达抛出已然以及未来应持续研究的关键问题与路径。该影响机制框架有三层明确的核心思想：一是知识产权归属并不是直接促进或抑制高校科技成果转化，而是通过直接激励高校

科研人员的"分割确权"行为，提升"科研人员对知识产权的稳定预期"，进而促进更多"面向市场化的科研成果产出"和更为有效的"产学研合作"，以缩短高校科技成果转化的市场鸿沟，真正绝大多数的高校成果转化都发生在有效的产学研合作中，上述变量是"知识产权归属"与"高校科技成果转化"之间的重要中介变量，也因此可以说，优化高校知识产权的权属配置，并不一定是要以直接带来高校科技成果当即转化为目的，而是要营造一个良好的成果转化环境，这也是由成果转化的自身规律所决定的；二是高校职务科技成果权属的"分割确权"（或称"混合所有制"）会对高校科研创新产生正、反两条反馈路径，一条是具有积极效应的正反馈路径，即会促进高校的专利质量以及专利维持率的显著提升，对专利数量的增加则并未有明确的证据予以显示，另一条则是具有消极效应的负反馈路径，即由于国有知识产权的私人化带来知识产权安全和国有资产流失的风险；三是在以知识产权归属作为激励手段直接促进高校既有和新申请知识产权的"分割确权"之后，这一过程除了会提升科研人员对成果转化的稳定预期之外，对高校作为一家机构参与科技成果转化的态度和行为有何影响，以及是否会抑制高校的基础研究和教学，这是本框架中值得未来继续深入研究探讨的重要议题。综合来说，由于科技成果转化是一个极为复杂且不能"一蹴而就"的过程，因此，知识产权归属的激励效应并不能直接体现在高校成果转化的绩效与结果上，而是通过其他关键的中介变量（如高校成果转化专业化团队建设、高校领导层决策考量等微观因素）逐级发生传导作用，最终对高校科技成果转化产生影响。

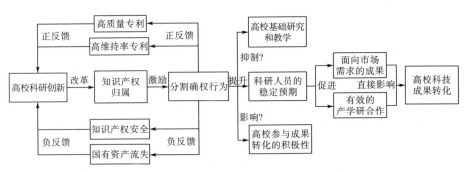

图 9-1 知识产权归属对高校科技成果转化的影响机制框架

二、国有知识产权私人化与知识产权安全

知识产权是一种市场机制下的私权，从制度本源上看，私权似乎与国家安全或国家利益是一对永不相交的"平行线"。当"市场－政府"或"私权－主权"的二分法已经不能解释一些特殊情境下的问题，我们需要一种超越"市场与政府""私权与主权"的认识框架来解释复杂政治、经济、社会系统中的知识产权所有权配置问题。中国自 2021 年开启知识产权强国建设新征程，知识产权安全治理进入新阶段，防止知识产权所有权过度极端情形的底线必须清晰设定，落脚点也必然地放在确保与知识产权有关的公共利益不被随意践踏、最广大科研人员的福祉得到有效保障、全社会的知识福利最大化上。

产权的界定和分配影响到经济主体的决策和活动结果，如果知识产权仅是作为市场机制下决定稀缺知识资源占有和使用地位关系的制度安排的话，是否有必要将一般性的知识产权权利"纠纷"或"风险"纳入"安全"乃至"国家安全"议题？在"安全"框架下是否有利于进一步"放权赋能"、激发个体创造活力？对这些问题的回应是在"赋权"改革背景下完善知识产权安全体系的认识论基础。人类社会的发展经验告诉我们，任何风险因素如果忽略了"安全"认同，就可能引发更大的危害。知识产权安全具备非传统安全的跨国性、非政府性、可转化性特征。在全球化－风险社会－技术进步三重因素叠加、政府行为－市场规则－系统失灵三项影响嵌入下，知识产权安全由此包含了知识产权治理的制度性安全、知识产权客体的技术性安全、知识产权运作的全球性安全三大块（见图 9－2）。

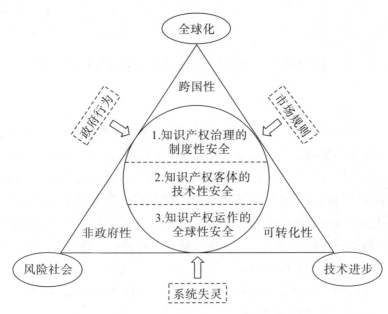

图9-2 知识产权安全的形构及特征

知识产权安全的对象客体、相关主体以及与其他安全因素互动的多元化，一体化策略难以制定。首先，知识产权客体的构成复杂，知识产权是专利、商标、版权（含计算机软件著作权）、地理标志、集成电路布图设计、植物新品种、技术秘密及上述权利的各类邻接权等的统称，不同的知识产权保护客体又具有各自独特的程序规则和管理架构，隶属于不同的行政管理部门，不同客体之间体系分立，缺乏并难以建立统一的安全规则体系和管理标准。其次，知识产权安全的参与主体不仅包括了涉及知识产权事务的不同政府部门，还包括了高校和科研院所、企业、行业协会、其他社会组织、科研人员和一般公众等，且其边界还在不扩大。在此类非传统安全因素中，非政府的作用往往更加灵活，其渗透性和法律道义性更强，如何在不同主体之间形成协同有序的统一目标行动更考验决策者的制度和机制设计能力。多元化的第三方面体现在知识产权安全与其他安全形式之间的频繁互动上，知识产权安全与科技安全相互支撑，相辅相成，而知识产权的公私"混合所有制"也将束之高阁的知识产权安全议题带到了我们身边。

一个具体的知识产权风险点在最初阶段是孤立的、微乎其微的，知识产权安全作为一种状态始终处于起始态和终极态之间的中间态，知识产权安全危机不是冲突博弈的终点，而终极态究竟走向何方，取决于我们对风险的对应和处置。在"赋权"改革中，如何处理一些潜在敏感或关键技术的权属分割问题，同时确保不会因过度所有权私有化导致国家对关键技术失去控制力，是未来制度设计中需加以回应的关键一环。在一定情况下一些分散、微弱的知识产权风险样态可能会相互融合，形成联动，由点及面，演变成更高层次威胁，推进改革的制度和政策体系也应具备整体性考量并把握知识产权安全的复杂性特征。

例如，在部分或全部赋予科研人员国有知识产权所有权之前，单位是否有权要求相关科技成果转化的市场承接对象明确，且进行一定的资格审查；是否应当要求成果完成人团队成员就内部收益分配比例等事项达成一致并形成书面约定，并指定代表向单位申请，避免后续因知识产权纠纷影响该项技术的产业化实施；是否应对高校自身相关技术类知识产权理清家底，确定哪些技术成果可以进行"混合所有"，而哪些技术成果不可以，且分级分类标准是什么，允许公私"混合所有"的"技术池"的边界和范围在哪里。赋权之后，如若科研人员在一定期限内未开展科技成果转化，高校是否有权将科技成果知识产权收回；科研人员在获得"赋权"的职务科技成果基础上持续开发，产生衍生的科技成果，其权属和收益分配学校是否有权介入；科研人员是否有权将获得"赋权"成果的知识产权向第三方进行分许可，分许可采取何种类型（普通许可、独家许可、可转让的独占许可、不可转让的独占许可等），以及被许可人是否有义务向高校支付许可费用；科研人员是否有义务在一定周期内将其获得"赋权"的国有职务科技成果知识产权转化情况向高校报告等。

中国知识产权的财产管理主体模式既有"国家所有-单位代管"，也有"企业所有-企业运营"，还有"个人所有-个人处置"，符合多元多中心治理形态。以 2018 年公布数据为例，中国职务发明创造专利有效量中，职务专利占 82.7%，非职务（个人）专利仅有 17.3%；在职务专利中，企业占 86.8%（以国有企业占多数），高校、科研院所和机关团体占 13.2%。外国在华申请专利数据显示，美国在华申请的职务专利占 97%，日本达到 99.5%；商标体系中的集体商标、证明商标、地理标志等只有通过集体行为才能获权的；版权集体管理制度实际上也是一种多元多中心治理实践。上述知识产权活动看似是市场机制的结果，但也从侧面反映出现代经济秩序下的知识产权活动并非简单的个体经济理性或市场选择行为，也不单是"有问题解决问题"或"刺激-反应"式的应激选择，而是典型的具有主动性、计划性的组织集体行为，有时甚至是体现国家意志的集体行动。有必要建立知识产权国家安全多中心、多层级治理的原则基础、规则体系和实现机制。

基于国家优先、利益平衡与制度实现的公共价值，在"赋权"改革背景下，知识产权安全体系建构应体现8大原则、6项规则和6种机制，形成"原则－规则－机制"多层级秩序（见图9－3）。原则是共同的治理价值观，包含：国家利益优先，在个人（集体）和国家的知识产权利益之间发生冲突时，确保国家利益得到优先保障，个人（集体）利益得到事后补偿；清晰界定边界，即对涉及知识产权安全的知识产权本身及其相关主体的身份加以明确规定；可及程度与安全条件对等，即对涉及安全的重要知识产权的获取权限、占用和使用程度的规定，应与相关主体具备的安全资质、措施等条件相对等，并制定分类标准和分级权限；集体决策与监督，即知识产权安全治理体系内的操作规则应确保相关利益方能够参与制定和修改，决策程序须经审查和监督；分级制裁，违反操作规则的知识产权使用者应视情况接受不同程度制裁，制裁权限应多层级分解；组织者信任，即在各类原则规则得以遵照、各类机制健全完备的前提下，对关键知识产权行为者采取充分的信任，保障其知识产权权利行使不受干预；多中心治理架构，即知识产权安全体系的治理参与主体应囊括政府、高校院所、企业、社会组织和关键科研人员等；简明的冲突解决机制，即发生知识产权安全争议时，应采取快响应、低成本、高效率的冲突解决办法。

根据上述原则，作为一种重要的非传统安全和对国家安全边界的拓展，将知识产权国家安全的规则体系和机制体系概括如下表（见表9－1）。归结来看，"原则"体现知识产权国家安全的公共价值取向，"规则"强调秩序的构成和应优先考虑的核心事项，"机制"强调系统化、程序化的工作内容与政策环节。规则体系具体包括进入和退出规则、位置规则、信息规则、决策规则、补偿规则、差别规则；机制体系包含知识产权国家安全的"识别－研判"机制、"监测－预警"机制、"应急动员－响应"机制、"防控－联动"机制、"决策－治理"机制、"行政－准司法－司法"衔接协同机制。

表 9-1　知识产权国家安全的规则体系和机制体系

知识产权国家安全的规则体系	知识产权国家安全的机制体系
1. 进入和退出规则：行为者的知识产权国家安全边界 2. 位置规则：行为者的知识产权国家安全角色、层级、范围及其相应权利义务 3. 信息规则：行为者获取和使用涉及知识产权国家安全信息的权限 4. 决策规则：行为者的知识产权国家安全集体议事和审查、决策制度 5. 补偿规则：行为者知识产权活动的国家安全成本和效益的分配 6. 有差别规则：知识产权国家安全规则的对内－对外、面向竞争者－面向合作者的不同规则体系	1. "识别－研判"机制：本国与他国的知识产权安全风险的主动发现与积极识别 2. "监测－预警"机制：知识产权国家安全风险的常态化跟踪、评估审查、定级与信息发布 3. "应急动员－响应"机制：知识产权国家安全风险的先期处置、社会动员与分级响应 4. "防控－联动"机制：知识产权国家安全风险应对的防范、预案、措施步骤与跨部门协作 5. "决策－治理"机制：决策机构、决策流程、治理对象、善后处置、保障体系与政策法规 6. "行政－准司法－司法"衔接协同机制：探索行政－准司法－司法衔接协作的体制机制创新与治理现代化

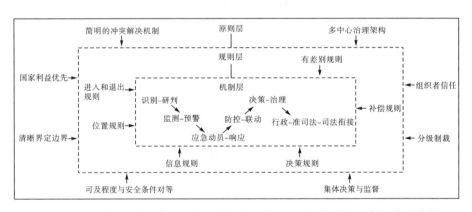

图 9-3　"赋权"改革背景下知识产权安全的"原则－规则－机制"体系建构

　　"赋权"改革中的公私关系与知识产权私人化趋向议题激发了我们对知识产权安全议题的高度关注。在这一改革下，构建知识产权规则和处理知识产权所有权事务时应做到"两个面向"：一是"面向知识产权驱动高质量发展"，二是"面向知识产权确保高水平安全"，二者之间需要做好平衡。对"第一个面向"的强调已经构成了当前中国一系列政策的基点和共识，然而对"第二个面向"的讨论才刚刚起步。因此，"知识产权驱动高质量发展"是从知识产权制度本源的"原则"出发，而"知识产权确保高水平安全"则是从知识产权制度运行的"事实"出发。作为解释思维和存在之间关系的辩证法逻辑，对知识产权安全及其治理现代化的解读与实践也就有了方法论指导。

知识产权安全治理的意义在于将知识产权激励与安全治理并重，实现安全与发展之间的动态平衡。一是形成多元有效的知识产权安全治理决策架构和多中心治理体系。与其他资源不同，知识产权资源广泛分布在政府、高校院所、国有企业、民营企业、科研人员和一般公民个人之中，国外主体在中国布局的知识产权也是重要数据资源。应将知识产权安全尽快纳入国家安全委员会的决策和议事范围，建立中央层面的知识产权安全审查机构，明确中央和地方知识产权国家安全的管理主体、对象、工作职责内容和跨部门协作机制，探索知识产权安全执法标准，逐级赋予一定的知识产权安全执法权，设立并垂直向下派驻知识产权安全审查员，关注"赋权"改革中的安全因素。广泛动员和吸纳社会主体参与知识产权安全治理合作，形成"公私伙伴关系"，例如，明确高校院所作为知识产权国家安全治理参会主体之一的角色，建立重点科研机构知识产权查新重要信息上报通道，明确获得国有知识产权激励的科研人员及其团队的知识产权安全责任与行为准则，强化高校日常管理中的知识产权安全管理等。二是建立面向重大改革的知识产权安全制度和政策体系。在符合条件的国有知识产权所有权分配中，应当规定公权力介入私权运行的基本原则和边界。在政策体系设置方面，除正在推动的国有知识产权私人化、对外转让和知识产权评议办法以外，政府应面向符合条件的"私人伙伴"，如广大科研人员，提供更多的知识产权公共服务和与安全有关的公共产品。编制统合性的高校院所知识产权安全管理办法、实施细则和工作指南，严格监控和合理限制知识产权协议转让的范围和对象，杜绝暗箱操作，注重各级政策协同，强化对"赋权"改革中知识产权安全风险的研判。

三、改革试点的阶段性经验

（一）取得了一定成效

在 2020 年中央试点方案出台以前，参与地方改革试点的单位在确权分割、成果孵化、收益回报和产业化推进等方面就已经取得了比较突出的成效。一是改革渐成规模。西南交通大学通过"赋权"成立了9家高科技创业公司；四川农业大学审定品种324个，植物新品种37个，发明专利507项、实用新型专利1382项、外观专利646项，能在成都全域转化的科技成果有120余个，正在研发的适合在成都转化的项目有70余个，涉及畜牧兽医、粮油经作、园林花卉、果蔬茶叶、土壤保护、生态建设等多个领域；成都理工大学已收到11项专利进行确权分割的申请，其中有1项发明确权完成后已经完成了转化；四川理工学院有8个项目正在大学科技园进行孵化；攀枝花学院近五年的专利总数有300多项，能采用混合所有制分割确权的有50~60项；西南科技大学有7项发明专利已经过转化并得到许可；科研院所主要开展的工作集中在对已有的职务科技成果进行梳理，实施新老划分，对2017年以前的职务科技成果不再进行确权，2017年以后的职务科技成果再实行"先确权后转化"，因此在具体的确权数量上并不是很明显。二是产业化持续推进。西南交大"磁浮二代"工程样车在不到一年的时间内完成了设计、制造、调试、下线，"同相供电技术"合同签约超过1亿元。2017年9月27日四川大学生物医药重大科技成果转化项目签约，抗肿瘤药物、基因治疗技术等7项成果作价3.6亿元转化，相关3家企业共投资8亿元，推进成果产业化，相关成果研发团队根据《四川大学科技成果转化行动计划（试行）》将获得价值约3.2亿元的股权，产业化示范作用明显。

（二）形成了一些经验性做法

一是细化操作流程。四川大学提出了"科学确权，早期分割，权益共享，责任共担"的工作原则，结合学科特点，细分几大类的资源使用系数和计算方法，根据科技成果形成过程中所获得的财政资金比例及占用公共资源的综合计算权益分配比例，具体而言，就是根据科技成果研发过程中使用国家和地方各级政府项目经费、使用学校实验场地、设备、图书数据库及信息服务等资源的情况，成果完成人可享有50%~90%的成果所有权，并按所有权比例享受相应的权益。"交大九条"规定，对于没有参与或申请确权分割的职务科技成果，学校从转化收益中直接提取70%奖励给科技成果实际完成人和团队，剩余的30%部分，学校占15%，完成人所在二级单位占15%，同时，学校研究制定了成果转化人激励政策，拟从学校30%中拿出30%用于奖励转化人。二是探索管理模式。在试点基础上，四川省知识产权局出台了《关于支持高校院所职务发明知识产权归属和利益分享制度改革试点的十五条措施》（2017年6

月），进一步规范试点管理工作。试点单位落实和探索管理办法，其中有的单位专门成立成果确权办公室，有的单位特别强化科研处（院）或产业发展研究院成果确权转化管理职能。四川农业大学新组建了 10 个专业研究所，增加专职科研人员编制并为他们发放坐班津贴，采取多种用人方式相结合等办法，给科研人员腾出更多精力从事基础研究和成果转化工作。为最大程度减少成果确权转化与相关制度的冲突，西南交大出台新的无形资产管理办法，将专利从一般无形资产中剥离出来，2022 年，这一举措已出现在成都市层面的"下半场"改革试点政策之中。

（三）对存在问题的反思

在"赋权"改革早期以四川省为代表的地方探索中，虽然就如何驱动赋予科研人员职务科技成果所有权改革、加速职务科技成果转化取得了一些宝贵的经验，但其中也反映出一些问题需要加以持续关注，并通过政策形式加以回应。

一是法律法规政策不协调不配套情况依然存在。相关法律法规政策不协调、不配套主要体现在以下四个方面。

其一，上位法中科技成果所有权的模糊和歧义。2021 年 6 月正式实施的最新修订《专利法》第 6 条依然共有 3 款，其中第 1 款中补充表述"单位可以依法处置其职务发明创造的申请权和专利权，促进发明创造的转化运用"，明确了国家对于职务发明创造权力配置的自主权和决策权的下放，但在实际操作中，这一条款依然受制于"依法"二字，即依什么法？所依的法有没有与此意思相冲突？"单位"是否需要分类加以对待？另外，按照第 3 款关于"合同约定"的理解，知识产权权属可由单位和发明人共同所有，而按照第 1 款的意思表示，职务发明创造的所有权归单位所有。第 3 款与第 1 款间的关系究竟是从属抑或是平行，在相关法律实践中虽然多以从属关系考量，但并没有准确、有力的依据作为解释，且与《民法典》中的合同优先原则不相一致。

其二，公立高校院所拥有的科技成果所有权受制于其他多项法律法规，在实际操作中所有权并不完整。中国公立高校院所大都是国有事业单位，且大部分在中国科技创新体系中扮演着十分重要的角色，《科学技术进步法》规定，高校院所拥有的科技成果是国有性质，国家与单位之间是一种类似委托代理的关，正因为这一点，高校院所在处置相关科技成果时，自然会受到国有资产管理规定的限制。但需要考虑的是，《专利法》与《国有资产管理条例》在相冲突或不一致时，是否应该优先以

《专利法》这样一个上位法为准？对于高校院所的实践而言，上下位法之间、法律与法规之间、主导制定不同法律法规的不同部门之间的关系如何权衡，多数领导都会以"多一事不如少一事"的心态加以应对进而采取保守策略。那么《专利法》中的"产权激励"、处置权利下放、促进科技成果转化实施等措施和目标实则也就恐难落实，如何破解制度性集体行动困境，才是未来改革推进应当从顶层架构加以思考的问题，而非仅对法律条文"咬文嚼字"那么简单。再比如，《促进科技成果转化法》在规定科技成果的所有权、处置权、收益权方面，更多是从科技成果统一管理和国家利益至上原则出发（这方面从科技部早期对赋予科研人员职务科技成果所有权改革初期的反对态度上可略知一二），并未触及所有权。第十九条"不变更职务科技成果权属的前提下"，该表述使得高校院所虽拥有了新《专利法》赋予的处置权和《科学技术进步法》赋予的所有权，但所有权依然不得由高校院所自主决定是否处置以及处置的方式，已有的一些地区或机构经验也是零散的，这也是下一步推动修法的主要方向之一。2020年以前，《促进科技成果转化法》赋予高校处置权的实施落地受到《事业单位国有资产管理办法》相关规定制约，但"赋权"改革直接推动了此管理办法的修订①。

其三，奖励给职务发明人的国有股权激励难以落实。职务科技成果转化后，奖励股权给科研人员及其团队的行政审批周期长，科研人员纳税比例偏高，转化收益发放要求烦琐，事业单位绩效发放办法并未对这部分收益区分对待，同时大部分事业单位仍采取绩效工资限高政策，一定程度上影响到科技成果转化的顺利推进。

其四，高校院所领导干部对组织、纪检监察、审计等部门相关刚性规定的普遍顾虑。高校院所领导干部作为职务科技成果权利人的情况较为普遍，根据《中国共产党廉洁自律准则》《中国共产党党员领导干部廉洁从政若干准则》和《中国共产党纪律处分条例》的原则和具体规定，高校党员领导干部（高校校级及各二级单位领导班子和其他六级以上管理岗位）不准经商办企业，不得拥有非上市公司（企业）的股份或者证券（包含知识产权入股），不得从事有偿中介活动等。而高校领导干部又

---

① 2019年4月财政部对《事业单位国有资产管理办法》进行了修订，新增第四十条："国家设立的研究开发机构、高等院校将其持有的科技成果转让、许可或者作价投资给非国有全资企业的，由单位自主决定是否进行资产评估。"以及第五十六条："国家设立的研究开发机构、高等院校对其持有的科技成果，可以自主决定转让、许可或者作价投资，不需报主管部门、财政部门审批或者备案。"这一修订也正是在本研究所指的改革试点推动下做出的制度优化。

大多是学科带头人或本领域专家，上述规定从很大程度上制约了高校科技成果的转化实施。

二是试点单位内部相关主体责任和权利关系尚未理顺。试点单位内部的主体关系中，存在三个方面的突出问题。其一，高校与科研人员（及其团队）确权分割后的权责分配问题。由于一些高校院所的合同合规管理与审查能力不足，"赋权"改革虽允许高校与科研人员按照比例约定科技成果的权属比例，但是在实施改革的过程中反映出高校与科技成果完成人对于权责界定还不够了解，发明人对于职务科技成果的权属配置缺乏主人翁意识，对权属配置运行的风险控制尚缺乏深入认识。其二，作为职务科技成果转化主体之一的技术转化中介机构处于"缺位"状态。现有科技中介服务机构难以适应改革和市场经济需求，很难起到高校和企业之间、实验室与市场之间的需求对接、信息传导、沟通谈判与价值培育作用。其三，单位内部主体的利益与风险不对等。目前试点单位在进行"赋权"改革试点过程中，比较注重权利与利益分配，对于转化过程和产业化后期潜在风险缺乏系统认知和管理预警，例如缺乏相对科学的内部财务规范流程与税务流程，内部配套政策缺失，导致利益预期与风险承担不对。

三是基层单位的"赋权"程序尚不科学规范，缺乏参考标准。在川的试点单位工作推进情况参差不齐，试点单位中不同程度存在为"确权"而"确权"的倾向，忽略了不同性质单位、不同专业领域的专利的技术属性和市场属性的重大差异。在实际工作中存在确权程序不规范、比例确定"一刀切"的问题。

四、长效机制构建与改革进路思考

"赋权"改革已经进入"下半场"和"新赛场"，即较之于2019年之前的"理念转变"与"原则固化"，随着2020年全国多省市的改革推进，"程序优化""操作实施"与"经验总结"成为"下半场"的主题。然而由于区域情况差异，以"赋权"改革迅速推动高校科技成果持续转化的难度仍然较大，政府、企业、研究机构的三重螺旋关系中，研究机构尤其是高等学校对于政府资金投资的依赖程度较高，而市场和企业在成果转化孵化中的作用不足，尤其体现在终试和资金两方面。如西南交大技术转移机构负责人所说："高校院所都是学术成果，但是技术成熟度太低，要完成终试。美国有 AI、VC，但中国还不成熟。成都市拿出 N 亿，20 家公司没有一家愿意做，基本是'3+2'或'5+2'，三五年就退出了，等着分红，完成终试基本是五年。社会资本是不敢投周期长、风险大的项目，依靠社会资金没法解决终试问题。"可见，在高校科技成果转化实践中，三重螺旋互动的紧密度远未能达到较为理想的状态。

就"政、产、学"三方面关系而言，政府、企业和研究机构均追求成果转化的实现，但事前产权分割的方式，最直接的收益方主要为成果完成人即科研人员。西南交通大学约定给发明人或成果完成人 70% 产权比例的情况下，职务发明人作为最大受益方，但在科技成果转化、企业成功孵化后，并未能实现各方利益均衡。如西南交通大学某科研管理人员提道："此前我们认为，职务发明的转移转化，一定是由高校教师推进最为合适，因为他（她）最了解自己的成果。但后来我们的一个项目孵化了企业后，H 教授（职务发明人）执意出任 CEO，不愿意把权力交出去，还将（所分得的 70% 产权）99% 都分给自己，剩下的 1% 分给团队成员。教授懂技术，但是他（她）懂不懂市场？随后我们把拥有的部分就作价退出了这家公司的运作。"随着"赋权"改革的推进，职务科技成果知识产权权属分配执行"约定"比例，科研人员和技术转移部门的博弈也影响着职务发明的转移转化和后续孵化企业的发展。

对"赋权"的探索实践，是中国大力推进科技成果转化的重要思路，高校院所科技成果的转化实践创新，又是第二个百年奋斗目标下中国经济社会高质量发展、实现科技自立自强的必然选择。在各种积极因素叠加之下，改革试点似乎水到渠成，但作为中国科技治理体系的重要组成部分，以优化知识产权治理为背景依托的"赋权"改革，其试点逻辑依然存在不可回避的风险。法律和制度并未完全认可导致政策风险依然存在，相关参与者采取风险规避策略，改革实效难以达成；比如，改革短期内对于职务科技成果转化的增强效应在不同地区、不同单位存在差异，对这一复杂系统问题的成因还缺乏有效认识，国内对这一改革的追踪研究并未完全开始，成果转化对教学和基础研究的影响有待分析研判；改革试点所触及的国有知识产权所有权私有化问题，实质上是如何平衡公有制与私有制之间的关系问题，如何避免国家利益被不法私人把控、科技成果与知识产权安全风险如何预警和排除，这些工作都需要在未来制度设计中形成系统性思考和政策反馈。为此，本书提出了如下一些建议。

（一）在新的机会窗口优化改革试点的制度环境

法律发挥指引、预测、评价、教育、强制等功能，是确认权利与义务、构建激励与约束、规范权责相适应的制度基础。目前职务科技成果法域存在科技成果权能不明确、法出多门相互冲突、权属管理不协调等不足，导致职务科技成果权属改革有合法性、可实施性矛盾。部分法律变化跟不上现实形势，尤其是职务成果赋权改革配套的系列制度变更缺乏统筹，责任权利不对等和利益分配不均衡。需要从全生命周期的参与主体、成果客体出发，明确科技成果权能、权属，界定科技成果的资源或资产属性，规范合法性基础与运行规则，破除与现实发展不适应的制度制约，设计制定单位、管理者、科研人员、转化人员、企业的激励兼容举措，支持创新成果服务新时代经济社会发展战略目标。

利用好"全创"先行先试政策和 2023 年中央对改革试点方案的终期验收评估，大力推进科技成果转化机制变革的历史性机遇。根据中央出台的《关于在部分区域系统推进全面创新改革试验的总体方案》和四川省推进实施并经国务院批准的《四川省系统推进全面创新改革试验方案》，两个方案从总体上坚持问题导向，把破解制约创新驱动发展的突出矛盾和问题作为"牛鼻子"，把推进有利于科技成果转化的体制机制改革作为方案的主要任务之一。中央授权四川在科技成果转化机制等领域开展先行先试，是寻找问题突破口，建立"试验田"，及时系统总结政策运行经验，形成政策反馈的闭环。但无论如何，全创先行先试政策从 2016 年开始，已经基本完成其历史使命，需要把握和寻找新的政策试点机会窗口。"赋权"改革的中央试点任务试验期从 2020—2023 年，为期三年，第一阶段试点结束后，势必会对各地方各单位的试点情况进行检查评估，鉴于系统推进科技成果转化的周期较长，三年试点周期稍显不足，第二阶段的试点任务会结合第一阶段的经验和教训，以及新的制度与政策运行情况进行优化调整，这是持续优化改革试点法律政策环境的重要窗口期。必要时，可借助机会窗口积极推动《促进科技成果转化法》《职务发明条例》《专利法实施细则》和最高人民法院相关司法解释尤其是针对改革风险的兜底性制度设计等法律法规的修订或出台，适时地明确和扩大对职务科技成果处置权的上位法解释，明确其法理内涵及其在围绕"赋权"改革进行体系化制度建构中的准确意涵。

高校院所职务科技成果转化问题的核心之一在于对《专利法》《专利法实施细则》中关于职务发明制度的再界定，同时应运用好《专利法》

第六条的权属约定原则。职务发明共有制以及赋予职务发明人专利申请权是目前讨论较多的两种破解高校职务发明成果转化的路径，能够很大程度上激发科研人员参与和推动成果转化的积极性，提升科技成果转化效率。这两种路径在国际上都没有相应的立法先例且仍需较长的配套立法修订过程，存在一定的执行成本与风险。中国职务发明制度以"雇主优先"模式为原则，制度运行中产生了奖酬制度落实不佳、职务发明的界定和适用范围过宽、权属约定契约化较弱等问题，新修订的《专利法》第六条关于职务发明制度的修订以及《职务发明条例（草案）》的意见征求，体现出上述问题已逐步得到重视，权属约定契约化作为现有立法框架下最具可操作性的路径手段，应成为下一阶段推进职务科技成果转化的突破口和着力点①。现阶段中国职务发明创造权归属于单位是基本原则，但在这一原则之上，若发明人同单位之间有与此不同的约定，则法律尊重双方之间的协议，优先按照协议确定权利归属，中国现有的法律机制和地方条例并没有充分发挥契约机制在职务发明创造权属认定方面的上位作用。对于高校院所和企业等不同性质的单位，职务发明权属的契约约定也应分类处理，严格监控和合理限制知识产权所有权协议转让的范围和对象，限制向无国有关系的受让人（含与高校无关的私营企业和外资企业等）进行国有知识产权协议转让，避免国有知识产权私有化倾向的过度泛化以及通过知识产权转让进行不正当的利益输送，导致改革制度的公私利益调节机制失衡。

　　通过本书研究团队在广东、重庆、四川、陕西等地调研发现，进一步优化《中国共产党廉洁自律准则》和《中国共产党纪律处分条例》中涉及高校等国有研究型事业单位党员领导干部这一特殊群体经商办企业、入股、从事有偿中介等活动的具体限制性规定，也是科技成果转化制度系统中的当务之急。将具有专业技术职务且依然从事本领域科研活动的"双肩挑"人员与一般党政机关领导干部加以区分，解决后《专利法》时代高校职务科技成果转化中领导干部廉洁自律相关规定和制度的"卡脖子"问题。事实上，国有资产审计关系到党政领导干部的晋升、选调和离任，《关于完善审计制度若干重大问题的框架意见》（2015）及《关于实行审计全覆盖的实施意见》（2015）等相关文件明确规定高校领导干部审计主要检查国有资产管理、国有资产真实完整和保值增值情况。领导

---

　　①　例如，德国《雇员发明法》为保护科研人员的权益，以明确法条的形式强调了合同自由原则，规定事先作出对发明人不利的约定无效。

干部的任期限制和选拔任用考核机制，造成部分领导干部在任职期间的决策呈现局部化和短期性，基于谨慎性原则，一些领导干部无法真正推动落实改革政策。

换言之职务科技成果"混合所有制"可能带来党政"一把手"纪检监察风险。《高等学校深化落实中央八项规定精神的若干规定》(2016)、《人力资源社会保障部关于进一步支持和鼓励事业单位科研人员创新创业的指导意见》(2019)等相关文件明确规定了高校（包含二级单位）正职领导是科技成果的主要完成人且对科技成果转化作出重要贡献的，可获得现金奖励，原则上不得获取股权激励。但高校院所党政"一把手"往往也是科研团队负责人，缺乏与激励相容的权属关系和"贡献-价值"为导向的利益分配机制，可能导致改革政策的激励效果无法落到实处。政府执行部门主要领导干部在政策试点决策中起着重要的决定作用，因此，领导干部首先应树立正确的价值观及行政理念，在政策执行过程中，以担当姿态、端正态度、统一思想、以身作则、尊重规律的基本素养贯彻改革意志，强化对改革试点的理解和认识，把个人升迁、利弊、得失置于改革立场之外，积极听取一线科研人员的意见，才能确保改革试点执行朝着正确的方向进行。

基于此，在改革长效机制建设中首先需要持续夯实职务科技成果的法律基础，并从以下五个方面具体着手。一是权利基础合理化。目前有关职务科技成果的基本法是以《民法典》"技术合同章"规制的，显得不伦不类。科技权属的立法体系缺乏基本法律为基石，应当正规构建科技成果的民法权利基础。二是制度结构清楚化。需要厘清"知识产权私权属性"与"财政资助发明公有属性"之间的关系，清晰化职务发明产权归属，指导科技成果的转化运用。可通过公法与私法协同的混合法路径，保障私权自治、自由兼顾，完善监管权责体系，逐项解决法律、实践和技术层面的障碍。三是"赋权"客体正当化。相关法律法规中对科技成果的范畴和类型界定不一致。结合科技发展和立法趋势，在以法定技术知识产权为基本范围的基础上，可考虑科学知识发现、数据信息、技术实物纳入科技成果客体的法定范畴。四是赋权主体准确化。相关法规文件出现了"成果完成人（团队）、科研人员、项目承担者、项目负责人"等主体称谓，与《民法典》自然人、法人、非法人组织三类民法主体类型不符，需待规范。五是规制权利与义务。规范政府、持权单位、科研人员的投资、委托与成果创造、赋权、收益分配之间的关系。平衡单位权利、负责人权力与支持推动创新转化责任、实现成果收益、行为风险相匹配。设置科技投资开发、成果转化与国有资产管理之间的权责适应。规定中央、地方、部门机构、单位对职务科技成果开发利用的环境维护责任，规范行政、司法的配套制度条件，平衡社会主体对科技创新与转化的义务与福利。

制度层面的落脚点是要探索构建统一的职务科技成果立法。职务科技成果管理涉及法律部门多，规制分散且缺少协同，很容易造成制度功能阻碍。探索建立统一的职务科技成果管理立法，有利于消灭多头规定，以一致的法律规则规范职务科技成果管理。消除职务发明法律规制盲区与适用冲突。完善《专利法》《科技进步法》《促进科技成果转化法》职务发明权属的根本制度统一，通过人大法工委立法释义、国务院《专利法实施细则》、科技部与国家知识产权局规章详解等指导对法律文本的正确理解。结合实务中的典型问题，最高人民法院出台科技成果纠纷司法解释，厘清如职务发明界定中对"主要利用"标准等的判断方法规则。完善科技成果权属改革工作协同机制。管理涉及科研项目、人事评聘、成果转化、资源资产、税收征缴等广泛事项，需统筹科技教育、知识产权、财税审计等部门建立协同服务体系，解决改革探索中出现的问题，减小制度障碍、成本、风险，优化全过程指导监督。建制科学合理的《职务科技成果条例》统筹环境配套，衡平单位与人员利益，明确改革所凸显关键问题的制度性方案。建立职务科技成果创造赋权到转化收益的全流程管理制度，包括信息报告和披露制度，团队和人员权利义务规则，事前事中行政监督机制，权属争议的多元化解决途径与处理标准等。在行政规则设立中，应当注意保障主体权利，遵循简易便行，尊重约定优先、简易管理、便利转化。不给单位、负责人或集体、成果完成人、转化人、基层知识产权管理部门擅加负担，尤其是超出实际能力、人员编制精力，被动要求承担工作责任，不设制无直接效益反而先易牵扯纠纷的管理方式，不将不符合现实的规定写入法规。涉及管辖和裁量的，坚守精简、行政限制、明确可施行原则，尊重"科研发明人比行政人员更懂技术和应用"的客观事实，不设制管辖过宽的处罚规定。职务科技成果立法体系化协调可避免法律适用的冲突杂乱，有助于形成规则一致、法域部门协同、相互补充的制度体系。在法律规则保障下，完善科技成果管理实务，推动职务科技成果权能发挥作用，支持实现国家科技创新与经济社会发展目标。

（二）以"分级分类"思路强化顶层设计

加强政策执行者对"赋权"改革的理解和认同，让改革一线的参与者以实现改革目标为荣，将单位目标、个人目标和改革政策目标相统一，让试点地区和试点单位的领导干部始终保持对改革试点工作的积极态度，就需要从强化顶层设计层面分级分类推进改革试点任务的落实落地。分级分类包含两层含义：一是针对单位属性，二是针对成果转化中技术成果的技术属性。

针对单位属性，第一类是高校。首先，对已有的科技成果进行筛选，筛选出可以进行"混合所有制"的发明；其次，高校自身应该建立相应的科技成果转化的归口管理部门，进行科技成果转化工作；再次，建立专业的人才队伍对存量专利进行系统评估，对增量专利进行把关筛选。建议结合第三方评估机构与自身成立或准备成立的科技成果转化专门机构，对本校职务科技成果存量进行"颗粒归仓"式的完整评估，对于确属潜在商业价值较高但又面临因管理体制与激励机制方面存在限制和约束的科技成果，积极列入"赋权"改革优先确权的范围；对于商业价值较低或者成果质量本身较低的科技成果，可以探讨采用停止缴纳专利维持费等其他方式进行处理。对于准备新申请的专利，通过成立科技成果转化专门机构等方式对其申请进行质量审查，逐步提升科技成果的质量与潜在价值。第二类是科研院所。科研院所应该首先明晰自己的属性，是属于公益性科研院所还是属于转企科研院所，根据不同的单位属性制定不同的"赋权"政策。对于基础性、公益性科研院所，在有步骤推动"赋权"改革工作的过程中，通过尝试政府技术购买或者技术转化与应用补贴等配套政策方式助推成果转化应用；对于转企科研院所，在深入分析其科技成果转化规律与特殊性的基础上，比照企业职务科技成果管理方式制定权属和相关转化政策措施。对于第三类国有企业，这项政策是否适用？是否会产生不同单位性质的科研人员存在权利不平等的现象？按照中央试点方案，国防军工类单位（企业）如何参照执行？这些问题关乎中国科研体制的根本，需要从可行性角度进行研究和落实。归结来说，就是要重视省、市两级试点政策制定、执行和验收时对不同类型机构在管理条块、单位属性、评价体系、人员结构、安全风险等方面的差异化引导。

针对技术属性，第一类是基础性技术，基础性的技术市场前景较弱，离成功转化还有非常长的一段路要走。针对这类科技成果，应在严格筛选的基础上适度确保其前沿性和新颖性，聚焦其长远战略性价值的开发塑造，依托"赋权"改革适度推动其外围衍生应用性技术的开发和熟化①，并制定相应的政策措施，确保基础性技术与商业化之间保持一定的"安全距离"。第二类是应用性技术，应用性技术相对基础性技术来说，市场前景更广阔，与市场需求连接紧密。针对这类技术，应通过科学合理的确权程序，确立针对单位、科研人员和中介机构等各参与主体的有效激励机制，以政府资本为引导，同时辅以相应刺激政策加速其熟化，尽量缩短相关成果的样品化、商品化和产业化周期。

　　针对不同类型的国有无形资产差别化管理。权属改革重要的难题还在"不敢转"，职务科技成果国有资产管理制度虽有所放宽，包括免审批备案、自主评估定价、尽职免责等，但现实是负责人员很多还是不敢转。一方面，科技成果类无形资产价值的变化性很大，定价高阻碍转化实现，定价低损失国有资产，成果转化效益越好越反而显示转化时卖亏了，"尽职免责"和无责还是有很大不同，管理人员不愿意冒风险；另一方面，有关保密、国家安全、关键核心技术的转化仍需审查，技术入股转移仍需审批，监管成本仍较大；第三方面，行政管理人员也缺乏自身利益动力、科技专业能力、转化考核责任等。需要针对设置制度方针支持改革，完善职务科技成果评估评价机制。科技创新成果的价值无法准确核算，本身就具有无法确定性且与后续转化经营情况高度相关。对无法准确定价的对象不宜要求准确定价，可以允许适应知识产权转化价值不断变动的定价规则，采取更加灵活的综合性收益分配方式，如"首付＋阶段款＋未来收益提成"等。职务科技成果转化前按资源管理。转化前不纳入国有资产清单与保值增值管理考核范围，对技术转化后形成的国有股权减值使用客观适当的管理办法。减除科技成果转化负责人对国资监管成本阻碍与风险责任担忧，通过优化体制和管理方式实现工作科学性。职务科技成果国有资产单列管理。科技成果在无形、以科研人员为载体和价值实现方式上与有形资产显著不同，不应直接用一般国有资产制度管理。应当针对科技成果特性建立灵活匹配的管理机制，厘清归属、使用、处置、收益分配及监督救济关系，落实全链条各主体的权利、义务和责任、收益，推动科技成果快速转化为生产力，实现经济价值和社会福利。规制职务科技成果资产管理改革的法律依据。科技成果资产价值不确定性大，在转化中提升价值，在应用效果中体现价值。转化前难以计量入

---

① 指从研发阶段经过中间试验以及进入市场初步形成新兴产业的过程。

账，按资源管理有利于释放转化自由，转化后按资产管理更为科学。地方上按试点授权探索改革是可以的，合法性最终还得上位法解决，由上位法解决也最便利。职务科技成果转化前非资产化管理需要法律基础，消除成果转化对国有资产流失的责任担忧，鼓励干部敢于担当、主动作为。

（三）从上游供应端激励高质量创新产出

科技成果生命周期链条上游涵盖基础研究、应用研究、知识产权确权环节，对应科技活动包括科学探索、技术开发、产权化行为，产出知识发现、技术方案、知识产权成果。工作主体涉及科学前沿探索人员、技术开发成果完成人员，以及专利代理师，其面临不同的激励困境。

科学前沿探索人员方面，由于法律为了公共利益对基础知识不设专有垄断，知识发现成果常因缺乏当时实用性而不能获得专利权，基础探索发现非常重要，应当有权获得与贡献匹配的奖酬。为激励科学家长期稳定投入基础研究，可以设计制定长周期评价机制，根据知识发现成功的长久效应按贡献多次给予奖励；实用性的知识发现，可以引导构建技术方案获取成果专利保护。

技术成果完成人是技术开发与转化中最重要、技术能力最适宜的主体，制约其投入转化的主要是无权转、没精力、不擅长转。问题根由在职务发明原始归单位，成果完成人无处置权；完成人如果没有产权，也不用担负成果转化责任；成果先转化再奖励收益的方式滞后，使科研人员预期不足；受纸面绩效干扰，负担烦琐精力不足；发明人也可能不具备市场、信息、投资、生产、商管等专业能力或条件，缺乏成功转化的配套资源。成果完成人最需要的是得到成果的处置权、使用权、收益权或产权激励，并能有条件节省精力，专攻能力擅长的技术创造或转化。对完成人的激励举措可包括提升收益比例，约定产权共有赋能，准予自主转化等。

专利代理人是成果链的确权人员，对于部分专利也从事一定创造性劳动。其收益主要以计件收费，知识产权撰写质量的"慢工出细活"通常更消耗人力成本；专利代理人可以结合约定就高质量知识产权产出作出更多贡献，参与成果后期长周期收益分配。

（四）理顺试点单位内部多主体责权利关系

能否按照市场运行规律建立合理的收益共享机制，从而保证利益共享与风险共担，使各方分享科技成果转化所带来的实际利益形成相互捆绑、紧密协作、互利互惠的"利益共同体"，是关乎职务科技成果成功转化的关键。目前，多数试点单位内部主体之间仍停留在对于短期利益的分配上，而对于相关方的潜在风险却较少涉及。基于"风险共担、利益共享"的原则，要建立单位内部主体的收益与风险分配模型，量化各个主体所承担的风险、所付出的投资，包含资金、设备、人力成本、知识投入等。对于投入的衡量，由于资金较易度量，对于人力成本的度量可以对不同级别的人员建立人力成本的配比系数，根据其参与该项项目转化的时间和重要性计算其人力成本系数。合理确定资金资本、人力资本、知识资本之间的比例权重，刻画单位内部各方主体的投入值。对于风险的衡量则需要综合不同主体面临的实际制度性风险可能，建立风险系数评价体系。在一个要素完备的科技成果权属配置函数中，综合考虑各方主体的投入系数和风险系数，并建立二者之间的测算关系，最终确定职务科技成果转化"利益共同体"合作收益分配与风险共担模型。值得一提的是，目前国内高校科技成果转化缺乏完备、规范的校内财务和审计制度，应通过财务严格记录其每个环节的资产变动与资金运动，围绕成本计量、价值评估、转化交易、收益分配、审计调查等方面开展流程再造，加强无形资产的内部合规性管理，从无形资产收益和支出两条线控制高校职务科技成果转化的财务风险。

一些试点单位的经验告诉我们，以市场思维正确看待高校与科研人员之间的关系，是高校科技成果转化多主体权责关系的基础。一些单位采取如下方式处理二者之间的关系：个人提出确权的申请以后，单位成立确权工作小组，在严格落实"三重一大"决策制度的基础上，严格履行内部决策程序，由单位与科研团队签订权责的比例分配协议，以具有法律约束效应的方式明确单位与科技成果完成人之间的权利与责任，避免在成果转化过程中发生互相推诿的情况。确权后，高校和科研院所可鼓励教师按照公平、公开、公正的方式买断学校的权属部分。科技成果完成人可以在 5 年以内采取分期付款的方式，以零首付的方式分期付款购买学校的权属部分，鼓励教师买断所有权进行入股和转化。此外，作为中国科技领域的一项具有里程碑意义的改革试点工作，通过建立一体化的改革试点的政策库、案例库、数据库，加强不同层级政策执行主体之间的沟通和信息协调具有一定示范效应。应建设好高校院所"赋权"改革试点政策的内外部信息网络，这既便于行政主管部门与试点单位之间的高效协调沟通，加强各层级、各部门和各试点单位之间的联系，促进改革试点的信息交换和经验分享，也可避免因信息不对称造成行政资源的浪费。

（五）加强"赋权"程序的科学化规范化

设定赋予科研人员职务科技成果所有权政策目标及标准，必须考虑政策执行机关的执行能力，以及对于知识产权安全问题的考虑。地方"赋权"政策的目标必须具体明确、切实可行，使改革试点一线人员明确行动方向，不打折扣地落实政策，确保改革试点政策不变性不走样。加大对改革政策目标的宣传力度，引导政策受众准确理解政策目标和政策方案。相关行政管理部门和高校院所在设定改革试点方案时，须结合各自实际情况，严格执行"三重一大"内部决策机制，建立专家咨询智库，广泛吸取科研人员意见。考虑政策目标及标准的系统性与逻辑性，在制定和解读政策时考虑改革试点在不同阶段的前后连贯性。

对比各单位的"赋权"程序，除四川大学规定了比较系统、具体的实施原则和措施外，其他许多单位在"赋权"原则、操作程序以及权益分配比例方面含糊其词，有失科学和规范。"赋权"程序应充分考虑重大改革逻辑下所应秉持的基本原则和规律，科学确定资源要素投入与产出的关系，更加合理并有效地对科技成果权益分配进行统筹、分类和计算，制定行之有效的实施细则。高校院所应结合本单位的隶属关系与管理权限，以及各二级单位学科特点和科研人员结构，根据成果形成中使用的财政资金、公共资源、外部资源和科研人员团队智力投入等的实际情况，确定确权分割的程序、原则、流程和测算方法。根据科技成果形成过程中所获得的财政资金的比例和占用公共资源的情况等计算权属分配系数，并实现动态调整与模型测算，有依据地确定单位与科研人员及其团队的权属配置比例。

第一，确立合理的产权配置规则。对财政资助成果，纳税人通过政府投入科研成本，单位提供物质技术条件与科研组织，基础研究者提供知识思想并多数进入公有领域，科研人员通过智力劳动和团队协作开发创造科技成果。成果产权配置应协调考虑：创造产生价值，根据生产要素贡献分配原始取得；发挥资源效用，初始配置理想情况是赋予使资源效用最大化的主体；激励再生产要素，包括投资、智力劳动和科研条件等；减小利用约束，产权共有人越多常导致越难以决策，之间需要衡平。

第二，优化权能配置方式与减小权能阻碍。权能赋予有能力者，发明人能掌握技术，转化中介能了解市场，企业能生产和运营，且都有实现利益的动力；行政管理负责人员则比较难。为便利和鼓励成果转化应用，应支持根据现实情况，向科技创新转化各环节的实务主体以移转、设立等方式调配所需权能，发挥资源效益，实现效用目的。

第三，规范化共有权行使规则。规制决策权与收益权可根据能力、动力、效率等因素分置；容许根据实际设立与移转需要的自治权能，灵活运用使用权、实施权、许可权，免受共有权约束掣肘，当然也应保障共有权份额的利益，不滥用实施权而影响共有人专利权的公平实现。

此外，应加强对知识产权受让人即"赋权"对象的职业道德和信用纪律审查，对未履行完单位内部决策程序、"赋权"知识产权评估底价不明或存有异议、知识产权"赋权"转让对象有不良背景记录等例外情况的，单位不得随意进行知识产权权属转让或变更手续。

（六）建立多主体收益兼容的"期权"激励体系

转化时需要对技术成果定价是较大难题。无形技术成果的价值很难估算，甚至跟转化所能达到的后价值高度相关。如果要在转化时就定价，很可能偏高或偏低，造成合作者间的不公平；即便定价在当时较为公允，后期转化及带动市场变化过程中相应技术要素的价值可能变化很大，也会使起先公允价被诟病。但国资科技成果转化时需要定价，这个矛盾可通过"转化前期权定价，转化后兑现划拨"的期权激励模式较好地解决。

以发明人做出了技术创新为例，转化时不好评估定价，可与企业约定转化实施后一定期间以事先约定价格购买股权或产权或收益分配权；如果转化价值好，发明人以事先约定价获取高转化收益，根据其技术要素贡献属合理，激励发明人有动力积极参与技术转化；如果转化价值差，发明人可以放弃以事先约定价购买的期权，可选择以更低的时价购入。反向亦然，企业看不到技术的价值，可以约固定价格期权，加入转化工作；如果转化价值好，可以固定价格购入高转化收益，根据其转化生产要素贡献，激励企业积极投入转化；如果转化价值差，企业可选择以更低时价购入，避免在转化前就以固定价先购。而技术产权/对应股权在缔结期权约定时，不需审批、划转、分割、变更登记等手续，就可先踏出实施转化步伐。

专利代理师撰写专利的稳定性、权利覆盖范围对于后续专利形态的科技成果转化十分重要。专利代理师直接参与了专利产权的塑造，只收千百元/件的专利费有偏微薄，尤其是能撰写非常好专利的话。但专利申请时可能无法判断知识产权的撰写质量价值，可以缔约配给一定期权，如果知识产权质量好支持转化价值提升，专利代理师可以在转化价值实现时参与必要的分享收益。所在单位对待转化成果价值不明的，也可以缔约期权留待转化一定期间后决策，避免事先定价不准的国资价值损失风险。其他参与主体，比如团队成员、技术转移机构、中试厂家有望在转化中发挥积极作用的，也可以约一定期权，共同参与转化努力，共同有权在转化后分享价值。

转化后价值可分享的期权，能够便利促成转化启动，在转化过程中激励科技成果创新转化各主体的热忱与动力。可以绕过事先定价环节，让科技成果的价格根据未来可见价值实现。使用期权规则，也可以规避转化前国有资产管理风险。届时谁实现了约定条件，谁可决策兑现对资产或转化收益的期权利益。期权兑现与事后奖励有所不同；期权能够从转化前就有激励动力，获益程度在预判和行动创造之中；期权约定可以不与法定发明人奖励冲突；期权可以选择在一定期间的有利时点（如转化效益最好）以约定价实现，也可选择不实现。

（七）加强高校院所科技成果转化队伍专业化建设

单位与科技成果完成人之间的权责关系明确之后，还应考虑到内部主体关系链中的重要一环——成果转化中介机构。从试点单位的试验改革情况来看，目前试点单位可分为两类，一类是还未建立技术转化中介机构，一类是初步建立了技术转化机构，但是服务能力不能满足科技成果转化的需要。对于还未建立中介机构的单位，应该立足单位优势，鼓励单位内的科技工作者创办诸如科技评估、科技咨询、中介机构资质认证、面向决策的战略研究等专业技术转化中介机构。对于已经初步建立中介机构的单位，目前最主要的是提高中介机构的专业服务能力。首先是注重高端人才的培养。科技成果转化服务工作对人才结构和人才素质有极高的要求，因此，必须培养一批能够对科研成果的使用价值、可行性等各个方面进行深入准确分析的高端人才。建立一支无形资产专职管理人员队伍，无形资产管理是一项复杂的系统工程，涉及人文、技术、工程、管理、会计、评估、法律等专业知识，管理人员应该由具备相应专业知识背景的人员组成，便于科学管理无形资产。培育和建设依托于高校的科技成果转化主体机构（或称高校技术转移机构），探索建立一批围绕职务发明成果的专业化确权评估、风险预警、转化服务机构与平台。科技成果转化主体机构是产学研环节中的另一重要链条，是促进技术成果从大学向企业转化的中介组织或技术的直接实施方，也是加速高校创新成果与产业融合的助推器。中国高校院所职务科技成果转化存在的一些显著和亟待解决的问题，例如科技资源和市场信息的不对称，缺乏专业性的科技中介机构和高素质复合型技术经理人等，专业化机构的设立能够起到桥梁作用。应充分利用高校科技创新主体优势，开展高校职务专利导航科技创新决策机制，建立高校职务专利导航服务工作专门机构。

　　建立和完善高校技术转移机构的服务模式并形成技术中介的有效监管。国际上具有代表性的一些美国大学技术许可办公室作为高校职能部门（非独立法人）创新成果转移机构和日本社会性企业技术许可组织（独立法人）的运作模式在当前具有特殊参考意义。以美国和日本为代表的高校创新成果转化部门将职务发明专利的价值挖掘作为工作职能，包括引导职务发明信息披露和科研人员专利信息利用；技术转移专业人员还会找到相关技术专家对科技成果（如专利）进行评估，进行知识产权的预警分析，如果科研成果被认定为有市场前景，那么技术转移机构会寻找有潜在需求的企业进行接洽；技术经理人的专利评估与信息分析则着眼于推进专利技术预警与转化实施的流程把控；在技术转移机构和平台上，专利信息在技术中介平台上的披露可以让市场更好地了解专利技术本身，也有利于技术发明方根据市场需求不断改进所研发的技术；技术中介机构的工作还包括企业和市场对技术的需求信息发布。

　　围绕职务科技成果专业化确权评估、风险预警、转化服务的机构和平台应具有以下工作内容：技术发明信息披露机制与管理、研发过程科技与商业信息共享、公共政策信息支持、技术经理人职业培训、技术市场需求信息整合、研发主体知识产权信息共享服务、专利运营、产业和企业专利导航、产业和企业知识产权评估与评议、法律服务等。政府要加强中介机构行业协会的建设，由于科技中介机构为新兴事物，目前各试点单位的中介机构发展参差不齐，为促进科技中介机构的规范、全面健康发展，要组建各类科技中介行业协会，明确科技中介服务的行业规范和服务标准，建立一整套围绕职务发明成果孵化与转化的专业化机构与平台建设指导规范，对这类机构的职能、运行和发展进行有效监管。

　　科技成果转化队伍的专业化建设其实仅仅是改革中试点高校借力进行内部资源重新整合和流程再造的切入点之一。从基层视角看，要真正落实改革试点任务并不是"敲锣打鼓"就能实现的，还需要从整体上对于单位内部的人力、资金、信息、流程、权威等资源进行整合再造，以全新的改革姿态履行使命的同时实现单位内部管理的转型升级。具体而言，基层单位对人力资源的整合可根据执行部门的工作量分配人员到各个岗位，调动广大科研人员和行政人员的集体智慧和力量，成立相应的部门，从整体上强化科技成果转化工作的队伍建设和体系建设；在资金的整合上，可设立"赋权"改革专项资金，专项资金可由已有的职务科技成果转化收益中的学校部分汇聚而成，也可由科研团队自主贡献，以"滚雪球"的方式支撑单位科技成果转化的可持续进行；同时建立全新的透明高效的内部决策流程，单位资源投入的必要性和可行性评估纳入决策环节，尤其针对国有知识产权类无形资产的直接协议转让，对"赋权"转让的科技成果及其知识产权布局进行充分预评估，包含预算投入测算、知识产权底价评估、产出前景评估、争议听证、公示公告和法律风险排查等关键环节，在此基础上再决定具体的"赋权"策略和方式，确保单位内部整个决策环节有规可依、环环相扣；整合信息资源方面，在试点单位内部和试点单位之间建立完备的信息报送机制，为改革试点的经验借鉴提供信息资源供给；整合权威资源方面，在统一的行动原则下，向下可考虑适当给单位内部负责改革试点政策执行的部门和一线科研人员赋予或下放更多的决策权，向上可积极争取更多地方政府配套支持，主动扩大和挖掘改革红利，拓宽试点单位的外部话语通道。

全书总结

赋予科研人员职务科技成果所有权改革是中国科技领域一场由基层推动的重大探索性变革。"赋权"改革的前路之光，在于不断探索从制度和政策层面为科研人员良性松绑，持续激发组织与个体的活力和创造力，逐步形成更加符合规律和国情的科技成果转化与知识产权归属的制度政策体系。在"赋权"改革不断推进的过程中，其所处的现实环境悄然发展变化，所回应的现实问题也在制度层面不断被加以完善。最初，"赋权"改革的主要难点是解决科技成果的国有资产化问题，2019年之后，财政部等出台了系列政策措施，允许了高等院校等自主转化、许可和作价入股持有的科技成果。与此同时，北京、广东、山东、陕西等地方层面的"赋权"改革将重心放在不同程度强化所有权激励和收益权奖励并重。四川省则以西南交通大学为代表，在2022年进一步提出了强化跨高校科技成果转化中试平台建设和向知识产权退出国有资产管理体系的政策方向发力，在初步解决"不敢转、不愿转"问题以后，进一步破解

"无成熟成果可转"的新问题，掀起了改革"下半场"的新浪潮。随着2020年《专利法》和2022年《科技进步法》等法律制度的调整，"赋权"改革原本面临的现实难题逐渐弱化，改革的经验做法不断迭代，关于推动职务科技成果转化领域的改革前路看似并不止"触及所有权"这一条，可谓一波未平一波又起。"赋权"改革自实施以来的风险并未与现实难题一同消解，为了使干事者不陷于"疲于改革"或是"为了改革而改革"的泥淖，聚焦说透改革中的一两个"真问题"，对于改革本身应然与实然的深入探讨就显得更加迫切，也更加珍贵。

"赋权"改革的实践证明了科学合理的知识产权分享机制在保障收益、促进转化、激励创新方面有着一定的积极作用，但积极作用的持续激发还需要从政策环境层面加以优化和释放，不断总结改革的地区性、阶段性经验，为制度进路指明方向。从总体上看，各地方"赋权"改革的主要共性经验在于：第一，变科研人员从所在单位获得被动性物质奖励为科研人员依托自身主动性获得成果转化收益，将约定的事后物质奖励前置为事前产权激励，而事前产权激励又强化了事后收益的可实现性；第二，即便国有资产管理限制消失，"赋权"改革的"产权激励"也能通过产权和收益的双重保障给成果转化和原始创新提供动力，对于科研人员参与职务科技成果转化有着直接的激励作用，为已经较为成熟、等待政策时机的科技成果提供了绝佳的转化时机；第三，相较于传统的专利"记件"方式，"赋权"改革推动高校成果转化，做大了高校科技成果转化收益的"蛋糕"，实现了科技成果的社会价值；第四，知识产权"混合所有制"的方式确保了高校仍然持有一定比例知识产权，成果转化收益形成的高校国有资产仍然体现公有性质，但兼顾了公私效率；第五，多地"赋权"改革在一定程度上直接或间接推动了地方国有资产管理制度在短期内实现修订。我们对经验的反思在于：不可回避的是，中国高校本身的公立性质决定了高校科研人员的本职工作首先是教学与科研，"赋权"改革会不会分散了高校和教师的注意力，导致顾此失彼。

高校科技成果大多衍生自财政资金资助立项，高校科研人员的教职所附加的社会资本，以及科研劳动获得的相应物质劳酬已经体现了社会对科研人员智力劳动价值的认同和反哺。如果通过科技成果转化的收益权激励已经能够较好激励科研人员，在不触及高校公立性质与国有资产问题，在不致引起法律上更复杂的纠纷，在体制上不触及公有性基石的情况下，我们为什么还需要"触及所有权"？对于较为成熟的科技成果而言，产权激励和收益激励的实际效果哪个更好？对于不成熟的科技成果而言，任何一种激励方式都面临高校职务科技成果"中试"和"终试"依赖财政资金参与的问题，成果转化的公立属性背景似乎不可逾越。产权激励的必要性所面临的质疑，依然需要从理论上进一步回答。

在实际操作层面，高校会面临科研人员单位调动时成果所有权管理的难题；"赋权"改革以"混合所有制"的方式突破了原有的"反公地悲剧"，但应用型科技成果逐利的"爱迪生模式"陷阱对教学与基础科研的长期影响尚未也暂时无法准确评估；最为重要的是，国有知识产权从单位所有转向科研人员所有触及公有制基石问题，国有知识产权的私有化倾向对国家利益、国家安全的潜在侵害风险较之以往更大，稍有不慎就可能造成因所有权权利主体过多与分散而无法实现成果转化的另一种"反公地悲剧"，如赫勒曾指出的"新产权制度使得……研究从所有权范畴的公有资源一端，转入私人和反公有资源的混合体"的困境；再有，科研人员进一步对其所拥有的部分知识产权权利进行不合理对外让渡究竟是一个合理化的市场行为，还是一个需要政府加以干预的行为，以及如何加以规制？大刀阔斧地改革在解决了一些旧问题的同时，也可能带来了新的问题。因此，当前"赋权"改革对于高校科技成果转化和整个国家创新体系的影响，有待后续更多研究进一步论证。

总结来看，本书以"观察者""记录者"和"研究者"的姿态客观呈现了在中国式现代化进程中颇有独特性和代表性的"赋权"改革的缘起、过程、效果、问题与未来。笔者有幸见证并尽可能获取改革的一手资料，尝试从知识产权交叉学科理论本身的特点出发系统还原改革全貌，挖掘其中鲜为人知的细节与数据背后的信息，回答了以下四个问题。

第一，"赋权"改革改什么。立足全球科技革命和高校"第三使命"变革，着眼中国高质量发展和创新驱动发展战略，基于对职务科技成果权属相关核心概念的理论辨析与科学界定，梳理了世界主要国家高校职务科技成果权属的制度实践及其特征，并站在中国现实国情与长远发展双重视角审视相关制度进展，开展了制度与政策的国际比较与国内演进研究。

第二，为何要"赋权"改革。选取国内率先引领职务科技成果所有权改革的四川省及其域内数十所高校为第一时段的实证分析对象，以2020年后中央试点确定的试点单位为第二时段的统计分析对象，围绕职务科技成果"混合所有制"的内涵、成因与制度政策兼容性，对改革的动力机制从知识产权"反公地悲剧"、政策试点与政策扩散、多元主体利益平衡、科技成果转化激励等维度进行理论诠释，以理论和实践问题为双重导向，提炼职务科技成果权属对成果转化和创新激励的潜在影响。

第三，"赋权"改革怎么样。基于课题组构建的丰富"混合所有制"改革案例与数据库，对四川区域改革历程进行全景式呈现、事件史分析与动态化追踪，对比国内多个主要省区市的政策演进与主要措施，定性评价职务科技成果确权分割模式、配套政策与政策协同等方面的进展与不足；开展试点样本跟踪与综合化问卷调查，厘清科研人员、高校、政府主管部门（中央和地方）对职务科技成果权属配置的基本态度和价值取向；基于最新的国内专利调查数据，全方位呈现改革政策的阶段性效果。

第四，"赋权"改革如何改。在对代表性案例和经验数据实证分析的基础上，挖掘中国赋予科研人员职务科技成果所有权改革中的治理内涵，包含中国特色政策试点的过程机理、政策试点到政策扩散再到政策创新的驱动因素、政策试点中的"央－地"互动关系、基层首创模式对于组织变革和制度创新的影响与启示、科技创新体制机制改革中的基层政治动能等议题，并通过对改革的经验总结，提出完善中国科技成果转化与职务发明相关制度的建议。

面向科研人员的知识产权激励不同于传统"产权激励"的内涵，是新形势下以知识产权权属再配置为核心的创新激励模式，是党的十八大以来以习近平同志为核心的党中央对科技创新与知识产权治理体系与治理能力强化顶层设计的重要成果，也势必在中国全面深化改革的整体进程中留下一笔，值得学界同仁与社会各界共同继续加以关注和研究。

附：《西南交通大学专利管理规定》（2016）（简称"交大九条"）

第一章　总则

第一条　为加强西南交通大学（以下简称学校）专利管理工作，规范职务发明人与学校的权属关系，鼓励职务发明人转化专利成果，根据《中华人民共和国专利法》《中华人民共和国促进科技成果转化法》《关于进一步加强职务发明人合法权益保护促进知识产权运用实施的若干意见》（国知发法字〔2012〕122号）及《四川省知识产权局关于加强职务发明人合法权益保护促进知识产权运用的实施意见》（川知发〔2015〕6号），特制订本规定。

第二条　本《规定》适用于下列人员：

（一）本校教职员工：本校任职的教师、职员、临时聘用人员、实习人员，以学校名义从事科研活动的博士后、访问学者和进修人员等。

（二）本校学生：被学校依法录取、具有学籍的受教育者。

第三条　本《规定》所称的"专利"包括：

（一）发明专利、实用新型专利、外观设计专利；

（二）非专利专有科技成果；

（三）技术信息和技术秘密；

（四）法律法规规定或者根据书面合同约定应当由学校享有的其他专利、技术权利。

第二章　权属

第四条　执行学校的任务或者主要利用学校物质技术条件完成的发明创造为职务发明创造。依照法律法规及各项政策规定，为实现对职务发明人或职务发明人团队（以下统称职务发明人）的奖励，学校将奖励前置简化为国有知识产权奖励。对既有专利和专利申请，学校通过专利权人和专利申请人变更的方式实现对职务发明人的奖励；对新的专利申请，学校通过共同申请实现对职务发明人的奖励。

学校与职务发明人就专利权的归属和申请专利的权利签订奖励协议，规定或约定按30％：70％的比例共享专利权。职务发明人以团队为单位的，其内部分配比例由团队内部协商确定。

第五条　对于学校既有专利，可由职务发明人按本规定提出奖励申请，学校与职务发明人签订奖励协议后，由科学技术发展研究院（以下简称科研院）出具专利权人变更所需材料，在国家知识产权局将专利权由学校所有变更为学校和职务发明人共同所有，变更所需的费用由职务发明人承担。

第六条　对学校已经提出的处于审查中的专利申请，可由职务发明人按本规定提出奖励申请，学校与职务发明人签订奖励协议后，由科研院出具专利申请人变更所需材料，在国家知识产权局将专利申请由学校单独申请变更为学校和职务发明人共同申请，变更所需的费用由职务发明人承担。

第七条　对于本规定实施后的专利申请，职务发明人可以选择是否与学校共同申请专利。选择与学校共同申请的，学校与职务发明人签订奖励协议后共同申请专利。

第八条　委托合同或合作开发合同中约定学校享有专利权的，可以在合同中明确约定学校与职务发明人共同申请该专利，并按30％：70％比例共同享有该专利权。未在委托合同或合作开发合同中约定职务发明人与学校专利权属分配比例的，按本规定约定的比例执行。

第九条　离休、退休的教职员工，在离退休一年内完成的与其在学校承担的本职工作或分配任务有关的发明创造所获得的专利权，由学校与职务发明人按30％：70％比例共同享有该专利权。

第十条　学校在编人员或与学校建立聘用关系或劳动人事关系的人员外出进修或赴境外公派访问、进修、留学及开展合作项目研究，对其在校已进行研究，在校外或境外完成的发明创造，如协议约定学校享有专利权，则学校与职务发明人按30％：70％比例共同享有该专利权。

第十一条　来学校及其所属单位学习、进修或合作研究的客座研究人员、临时聘用人员、博士后在站人员，如协议约定学校享有专利权，则学校与职务发明人按30％：70％比例共同享有该专利权。

第十二条　学校与职务发明人共同享有的专利和专利申请，专利的申请费、年费等可由学校与职务发明人按各自的权属比例共同承担，也可由职务发明人先行承担全部费用，学校再以奖励的方式给予补贴。

第三章 转化

第十三条 学校单独享有的专利一次性转让或许可后，学校从转让或许可净收益中（扣除相关费用）提取70％分配给职务发明人，剩余30％由学校与职务发明人所在二级单位按1∶1的比例分配，其他基层组织不再享有专利收益分配权。学校与职务发明人共同享有的专利一次性转让或许可后，除职务发明人所享有的70％的收益外，学校享有的30％的收益，由学校与职务发明人所在二级单位按1∶1的比例分配，其他基层组织不再享有专利收益分配权。

第十四条 对需要评估作价投资的专利和专利申请，学校将持有的专利权和专利申请权转让给所属的全资国有公司后，再进行评估作价投资。

第十五条 国家大学科技园、资产经营公司应引入市场机制，为专利成果转化提供中试投资、风险投资、评估作价和创业孵化等服务，积极推动专利成果资本化。

第四章 管理

第十六条 科研院负责专利管理工作。科研院通过科技建设专款支持知识产权申请、维持和保护方面的有关费用。

第十七条 学校及其所属单位派出人员，包括访问学者、进修人员、公派留学生等派出国的人员和派往国内其他单位的研究人员，应遵守本规定，不得擅自将学校的专利、技术及相关技术资料、信息对外泄露、带出。

第十八条 来学校及其所属单位学习、进修或合作研究的客座研究人员、临时聘用人员、博士后在站人员，应由学校与其单位签署协议，约定其在学校及其所属单位学习或工作期间完成的发明归属。

第十九条 学校各单位或个人接受国内、外单位或个人委托，或者委托国内、外单位或个人进行研究、开发，须订立书面合同。合同中应对专利归属进行约定。

第二十条 学校所属单位及有关人员应按照《西南交通大学科研档案归档要求和归档范围》做好科研档案归档工作，严格执行《西南交通大学科技档案工作暂行规定》和本《规定》，做好专利成果保护工作。

第二十一条　学校教职员工申请非职务发明专利，应向科研院申报，接受审核。对于符合条件的，科研院出具相应证明。

第五章　奖惩

第二十二条　学校依法保护职务发明创造、职务技术成果完成人的合法权益，按照国家规定给予奖励，并作为工作业绩和评定职称的重要指标之一。

第二十三条　学校既要保护职务发明人合法权益，也要维护学校的合法利益。转化过程中，存在下列情形之一的，学校将根据不同情况，对当事人予以批评、不得晋升职称、解除聘任等行政处分；给学校造成经济损失的，学校依法追究民事赔偿责任；构成犯罪的，报请司法机关依法追究其刑事责任：

（一）未征得学校同意，擅自对外转化、转让职务发明专利；
（二）未征得学校同意，擅自创办企业实施职务发明专利；
（三）故意夸大技术水平、技术成熟度，引起转化合作纠纷；
（四）以非专有技术冒充专有技术造成纠纷。

第六章　附则

第二十四条　国防专利可参照上述规定执行，但实施须遵守《国防专利条例》。

第二十五条　本规定由知识产权办公室（挂靠科研院）负责解释。

第二十六条　本规定自公布之日起施行。

第二十七条　2013 年 6 月颁布的《西南交通大学知识产权保护管理规定》同时废止。（2016 年 1 月 22 日发布）

参考文献

中文文献：

[1] 边沁. 道德与立法原理导论 [M]. 时殷弘，译. 北京：商务印书馆，2000.

[2] 伯雨鸿. 我国《专利法》第四次修正之评析 [J]. 电子知识产权，2021（3）：39−48.

[3] 曹爱红，王涵，王艳辉. 职务科技成果所有权的法律归属研究 [J]. 科技中国，2018（5）：71−77.

[4] 陈柏强，刘增猛，詹依宁. 关于职务科技成果混合所有制的思考 [J]. 中国高校科技，2017（S2）：130−132.

[5] 陈林，伍海军. 国内双重差分法的研究现状与潜在问题 [J]. 数量经济技术经济研究，2015（7）：133−148.

[6] 陈晓峰. 知识产权法律风险管理策略 [M]. 北京：法律出版社，2011.

[7] 陈宇，闫倩倩. "中国式"政策试点结果差异的影响因素研究——基于30个案例的多值定性比较分析 [J]. 北京社会科学，2019，194（6）：44−54.

[8] 陈振明. 政策科学的"研究纲领" [J]. 中国社会科学，1997（4）：48−61.

[9] 陈振明，李德国. 国家综合配套改革试验区的实践探索与发展趋势 [J]. 中国行政管理，2008（11）：30−35.

[10] 程恩富，胡乐明. 新制度主义经济学 [M]. 北京：经济日报出版社，2005.

[11] 邓志红. 高校职务科技成果的权利配置规则研究 [J]. 科学学研究，2020（2）：259−265.

[12] 邓志新，黄金火. 职务发明专利权共有制可行性质疑 [J]. 科技进步与对策，2007 (2)：11-13.

[13] 丁建彪. 整体性治理视角下中国农村扶贫脱贫实践过程研究 [J]. 政治学研究，2020 (3)：113-124+128.

[14] 方流芳. 从法律视角看中国事业单位改革——事业单位"法人化"批判 [J]. 比较法研究，2007 (3)：1-28.

[15] 冯晓青，周贺微. 公共领域视野下知识产权制度之正当性 [J]. 现代法学，2019，41 (3)：127-137.

[16] 葛章志，宋伟，万民. 职务科技成果单位优先转化权及其规则改进——兼评中国《促进科技成果转化法》第 19 条 [J]. 中国高校科技，2016 (8)：15-18.

[17] 郭明军，于施洋，安小米，等. 政务数据与社会数据对接利用："三螺旋"运行机制的内涵、模型及验证 [J]. 中国软科学，2021 (9)：55-65.

[18] 韩博天. 中国异乎常规的政策制定过程：不确定情况下反复试验 [J]. 开放时代，2009 (7)：41-48+26.

[19] 韩秀成，李牧. 关于建设知识产权强国若干问题的思考 [J]. 管理世界，2016 (5)：1-8.

[20] 何怀文，陈如文. 专利共有制度的博弈分析 [J]. 清华知识产权评论，2015 (1)：103-127.

[21] 贺德方，唐玉立，周华东. 科技创新政策体系构建及实践 [J]. 科学学研究，2019，37 (1)：3-10，44.

[22] 贺东航，孔繁斌. 中国公共政策执行中的政治势能——基于近 20 年农村林改政策的分析 [J]. 中国社会科学，2019，280 (4)：5-26+205.

[23] 贺东航，孔繁斌. 重大公共政策"政治势能"优劣利弊分析——兼论"政治势能"研究的拓展 [J]. 公共管理与政策评论，2020，9 (4)：52-59.

[24] 迈克尔·赫勒. 困局经济学 [M]. 闾佳，译. 北京：机械工业出版社，2009.

[25] 胡罡，舒小燕，钟碧娟，等. 高校知识产权是"无形资源"？[J]. 研究与发展管理，2018，30 (6)：144-150.

[26] 蒋舸. 职务发明奖酬管制的理论困境与现实出路 [J]. 中国法学，2016 (3)：125-144.

[27] 康慧强. 职务科技成果权属混改中的引致风险与对策研究 [J]. 科学管理研究, 2020, 38 (1): 42-46.

[28] 康凯宁. 赋予科研人员职务科技成果所有权探析 [J]. 中国高校科技, 2015 (8): 69-72.

[29] 孔繁斌, 向玉琼. 新中国成立 70 年来政策议程设置的嬗变: 政治逻辑及其阐释 [J]. 行政论坛, 2019 (5): 5-12.

[30] 李牧. 中国高校法律地位之检讨——兼评中国相关立法的缺陷 [J]. 法学杂志, 2006 (1): 124-126.

[31] 李娉、邹伟. 权威调控与知识生产: 中国政策试验的双重逻辑——基于能源领域四项试点的案例比较 [J]. 中国行政管理, 2022 (5): 89-96.

[32] 李晓方, 孟庆国, 张楠. 嵌套试验与创新涌现: 深圳市"织网工程"政策试点的过程分析 [J]. 甘肃行政学院学报, 2017 (5): 16-26+127.

[33] 李晓秋. 美国《拜杜法案》的重思与变革 [J]. 知识产权, 2009 (5): 91.

[34] 林毅夫, 蔡昉, 李周. 论中国经济改革的渐进式道路 [J]. 经济研究, 1993 (9): 3-11.

[35] 刘宏玉, 范炳良. 政策试点的产生机制及偏离效应分析——以中央发动的政策试点为例 [J]. 领导科学, 2019, 741 (4): 62-66.

[36] 刘伟. 政策试点: 发生机制与内在逻辑——基于中国公共部门绩效管理政策的案例研究 [J]. 中国行政管理, 2015 (5): 115-121.

[37] 刘志鹏, 高周易, 马亮. 示范: 政策高位推动的工具——基于国务院各部门的实证研究 (2008—2019) [J]. 政治学研究, 2022 (4): 63-75.

[38] 卢文光. 新兴技术产业化研究 [M]. 北京: 知识产权出版社, 2012.

[39] 马天旗. 高价值专利筛选 [M]. 北京: 知识产权出版社, 2018.

[40] 米切尔·黑尧. 现代国家的政策过程 [M]. 赵成根, 译. 北京: 中国青年出版社, 2004.

[41] 梅赐琪, 汪笑男, 廖露, 等. 政策试点的特征: 基于《人民日报》1992—2003 年试点报道的研究 [J]. 公共行政评论, 2015 (3): 15-31+209.

[42] 苗丰涛. 基层创新如何上升为国家政策?——府际关系视角下的纵

向政策创新传导机制分析［J］. 东北大学学报（社会科学版），2022（6）：41－51.

［43］宁骚. 政策试验的制度因素——中西比较的视角［J］. 新视野，2014（2）：27－33.

［44］潘志浩. 关于高校实行职务发明专利权属共有的思考［J］. 中国高校科技与产业化，2010（7）：30－31.

［45］乔永忠，朱雪忠，万小丽，等. 国家财政资助完成的发明创造专利权归属研究［J］. 科学学研究，2008，26（6）：1181－1187.

［46］沈映春. 高校知识产权资源配置研究［M］. 北京：北京大学出版社，2017.

［47］石晋昕，杨宏山. 政策创新的"试验－认可"分析框架——基于央地关系视角的多案例研究［J］. 中国行政管理，2019（5）：84－89.

［48］宋河发，吴博，吕磊. 促进科技成果转化知识产权实施权制度研究［J］. 科学学研究，2016，34（9）：1319－1325.

［49］唐良智. 下放处置权　扩大收益权　探索所有权——创新高校职务科技成果管理制度的思考与实践［J］. 求是，2014（7）：53－54.

［50］万小丽. 专利质量指标研究［D］. 武汉：华中科技大学，2009.

［51］王成军，徐雅琴，方明，等. 三重螺旋视角下合肥创新发展的建设主体研究［J］. 中国科技论坛，2022（1）：112－121.

［52］王猛. 中国地方政府创新研究：理论、议题与方法［J］. 公共管理评论，2020（1）：116－154.

［53］王影航. 高校职务科技成果混合所有制的困境与出路［J］. 法学评论，2020，38（2）：68－78.

［54］吴汉东. 中国知识产权法律变迁的基本面向［J］. 中国社会科学，2018（8）：108－128.

［55］吴寿仁. 科技成果转化政策导读［M］. 上海：上海交通大学出版社，2019.

［56］吴寿仁. 科技成果转化热点问题解析（三）——再谈科技成果混合所有制［J］. 科技中国，2017（8）：30－33.

［57］吴怡频，陆简. 政策试点的结果差异研究——基于2000年至2012年中央推动型试点的实证分析［J］. 公共管理学报，2018，15（1）：58－70＋156.

［58］夏海波. 产权理论的发展与产权制度构建研究［D］. 长春：吉林大学，2007.

[59] 夏爽. 高校职务科技成果混合所有制的伦理思考 [D]. 成都：西南交通大学，2018.

[60] 肖尤丹，苏竣. 中国大学知识产权政策困境及其完善 [J]. 科学学研究，2010，28（7）：990－1000.

[61] 徐洁. 科技成果转化的制度障碍与消除——以加快建设创新型国家为旨要 [J]. 现代法学，2018（2）：119－131.

[62] 徐明波，荀渊. 高校科技成果转化机构定位、职能及其影响因素研究——基于中美研究型大学科技成果转化机构的对比分析 [J]. 高教探索，2021（11）：34－42.

[63] 徐苑琳，孟繁芸. 推进科技成果转化的技术预见研究 [J]. 科学管理研究，2018，36（5）：42－45.

[64] 薛澜. 顶层设计与泥泞前行：中国国家治理现代化之路 [J]. 公共管理学报，2014（4）：1－6.

[65] 薛澜，李宇环. 走向国家治理现代化的政府职能转变：系统思维与改革取向 [J]. 政治学研究，2014（5）：61－70.

[66] 薛澜，赵静. 转型期公共政策过程的适应性改革及局限 [J]. 中国社会科学，2017（9）：45－67.

[67] 杨宏山. 双轨制政策试验：政策创新的中国经验 [J]. 中国行政管理，2013（6）：14－17＋105.

[68] 杨宏星，赵鼎新. 绩效合法性与中国经济奇迹 [J]. 学海，2013（3）：16－32.

[69] 郁建兴. 大城市治理如何实现人民美好生活——读何艳玲的《人民城市之路》[J]. 中国行政管理，2022（8）：154－156.

[70] 袁幸. 改革开放以来中国政府治理中的"特事特办"制度 [J]. 新视野，2018（5）：21－26.

[71] 岳琳，唐素琴. 对美国《拜杜法案》与中国高校技术转移的再思考 [J]. 中国高新技术企业，2013（10）：10－12.

[72] 詹姆斯·E. 安德森. 公共决策 [M]. 北京：华夏出版社，1990.

[73] 张军荣，袁晓东. 中国"拜杜规则"促进高校专利产出了吗？[J]. 科学学研究，2014，32（12）：1859－1866＋1887.

[74] 张雅勤. 论国家治理体系现代化的公共性价值诉求 [J]. 南京师大学报（社会科学版），2014（4）：27－34.

[75] 赵慧. 政策试点的试验机制：情境与策略 [J]. 中国行政管理，2019（1）：73－79.

[76] 赵健宇，李柏洲，袭希. 知识产权契约激励与个体知识创造行为的关系研究 [J]. 管理科学，2015，28（3）：63－76.

[77] 郑玲，赵小东. 政府资助研发成果知识产权管理制度探析 [J]. 知识产权，2006（5）：42－45.

[78] 郑其斌. 中国职务发明认定和利益分配制度的完善 [J]. 社会科学，2009（5）：97－104.

[79] 郑永君. 政策试点扩散的过程、特征与影响因素——以社区矫正为例 [J]. 内蒙古社会科学，2018（1）：31－36.

[80] 郑永君，张大维. 从地方经验到中央政策：地方政府政策试验的过程研究——基于"合规－有效"框架的分析 [J]. 学术论坛，2016，38（6）：40－43.

[81] 国家知识产权局. 2017 年中国专利调查报告 [Z]. http://www.sipo.gov.cn/docs/20180403103317809915，2018－04－03.

[82] 周黎安，陈烨. 中国农村税费改革的政策效果：基于双重差分模型的估计 [J]. 经济研究，2005（8）：44－53.

[83] 周望. 中国"政策试点"研究 [M]. 天津：天津人民出版社，2013.

[84] 朱雪忠，乔永忠，等. 国家资助发明创造专利权归属研究 [M]. 北京：法律出版社，2009.

[85] 朱亚鹏. 公共政策过程研究：理论与实践 [M]. 北京：中央编译出版社，2013.

英文文献：

[86] MOORE A D. Intellectual Property and Information Control [M]. Transaction Publisher，2004.

[87] ANDERSON J E P. Public Policy making：An Introduction [M]. Boston：Houghton Mifflin，2003.

[88] ALDRIDGE T T，AUDRETSCH D. The Bayh－Dole Act and scientist entrepreneurship [J]. Research Policy，2011，40（8）：1058－1067.

[89] ASHISH A. Licensing Tacit Knowledge：Intellectual Property Rights and The Market For Know－How [J]. Economics of Innovation and New Technology，1995，4（1）：41－60.

[90] BALCONI M，BRESCHI S，LISSONI F. Networks of inventors

and the role of academia: an exploration of Italian patent data [J]. Research Policy, 2004, 33 (1): 127—145.

[91] BARZEL Y. Economic Analysis of Property Rights [M]. Cambridge: Cambridge University Press, 1997.

[92] BAXTER P, JACK S. Qualitative Case Study Methodology: Study Design and Implementation for Novice Researchers [J]. Qualitative Report, 2010, 13 (4): 544—559.

[93] BECKER L C. Property Rights: Philosophic Foundations [M]. London: Routledge, 1977.

[94] BENNETT A. Complex Causal Relations and Case Study Methods: The Example of Path Dependence [J]. Political Analysis, 2006, 14 (3): 250—267.

[95] BERNARD L S. Ambiguity and the process of knowledge transfer in strategic alliances [J]. Strategic Management Journal, 1999, 20 (7): 595—623.

[96] BIELIG A. Intellectual property and economic development in Germany: empirical evidence for 1999 — 2009 [J]. European Journal of Law and Economics, 2015, 39: 607—622.

[97] CERIN P, KARLSON L. Business incentives for sustainability: a property rights approach [J]. Ecological Economics, 2002, 40 (1): 13—22.

[98] CHAKROUN N. The Bayh — Dole Act: An exportable technology transfer policy? [J]. Queen Mary Journal of Intellectual Property, 2012, 2 (1): 79—89.

[99] CHATTOPADHYAY R, DUFLO E. Women as Policy Makers: Evidence from a Randomized Policy Experiment in India [J]. Econometrica, 2004, 72 (5): 1409—1443.

[100] CHIESA V, PICCALUGA A. Exploitation and diffusion of public research: The case of academic spin-off companies in Italy [J]. R& D Management, 2000, 30 (4): 329—340.

[101] COASE R H. The problem of social cost [J]. Journal of Law and Economics, 1960, 3 (1): 1—44.

[102] COMFORT L K, LYNN L E. Taking Complexity Seriously: Policy Analysis, Triangulation and Sustainable Development [J]. Journal of

Policy Analysis and Management，1999，18（1）：181−184.

［103］ CRAFT J，HOWLETT M. Policy Formulation，Governance Shifts and Policy Influence：Location and Content in Policy Advisory Systems［J］. Journal of Public Policy，2021，32（2）：79 − 98.

［104］ CRESPI G，GEUNA A，NOMALER O，et al. University IPRs and knowledge transfer：is university ownership more efficient?［J］. Economics of Innovation and New Technology，2010，19（7）：627−648.

［105］ CZARNITZKI D，HUSSINGER K，SCHNEIDER C. Commercializing Academic Research：The Quality of Faculty Patenting［J］. Industrial and Corporate Change，2011，20（5）：1403−1437.

［106］ DAVID P A. Innovation andEurope's academic institutions − second thoughts about embracing the Bayh−Dole regime［M］. Cambridge：Cambridge University Press，2007.

［107］ DIETRICH M. Transaction Cost Economics and Beyond［M］. London：Routledge，2010.

［108］ DUFLO E. Schooling and labor market consequences of school construction in Indonesia：evidence from an unusual policy experiment［J］. American Economic Review，2001，91（4）：795−813.

［109］ EJERMO O，KÄLLSTRÖM J. What is the causal effect of R&D on patenting activity in a "professor's privilege" country? Evidence from Sweden［J］. Small Business Economics，2016，47（3）：677−694.

［110］ EJERMO O，TOIVANEN H. University invention and the abolishment of the professor's privilege in Finland［J］. Research Policy，2018，47（4）：814−825.

［111］ EKINS R P，NEWMAN B. Theoretical aspects of saturation analysis［J］. Acta Endocrinologica Supplementum，1970，147（1）：11−36.

［112］ ETZKOWITZ H，LEYDESDORFF L. The Triple Helix：University−Industry−Government Relations：A Laboratory for

Knowledge Based Economic Development [J]. EASST Review, 1995, 14 (1): 14—19.

[113] FÄRNSTRAND D E, THURSBY M C. University entrepreneurship and professor privilege [J]. Industrial & Corporate Change, 2013, 22 (1): 183—218.

[114] YAMAZAKI F, INOUYE A. Event Studies Concerning the Effects of the Thirty—Fifth Article of the Patent Law and the Employee—Invention System in Japan [J]. Japanese Economy, 2008, 35 (1): 59—98.

[115] GARY J R. Tests of Institutional versus Non—institutional Models of Local Public Expenditure Determination [J]. Public Choice, 1991, 70 (3): 315—333.

[116] GEUNA A, ROSSI F. Changes to university IPR regulations in Europe and the impact on academic patenting [J]. Research Policy, 2011, 40 (8): 1068—1076.

[117] GULBRANDSEN M, KLITKOU A and IVERSEN E. Academic Patents: Emerging Issues and Challenges [M]. Hyderabad: The Icfai University Press, 2008.

[118] HALILEM N, AMARA N, OLMOS—PEÑUELA, et al. "To Own, or not to Own?" A multilevel analysis of intellectual property right policies' on academic entrepreneurship [J]. Research Policy, 2017, 46 (8): 1479—1489.

[119] HANS K. HVIDE, BENJAMIN F. University innovation and the professor's privilege [J]. American Economic Review, 2018, 108 (7): 1860—1898.

[120] HART O, MOORE J. Contracts as Reference Points [J]. Quarterly Journal of Economics, 2008, 123 (1): 1—48.

[121] HEILMANN S. From Local Experiments to National Policy: The Origins of China's Distinctive Policy Process [J]. The China Journal, 2008 (59): 1—30.

[122] HSU D H, ROBERTS E B, EESLEY C E. Entrepreneurs from Technology—Based Universities: Evidence from MIT [J]. Kesearch Policy, 2007, 36 (5): 768—788.

[123] HVIDE K H, BENJAMIN F J. University Innovation and the

Professor's Privilege [J]. American Economic Review, 2018, 108 (7): 1860−1898.

[124] EISENHARDT K M. Building Theories from Case Study Research [J]. Academy of Management Review, 1989, 14 (4): 532−550.

[125] KARNANI F. The university's unknown knowledge: tacit knowledge, technology transfer and university spin−offs findings from an empirical study based on the theory of knowledge [J]. Journal of Technology Transfer, 2013, 38 (3): 235−250.

[126] KENNEY M, PATTON D. Reconsidering the Bayh−Dole act and the current university invention ownership model [J]. Research Policy, 2009, 38 (9): 1407−1422.

[127] KENNEY M, PATTON D. Does inventor ownership encourage university research derived entrepreneurship? A six university comparison [J]. Research Policy, 2011, 40 (8): 1100−1112.

[128] LEE C, MA L. The Role of Policy Labs in Policy Experiment and Knowledge Transfer: A Comparison across the United Kingdom, Denmark, and Singapore [J]. Journal of Comparative Policy Analysis, forthcoming, 2020.

[129] LISSONI F, LOTZ P, SCHOVSBO J, TRECCANI A. Academic patenting and the professor's privilege: evidence on Denmark from the KEINS database [J]. Science and Public Policy, 2009, 36 (8): 595−607.

[130] LISSONI F, MONTOBBIO F. The Ownership of Academic Patents and Their Impact: Evidence from Five European Countries [J]. Revue économique, 2015, 66 (1): 143−171.

[131] MCFADGEN B, HUITEMA D. Experimentation at the interface of science and policy: a multi−case analysis of how policy experiments influence political decision−makers [J]. Policy sciences, 2018 (51): 161−187.

[132] MERGES R P. Intellectual Property Rights and the New Institutional Economics [J]. Vanderbilt Law Review, 2000, 53 (6): 1857−1877.

[133] MERRILL S, MAZZA A. Managing University Intellectual

Property in the Public Interest [M]. Washington, D. C.: The National Academies Press, 2010.

[134] MOWERY D C, SAMPAT B N. The Bayh-Dole Act of 1980 and University-Industry Technology Transfer: A Model for Other OECD Governments? [J]. Journal of Technology Transfer, 2004, 30 (1): 115—127.

[135] MOWERY D C, RICHARD R N, SAMPAT B N, IIEDONIS A A. Ivory Tower and Industrial Innovation [M]. Stanford, CA: Stanford University Press, 2004.

[136] OESCH R. The Finnish 2006 Act on University Inventions - The Road Map to Identifying, Protecting and Utilizing Patentable Research Results [M] // Patents and Technological Progress in a Globalized World. Berlin: Springer, 2009.

[137] ONISHI K. The effects of compensation plans for employee inventions on R&D productivity: New evidence from Japanese panel data [J]. Research Policy, 2013, 42 (2): 367—378.

[138] PERRI S, LEAT D, SELTZER K, et al. Towards Holistic Governance: The New Reform Agenda [M]. New York: Palgrave, 2002.

[139] RAWSKI T G. Implications of China's Reform Experience [J]. China Quarterly, 1995 (144): 1150—1173.

[140] RHOADES G, SLAUGHTER S. Professors, Administrators, and Patents: The Negotiation of Technology Transfer [J]. Sociology of Education, 1991, 64 (2): 65—77.

[141] SAMPAT B N, MOWERY D C, ZIEDONIS A A. Changes in university patent quality after the Bayh-Dole act: are-examination [J]. International Journal of Industrial Organization, 2003, 21 (9): 1371—1390.

[142] SELLENTHIN M. Who should own university research?: An exploratory study of the impact of patent rights regimes in Sweden and Germany on the incentives to patent research results [R]. Östersund: Department of Techuology and Social Change, Linköping Unirersity, 2004.

[143] SIEGEL D S, VEUGELERS R, Wright M. Technology transfer

offices and commercialization of university intellectual property: performance and policy implications [J]. Oxford Review of Economic Policy, 2007, 23 (4): 640−660.

[144] TAPLIN R. Japanese Intellectual Property and Employee Rights to Compensation [J]. Asia Pacific Business Review, 2008, 14 (3): 363−378.

[145] THURSBY J, FULLER A, THURSBY M. US Faculty Patenting: Inside and Outside the University [J]. Research Policy, 2009, 38 (1): 14−25.

[146] TOLBERT C J, MOSSBERGER K, MCNEAL R. Institutions, Policy Innovation, and E-Government in the American States [J]. Public Administration Review, 2010, 68 (3): 549−563.

[147] TOUWEN L J. How does a coordinated market economy evolve? Effects of policy learning in the Netherlands in the 1980s [J]. Labor History, 2008, 49 (4): 439−464.

[148] ZHU X, ZHAO H. Social Policy Diffusion from the Perspective of Intergovernmental Relations: An Empirical Study of the Urban Subsistence Allowance System in China (1993−1999) [J]. 中国社会科学 (英文版), 2018 (1): 78−97.